湖南省社科基金课题"祖述尧舜与中国学脉之源流研究"结题成果

南岭走廊与
潇湘文化研究丛书

潇湘文脉
源与流

陈仲庚 ◎ 著

…… 文体扩张 小说新创 文思汪洋 瑶山浪峰 诗韵绵长 无限潇湘

中国书籍出版社
China Book Press

图书在版编目(CIP)数据

潇湘文脉源与流 / 陈仲庚著. -- 北京：中国书籍出版社，2022.3

ISBN 978-7-5068-8865-3

Ⅰ.①潇… Ⅱ.①陈… Ⅲ.①文化史–研究–湖南②地方文学史–文学史研究–湖南 Ⅳ.①K296.4②I209.964

中国版本图书馆 CIP 数据核字（2022）第 013723 号

潇湘文脉源与流

陈仲庚　著

责 任 编 辑	李国永
责 任 印 制	孙马飞　马　芝
出 版 发 行	中国书籍出版社
地　　　址	北京市丰台区三路居路 97 号（邮编：100073）
电　　　话	（010）52257143（总编室）　（010）52257140（发行部）
电 子 邮 箱	co@chinabp.com.cn
经　　　销	全国新华书店
印　　　刷	长沙市精宏印务有限公司
开　　　本	880 毫米×1230 毫米　1/16
字　　　数	307 千字
印　　　张	19
版　　　次	2022 年 3 月第 1 版
印　　　次	2022 年 3 月第 1 次印刷
书　　　号	ISBN 978-7-5068-8865-3
定　　　价	95.00 元

版权所有　翻印必究

序

张泽槐

2020年2月8日，湖南科技学院陈仲庚教授给我打电话，请我为他的新书《潇湘文脉源与流》作序。仲庚先生是国内知名舜文化专家、文艺评论家、永州地方文史学者，可谓著作等身。邀我为之作序，唯恐不太合适。然而盛意难违，只好硬着头皮应承下来。当他把新书的电子文档发给我，我认真阅读后，大受启发。仲庚先生在这部新作中，第一次明确提出"潇湘文脉"这一地域文化概念，或者说第一次用"潇湘文脉"这一概念来表述、研究、推介永州历史文化。这是永州历史文化研究方面的一种突破或创新，也是对湖南省永州市历史文化研究的重要贡献。为这样一部著作写序，写什么，怎么写，我确实一时拿不定主意。细想之下，莫若不拘一格，在分享佳作的同时，谈谈自己对潇湘文脉源流的一些想法和看法，作为与仲庚先生的学术交流或补充。

永州又称零陵，为湖南四大古郡之一，有着极其深厚的历史文化底蕴。道县玉蟾岩考古发现表明，早在1.2万至1.4万年前，生活在这里的先民已经步入农耕文明，可以栽培水稻。4000多年前，中华民族人文始祖舜帝"南巡狩，崩于苍梧之野，葬于江南九嶷，是为零陵"（《史记·五帝本纪》)。舜帝创立的以孝为核心的道德思想,深深扎根于永州大地,成为永州文化的重要源头。几千年来,生活在潇湘大地上的人们,创造出辉煌灿烂的地域文化。无论是元结的摩崖碑刻,柳宗元的思想文学成就,周敦颐的理学思想,还是怀素、何绍基的书法艺术,乃至中国南方最大的地方剧种之一——祁剧,世界唯一现存的妇女文字——女书等,都是中华文化宝库中的瑰宝,都在中华文化发展史上有着重要地位与影响。这些丰富的历史文化资源,也是永州最为宝贵的优势资源。深化对永州历史文化发掘、整理、研究、开发、利用,是加速永州发展的必然选择和最佳选择。

自20世纪80年代以来,永州(零陵)一批又一批文史学者前赴后继,潜心于永州历史文化研究,并在舜文化研究、柳文化研究、濂溪学研究、瑶文化研究、女书研究等方面取得诸多重要成果。特别是在舜帝与舜文化研究方面,随着《虞舜大典》《舜帝陵志》《舜帝陵丛书》《舜文化研究文丛》《舜帝祭典》等一批重量级资料文献和学术著作的编辑出版,在湖南省全省乃至全国均产生影响。但从总体上看,迄今为止的永州历史文化研究,无论是深度、广度还是高度、力度,均处于初级的自发阶段,而在开发利用方面,更是严重滞后,令人惋惜不已。纵观永州历史文化研究,一个最大的缺陷就是缺乏宏观思维,碎片化现象比较严重,看似人皆努力、满园春色,实则没有形成品牌优势、整体优势,与永州历史文化在全国全省的地位影响尚不相称。

在永州市研究永州历史文化的学者群中,仲庚先生是有突出贡献的一位。他领衔编撰全国第一部大型舜文化资料性文献《虞舜大典》近现代文献卷、图像卷,共计10卷、约800万字;主编《舜文化研究文丛》1套10部;主持省级研究项目《舜德文化传统与和谐社会建设研究》《舜文化核心范畴及其现代意义研究》;出版个人专著《寻根文学与舜文化根源性地位》等。仲庚先生是一位具有全局观、大局观的学者,善于从宏观、整体把握和研究永州的历史文化。这一次,他的新书《潇湘文脉源与流》,就是从永州历史文化全局出发,用"潇湘文脉"来冠名永州历史文化,使人有一种耳目一新、茅塞顿开之感。

所谓"潇湘文脉",实际上就是指永州文化形成、发展、演变、传承的脉络。那么,何谓"潇湘"?仲庚先生在该书第一章"无限潇湘"中,从"水韵潇湘""诗意潇湘""琴瑟潇湘""传奇潇湘"四个层面,对潇湘的含义进行了界定与介绍,为我们展现了潇湘的丰富内涵。我认为归结起来,可分为两个方面,即地理潇湘与人文潇湘。

以地理论,潇湘是一个不断演变的古老地名,本指湘江,继指潇、湘二水之合称,并代指永州。《山海经·中山经》载:"沅澧之风交潇湘之浦。"东汉许慎《说文》载:"潇,深清也。"据此,潇湘无疑指湘江,言湘江之水深清。而唐柳宗元有《湘口馆潇湘二水所会》诗,则明确将潇、湘均列为水名,二水汇合之处就在永州城北的湘口馆。宋范仲淹《岳阳楼记》中说,洞庭湖"北通巫峡,南极潇湘"。柳说、范说则无疑是指永州而非其他地方。当然,如同湖南省简称"湘"一样,以"潇湘"代指湖南亦无不可。从仲庚先生书作看,"潇湘文脉"之"潇湘",无疑是指永州。以人文论,"潇湘"的内涵则更为丰富,也是中国文学史上使用频率最高、范围最广的词语之一。自《山海经》之后,"潇湘"一词广为流传,并被不断赋予新的内涵。其如用作词牌《潇湘神》,用作戏曲《潇湘夜雨》,用作琴曲《潇湘水云》等。特别是北宋宋迪画《潇湘八景图》、米芾题《潇湘八景诗》后,画潇湘者、写潇湘者不计其数。"潇湘"因此蜚声天下。曹雪芹撰《红楼梦》,在大观园还特意设置了一个"潇湘馆"。元明清时期,越南到中国进贡的使者路过永州时,也写下大量咏潇湘的诗词。其中,越南后黎朝著名学者、诗人黎贵惇还写下《潇湘百咏》即100首咏潇湘的诗作,或每景一诗,或每事一诗。唐宋以来出现的这种"潇湘热",反映了潇湘在文人中的崇高且特殊的地位。南宋大诗人陆游的"挥毫当得江山助,不到潇湘岂有诗"一句,道出了潇湘备受向往与景仰的程度何其高。历史上的这种潇湘现象,是人们从文学和美学角度,不断赋予潇湘新的内涵与外延。仲庚先生从地理与人文的结合上,用潇湘为永州地方文化冠名,诚为独具慧眼!

那么,如何表述潇湘文脉?仲庚先生在书中将永州历史文化发展分为两个阶段,其中先秦到民国为第一阶段,中华人民共和国成立以来为第二阶段。第一阶段为第二章至第六章。第二章"诗韵绵长",介绍评述历代诗歌,包括咏颂舜帝及二妃的诗作、题赞永州风物的诗作,重点述评元结、乐雷发、道县何氏家族诗作。第三章"文思汪洋",介绍评述历代文赋,点评颜延之、温子升、元结、黄表卿、黄庭坚、张栻、胡寅、朱熹、蒋镔等人文赋,重点介绍明末清初钱邦芑《潇湘赋》。第四章"千古文祖",专题述评舜帝在永州文学发展史上的地位与影响。仲庚先生从《南风歌》入手,阐述舜帝对后世诗歌创作、文学观风教化功能和音乐美刺功能的深远影响。第五章"百世文宗",专题阐述唐代柳宗元在中国文学史上的地位与作用。仲庚先生以《愚溪文论》概论柳宗元之文,重点介绍柳宗元的山水游记,阐述柳宗元对中国后世文坛的深远影响。第六章"理学鼻祖",专题介绍周敦颐及其作品。作者首先介绍周敦颐的散文《爱莲说》等,继而从政治、道德、哲学层面对周敦颐的"诚"进行阐述,最后阐述周敦颐在宋明理学中的开山鼻祖地位。第二阶段为第七章到第十章。第七章"诗韵翻新",介绍新中国成立以来永州的诗歌创作情况;第八章"文体扩张",介绍永州散文、报告文学、杂文的创作情况;第九章"小说新创",介绍永州小说创作中的名家名作。第十章"瑶山浪峰",则重点介绍永州瑶族文学创作的情况及其名家名作。

  读完仲庚先生的新作,我得到以下印象:如果把永州文学艺术比作一株参天大树,那么在永州文学艺术发展的历史长河中,潇湘大地就是永州文学艺术赖以存在发展的沃土;舜帝与舜文化,特别是《南风歌》与二妃故事,是永州文学艺术发展的重要源头;元结、柳宗元、周敦颐等是永州文学艺术发展的主干;其他作家作品则是这株参天大树的繁枝茂叶。永州这株文学艺术的参天大树,在中国文化发展史上具有重要地位与作用。然而长期以来,永州历史文化未能得到全面系统的研究与宣传、推介。现在,仲庚先生这部《潇湘文脉源与流》即将出版发行,我作为一名永州文史学者,谨表祝贺。同时,也希望通过出版发行《潇湘文脉源与流》,能够改变人们对永州历史文化的已有认知。

  作为永州人,我非常庆幸永州拥有绚烂多彩的历史文化。同时,我们也为永州拥有一批像仲庚先生这样勤勉的有见地的地方文史学者而庆幸和自豪。正是由于有了这样一批无私奉献、潜心研究永州历史文化的学者及爱好者，我们的优秀传统文化才有可能得以充分发掘、研究与开发、利用。在实现中华民族伟大复兴的今天，在国家实施中华优秀传统文化传承工程的历史进程中，我们期望永州可以出现更多的像仲庚先生这样的研究永州历史文化的名家。同时，我们也祈望永州优秀传统文化得以弘扬光大，得到充分开发利用，为加速永州经济社会发展增加正能量。

是为序。

2020 年 2 月于永州几微斋

目录

序　　　　　　　　　　　　张泽槐 / I

上篇　文脉浩荡

第一章　无限潇湘
一、水韵潇湘　　/ 3
二、诗情潇湘　　/ 10
三、琴瑟潇湘　　/ 19
四、传奇潇湘　　/ 23

第二章　诗韵绵长
一、颂舜篇章　　/ 29
二、永州题赞　　/ 41
三、潇湘诗魁　　/ 44

第三章　文思汪洋
一、历代文览　　/ 61
二、名家举要　　/ 62
三、《潇湘赋》评　/ 74

中篇　巨澜排空

第四章　千古文祖
一、舜歌《南风》　/ 83
二、"开山"文祖　　/ 89
三、"乐教"流长　　/ 101

第五章　百世文宗
一、"愚溪"文论　　/ 109
二、"游记"顶峰　　/ 119
三、"宗师"魅力　　/ 134

第六章　理学鼻祖
一、《爱莲》风范　/ 149
二、"诚学"高峰　　/ 156
三、"理学"始源　　/ 166

潇湘文脉源与流

目录

下篇 烟波浩渺

第七章 诗韵翻新
- 一、新世新诗 / 177
- 二、古诗新韵 / 180
- 三、新诗华章 / 197

第八章 文体扩张
- 一、"散文"繁盛 / 214
- 二、"报告"名彰 / 221
- 三、"杂文"辉煌 / 228

第九章 小说新创
- 一、小说概览 / 237
- 二、名家风范 / 239
- 三、新秀风华 / 248

第十章 瑶山浪峰
- 一、瑶山异彩 / 263
- 二、诗夺"骏马" / 265
- 三、小说"桃源" / 269
- 四、叶蔚林论 / 274

后记 / 289

SHANG PIAN

上篇 潇湘文脉源与流

文脉浩荡

第一章　无限潇湘

"潇湘"是流经永州境域的两条河流,美丽似锦,碧绿如玉,清莹秀澈胜明镜,自古以来就引人神往,诗文吟诵不断,书画描绘不绝,故而有"诗文潇湘""画图潇湘""无限潇湘"之美誉。她千百年流淌不息,养育了潇湘人民,孕育了潇湘文明,谱写了潇湘历史,是永州的母亲河,也是湖湘文化的发源地。王闿运为岳麓书院题写的对联云:"吾道南来原是濂溪一脉,大江东去无非湘水余波。"柳宗元的诗云:"春风无限潇湘意。"正是自然潇湘与人文潇湘的结合,为"文脉潇湘"增添了无限意蕴。

一、水韵潇湘

追溯"潇湘"一词的来历，最早出现在《山海经·中山经》中："澧沅之风，交潇湘之渊。"汉代的《淮南子》中有"弋钓潇湘"之语。东晋郭璞给《中山经》做注，明确指出"潇"为水名，但又说"今所在未详也"。郭璞之后又过了150年，北魏郦道元在其《水经·湘水注》中说："潇者，水清深也。"显然是将"潇"字当作了形容词，因而"潇湘"就被解释为"清深的湘水"。长沙马王堆西汉墓出土的《地形图》共绘有大小河流30多条，有9条河标有名称，图中一条又黑又粗的线条是湘江上游的主要支流潇水。潇水画得十分醒目逼真，水道曲折，流向清晰，基本上接近今天的地形图。那些用方框和圆圈表示的城郭和乡村大多分布在潇水流域四周，共80多处，乡村居地由代表道路的墨线连接。潇水在这幅古地图上标明为"深水"。"深水"自九嶷山玉琯岩前南流一段，叫"深水源"，即今鲁观河；它折而西流，再西北流、北流，经今蓝山、江华、道县，汇合萌渚水、淹水、泠水，北流经今双牌、零陵于蘋岛注入湘江。这就是东汉《水经·深水》篇中亦称作的"深水"。更有意思的是，东汉中叶许慎在其《说文》中，把深水下游与道县的营水合流后，统称营水。郦道元在《湘水注》中，不仅指下游，连上游（即今沱江）也概称营水。由此可见，今天的潇水是从深水到营水的演变而来。但有一点可以明确：它并非湘水的别名。

潇水发源于九嶷山，是湘江最大的一条支流，也是一条始于斯、逝于斯，唯一不出永州境外的大河流。

古文"潇"字又作"瀟"，其字从水，为水名，即潇水的专名。《说文解字》云："潇，水名。"又云："潇，深清也。"《水经注》："潇者，水清深也。"古典诗文中有"雨潇潇""风萧萧",如《诗经·郑风》"风雨潇潇",谓风雨深密、凄清,即为"潇"字的引申义。

由此可见,潇水在古代以深清得名,为古代第一清莹秀澈的江川。张衡《四愁诗》云:"我所思兮在桂林,欲往从之湘水深。""湘水深"并非泛泛描写,而是依据文字训诂的字典义描写。罗含《湘中记》称"湘川清照五六丈""是纳'潇湘'之名矣",也是由文字训诂而立说。

"深"字亦从"水",亦为水名,即深水的专名。《说文》云:"深,水,出桂阳南平,西入营道。"1973年长沙马王堆三号汉墓出土的帛绘古地图,九嶷山及发源于九嶷山的深水处于《地形图》的中心位置,山体旁边标出"帝舜"二字,一道泉源呈弯曲状从中流出,旁注"深水源"三字。

深水源即潇水源,徐霞客《楚游日记》称之为"潇源水",又称"三分石水"。古人有言:"两山夹一川。"有山必有川,有川必有山,山水相连,密不可分。据永州市历史文化名城办公室《潇水历史文化风貌区课题研究结题报告》记载:潇水自九嶷山飞瀑而下,穿过千山万谷,奔流在永州南部山地间,流长354公里,江华以上河宽60~120米,道县以下河宽300~1000米,落差315米,水能藏量26.7万千瓦,大小支流46条,遍及宁远、江华、道县、双牌、零陵等县区,旁及江永、蓝山部分地区,流域达12099平方公里,是永州名副其实的母亲河。它的上、中游由3条主要水流构成"兀"字形,组成上、中游河流网。一是来自九嶷山南麓,流经蓝山、江永到道县的潇水水源;二是来自西部的都庞岭,流经江永县的淹水,到道县两河口汇入潇水;三是来自阳明、九嶷两山,由西江河与九嶷水扇形集结的泠水,流经宁远到道县青口与潇水合流。其余如江华的麻江、岭东河、萌渚水,道县的玉田河、宜江和营水,都是其较大的支流。其中营水,又名濂溪,北宋理学家周敦颐家居其滨,后来他在庐山筑室名"濂溪书堂",世称濂溪先生,濂溪之名益著。潇水不但支流多,流域广,而且落差大。它穿峡谷,破重障,泻悬崖,过绿洲;时而飞瀑而下,水急滩险;时而潭平如镜,翠峦倒映,寒气逼人;时而流若织文,舒然婉转,婀娜多姿。如此善变多娇的潇水,从道县流经双牌峡谷走廊——古营阳峡和六十里泷:"泷有二十余名,其地两崖夹峙,迅流箭激,乱石横亘,溅雪碎雷,舟行稍不戒,即有沉溺破开之虞,盖水途之极崄者。"(《零陵县志》)今已建成流域长达71.4公里的双牌水库,化险为夷,落差也由海拔500~700米的江华、蓝山的山间盆地，下降到海拔不到 200 米的零陵丘陵盆地。（《潇水历史文化风貌区课题研究结题报告》）加上下游南津渡水电站和湘江流经冷水滩处宋家洲水电站两大电站的建成，它像一条被人类驯服的青龙，静静地由南向北千回百转，流向蘋岛与湘江汇合，形成潇湘百里平湖的秀美风光。潇湘二水所汇处，就是人们心驰神往的"潇湘夜雨"图。"令人忽忆潇湘渚，回唱迎神三两声。"唐代刘禹锡《浪淘沙》中指的自然地理上的"潇湘渚"，就在这里。柳宗元《江雪》诗："千山鸟飞绝，万径人踪灭。孤舟蓑笠翁，独钓寒江雪。"其所描绘寒江独钓之景也是潇湘的一个特写镜头，意境极为深远。明末钱邦芑，由翰林历任御史，清康熙年间被聘修《永州府志》。他的一篇《潇湘赋》写得绘声绘色，极有文采，不仅写出了潇湘四时景色、历史文化意蕴，而且，对潇湘源流形貌描绘得准确精到："观宇内之名水，多发脉于昆仑，迨派别而流异，遂散漫而各分。独有楚南澄川，瀤濊荡漾，逶迤秀丽无比。虽源泉之千百，总汇流于潇湘。钟扶舆之灏气，故源远而流长。出千峰之嶙崒，绕万壑之崆岭。粤稽潇水，源出九嶷，朱明峰麓，舜源之西，下并渚水，沱瀑砅梅，九峰回合，各导一溪，千泉会泻，重绕舜池。至三江而宏阔，历泷滩而汛趋。环永郡而北逝，汇湘流而淼泶。载考湘水之原本，实出兴安之海阳。分漓水于西粤，会灌罗于全江。绕东安以至湘口，合潇水而注祁阳。从兹澜漳，是曰潇湘。"这，无疑是为潇湘传神写照之佳作。

"潇湘"的神奇，不仅在于两岸的风光绮丽，山川秀美，还在于它拥有了无数神奇的传说。四千多年前，舜帝南巡，崩于苍梧之野，他的两个妃子娥皇、女英姐妹"奔赴哭之，陨于湘江，遂为湘水之神"。（汪统注《山海经》）零陵建祠祭祀湘水神，有湘口馆、潇湘祠、潇湘庙。

潇湘当然不仅仅是指潇水，还包括湘水，严格意义上说，潇水与湘水汇流之后才称之为湘江。据红网 2010 年 11 月 11 日专题报道：湘江沿途接纳大小支流 1300 多条，主要支流有舂陵水、耒水、洣水、蒸水、涟水等，最后汇入洞庭湖，多年平均入湖水量 713 亿立方米，是湖南省最大河流。湘江整个流域涵盖湘南、湘东、湘北的大部分地区，它养育湖南人民，孕育了三湘文化，湖湘人对湘江的开发和利用已有数千年的历史。

关于湘水的源头，目前有四种说法：一是传统的正源（俗称东源）为广西壮族自治区兴安县白石乡的石梯，河源为海洋河，北流至兴安县分水塘三七分湘，其中三分由灵渠入漓，七分入湘，称之为漓湘。二是南源，广西壮族自治区灵川县海洋乡龙门界。三是广西兴安县南部白石乡境内海洋山脉的近峰岭，河源称上桂河（白石河），往东流至西波江口称湘江。四是湖南省永州市蓝山县紫良瑶族乡蓝山国家森林公园的野狗岭，河源为潇水，在永州市的萍岛汇合广西来的湘水之后称湘江。

千百年来比较统一的说法是广西白石河源，主源海洋河，源出广西桂林临桂区海洋坪的龙门界，于全州附近汇合灌江和罗江，北流入湖南省。流经湖南省永州市、衡阳市、株洲市、湘潭市、长沙市，至岳阳市的湘阴县，共计17县市，最后注入长江水系的洞庭湖。以海洋河为源，湘江干流全长844公里，流域面积94660平方公里（一说全长817公里，流域面积92300平方公里）。

2013年5月20日，经国务院水利普查办和水利部权威认定，湖南省第一次水利普查结果表明，湘江源头在湖南蓝山县紫良瑶族乡，具体发源地在该乡国家森林公园的野狗岭。以此为源头，湘江干流全长948公里，流域面积94721平方公里。

蓝山县至永州萍岛河段（潇水）河长346公里，流域面积12094平方公里，多年平均径流量116.1亿立方米，平均比降0.761‰；广西兴安县至永州萍岛河段（湘水）河长262公里，流域面积9208平方公里，多年平均径流量97.5亿立方米，平均比降0.647‰。无论河长、流域面积还是径流量、比降，蓝山县至永州萍岛河段（潇水）均大于广西兴安县至永州萍岛河段（湘水）；从河流交汇处河势看，蓝山县至永州萍岛河段（潇水）也比广西兴安县至永州萍岛河段（湘水）更宽。据此，国务院水利普查办和水利部认定，蓝山县至永州萍岛河段（潇水）为湘江干流，湘江源头在蓝山县；广西兴安县至永州萍岛河段（湘水）为湘江支流。从蓝山县湘江源头计算，湘江干流全长948公里，比原来长了92公里；湘江流域面积94721平方公里，比原来大了61平方公里。（《潇水历史文化风貌区课题研究结题报告》）

当然，湘江源头究竟在何处并不重要，重要的是潇湘之水的"清深"，潇湘之景的"清秀"，故而吸引了历代诗人的诸多咏赞。《湘中记》云："湘川清照五六丈，下见底石如樗蒲矢，五色鲜明，白沙如霜雪，赤岸若朝霞。"（《水经注》）这样的景象足可令人心驰神往了，当然更能引起诗人的兴会。梁沈约《江南曲》云："櫂歌发江潭，采莲渡湘南，宜须闲隐处，舟浦予自谙。罗衣织成带，堕马碧玉簪，但令舟楫渡，宁计路嵌嵌。"（《乐府诗集》）对"江潭""湘南"的喜爱之情溢于言表。

在唐诗中，对潇湘山水的清秀明丽，有着更多更细致的描绘，而且大多出自那些南下的北方士人。如杜荀鹤《冬末同友人泛潇湘》云：

残腊泛舟何处好，最多吟兴是潇湘。就船买得鱼偏美，踏雪沽来酒倍香。

猿到夜深啼岳麓，雁知春近别衡阳。与君剩采江山景，裁取新诗入帝乡。

元结《欸乃曲》，选录其中二首云：

湘江二月春水平，满月和风宜夜行。唱桡欲过平阳戍，守吏相呼问姓名。

千里枫林烟雨深，无朝无暮有猿吟。停桡静听曲中意，好是云山韶濩声。

湘江夜行，猿啼雁飞，枫林烟雨，依稀乐声，在这些诗作中，潇湘景色疏朗清空，暗助诗兴，此亦山水人意别具会心。

潇湘山水的自然清秀，不仅惹动着诗人温润的情怀，且常常引起他们隐居的遐想。隐居是唐代士人的时尚之一，更是文人久积的一种处世惯性，虽未必真隐，但表述一下欲隐的冲动，从中游漾几分自在散漫的情绪，也可算是一类常见的诗题。这类词句在唐诗中频频出现：

终掉尘中手，潇湘钓漫流。

（杜牧《忆齐安郡》）

心期身未老，一去泛潇湘。

（李商隐《宿韦津山居》）

为觅潇湘幽隐处，夜深载月听鸣泉。

(殷尧藩《夜过洞庭》)

却羡去年买山侣，月斜渔艇倚潇湘。

(罗邺《春夜赤水驿旅怀》)

甚至温庭筠在《春尽与友人入裴氏林探渔竿》诗中，竟有"适心在所好，非必寻湘沅"之句，可见潇湘一带，已是人们心目中理想的归隐之地了。

吟诵潇湘的山水，在唐诗中还有两种常见的诗题。

一是吟咏山水画，如郎士元《题刘相公三湘图》云：

昔别醉衡霍，迩来忆南州。今朝平津邸，兼得潇湘游。稍辨郢门树，依然芳杜洲。微明三巴峡，咫尺万里流。飞鸟不知倦，远帆生暮愁。浔阳指天末，北渚空悠悠。枕上见渔父，坐中常狎鸥。谁言魏阙下，自有东山幽。

显然，能够进入画家的法眼，并将其绘入山水画者，其山其水总有动人之处。从此诗看，此《三湘图》亦当清幽远旷，有招隐之意。

二是将别处山水胜景比作潇湘。如：

池色似潇湘，仙舟正日长。

(许浑《陪少师李相国崔宾客宴居守狄仆射池亭》)

初疑潇湘水，锁在朱门中。时见水底月，动摇池上风。

(孟郊《游城南韩氏庄》)

芦叶有声疑露雨，浪花无际似潇湘。

(朱庆余《南湖》，一题温庭筠作)

门前烟水似潇湘，放旷优游兴味长。

(李中《思九江旧居三首》)

这些诗句，常将别处园林池塘或某些河湖做潇湘之联想，大多亦采其清澈悠远之意。

当然，在唐诗中，描写潇湘清秀明丽之景的诗作并不多见，常常是刚一出现，便又被凄怨哀婉的情调所淹没。如刘言史《潇湘游》：

> 夷女采山蕉，缉沙浸江水。野花满髻妆色新，闲歌欸乃瀑峡里。欸乃知从何处生，当时泣舜肠断声。翠华寂寞婵娟没，野条空余红泪情。青烟冥冥覆杉桂，崖壁凌天风雨细。昔人幽恨此地遗，绿芳红艳含怨姿。清猿未尽鼯鼠切，泪水流到湘妃祠。北人莫作潇湘游，九嶷云入苍梧悲。

此诗首四句自然清新，野香扑面；中段咏舜与二妃之事，让人读来愁肠欲断，幽恨泫涕；至末尾二句，几近悲鸣。情绪越转越落寞，再反观前面的自然清新，恰好成了凄怨愁苦的对比与衬垫。在吟咏潇湘的唐诗中，这类风格的作品很多，刘长卿《入桂渚次砂牛石穴》、吕温《道州途中即事》、李德裕《鸳鸯篇》等均属此类。

还有另外一种情况，有些诗作单独看似乎清新明丽，但若结合诗人的身世心态，则在清新的背后，依然隐着一层苍凉与落寞。最典型的莫过于柳宗元的《渔翁》："渔翁夜傍西岩宿，晓汲清湘燃楚竹，烟消日出不见人，欸乃一声山水绿。回看天际下中流，岩上无心云相逐。"当然还有为人常道的所谓"永州八记"，于山川风土多有流连，色调尚称明快，但明快中却也时露清冷。如《至小丘西小石潭记》云："坐潭上，四面竹树环合，寂寥无人。凄神寒骨，悄怆幽邃。以其境过清，不可久居，乃记之而去。"此处的"凄神寒骨"，更重要的不是景物特点，而是柳宗元当时心态的体现。其《囚山赋》写于被贬永州已"积十年"之时，赋中仍视众山为牢狱，自身为囚徒，惨怛叫啸，中心如燎。可见其"欸乃一声山水绿""岩上无心云相逐"之类清新闲适的诗句，多是自慰之词，而潇湘夜愁之类，方其本心。

要而言之，潇湘之水的清深明丽，引发了文人墨客的诸多吟咏题赞；而这诸多的吟咏题赞又为潇湘之水增添了诸多韵味——潇湘之水长流，潇湘水韵常在。

二、诗情潇湘

"挥毫当得江山助,不到潇湘岂有诗"(陆游《予使江西时以诗投政府丏湖湘一麾会召还不果偶读旧稿有感》)。"潇湘"一词给人的联想,更重要的不是"水韵",而是"诗情"。而且,其诗情积淀之深厚、风姿之绰约,实可算作诗美意象的一例典范。

"潇湘"之名的使用,始于唐也盛于唐。唐代诗人辈出,他们或贬谪永州,或仕宦荆楚,或览胜潇湘。他们热爱潇湘的奇山异水,景仰潇湘的圣迹仙踪,从而孕育了他们的奇特文思,激发了他们的沸腾情感,于是,他们在此托物寄兴,纵情讴歌,挥毫渲染,摩崖刻石,留下了难以胜数的诗篇。也正因为众多诗篇的描述,使得"潇湘"之名流传千古,也使得潇湘之"潇"由形容词转为名词,并蕴含了缕缕诗情。

"潇湘"在唐前为"形容词+名词"的偏正结构,意与"清湘"同。鲍照《采菱歌》七首之一云:"箫弄澄湘北,菱歌清汉南。"《乐府诗集》注云:"一作'弄弦潇湘北,歌菱清汉南'"①,"潇"与"澄"可对换,又与"清汉"之"清"对文,其意与清、澄同,显然是当形容词用。但"潇湘"一词沿用既久,且其物质指称与"湘"字单独使用殊无二致,于是人们渐渐忽略"潇"字的本义,比如刘长卿《入桂渚次砂牛石穴》诗中有云:"扁舟傍归路,日暮潇湘深。湘水清见底,楚云淡无心。"诗中"深""清"俱另见,"潇"字本义都被抽去了,空空洞洞的一个俗称"潇湘",与单称"湘"在词义上已没有任何不同,这就为"潇"字与"湘"字剥离成为单独的名词,准备了心理条件。而"潇"字的独用,开始正是指代"湘"的,杜甫《暮秋枉裴道州手札率尔遣兴寄近呈苏涣侍御》中有句:"拨弃潭州百斛酒,芜没潇岸千株菊";钱起《省试湘灵鼓瑟》:"流水传潇浦,悲风过洞

---

① 郭茂倩.乐府诗集[M].北京:中华书局,1996:739.

庭。"① 后一个"潇"字《全唐诗》加注:"一作湘",其词义也等于"湘",但毕竟以"潇"为正文,且不止一例,这可看作"潇"字单独作为名词使用的初期。

"潇"字真正离开"湘"字及其所指,单独指称另一条水,大约发生在柳宗元贬永州前后,即在公元8、9世纪之交,不可能太早。因为诗人元结于上元元年(760)起任荆南节度判官,后又代摄节度使事。广德元年(763)与永泰二年(766)两刺道州。道州即在今潇水之侧,若此时潇水之名已著,作为道州刺史的元结不可能一无知晓。但今存元结诗文作品中无一潇水之名,且集内有《阳华岩铭》《丹崖翁宅铭》《朝阳岩铭》等,此"二岩一崖"俱为潇水上形胜地,其文无一及"潇",其《丹崖翁宅铭》反有"零陵泷下三十里""丹崖,湘中水石之异者"(四库全书版《唐文粹》)之类语句,可见他对潇水之名确实不知。

柳宗元(773—819)永贞元年(805)贬永州司马,元和十年(815)始返,在柳子集内潇、湘已明白称二水,如《湘口馆潇湘二水所会》,诗题即以二水称之。又《愚溪诗序》云:"灌水之阳有溪焉,东流入于潇水……余以愚触罪,谪潇水上。"可见到柳宗元时,潇水之名基本定型。

吕温(772—811),元和三年(808)贬刺均州,再贬刺道州,五年(810)转衡州刺史。他在道州时,柳宗元正贬在永州,其诗有云"云去舜祠闭,月明潇水流"(《道州秋夜南楼即事》),足见潇水之名,确然已立。

贾岛(779—843),生活年代略晚于柳、吕二人,其诗《永福湖和杨郑州》有句云"嵩少分明对,潇湘阔狭齐",意为嵩山与少室山相对,潇水与湘水同宽。潇湘二水之分,已是并驾齐驱。

从以上三位诗人的诗文例证中可见,至迟到公元9世纪初,潇水之名已立,与今所指大致相同。不过,在柳宗元诗文中,又常常混淆潇、湘二水,尤其是经常以"湘"称"潇",比如前引《愚溪诗序》中明明说愚溪(又名冉溪)"东流入于潇水",则愚溪自在潇水西侧,而其《冉溪》诗则曰"愿卜湘西冉溪地",此"湘"乃"潇"之误。同样的例句有:"遂命仆人过湘江"(《始得西山宴游序》)、"美人隔湘浦"(《初秋夜坐赠吴武陵》),这

---

① 本章大量选用唐诗,除特别标注外,均采自四库全书版《御定全唐诗》,不另注。

些"湘"均当作"潇"。由此可见"潇水"之名虽立，毕竟尚未深入人心，因而以湘江总称指代潇水的传统，仍然是一种习惯性思维。所以《元和郡县志》中也只有营水，而无潇水之名。

此后潇水之名日渐为人所知，宋以后分别潇湘为二水者渐多，祝穆、朱熹等均有阐述，米芾《潇湘八景图诗总序》云："潇水出道州，湘水出全州，至永州而合流焉。自湖而南皆二水所经，至湘阴始与沅水之水会，又至洞庭与巴江之水合。故湖之南，皆可以潇湘名水；若湖之北，则汉沔汤汤，不得谓之潇湘。"（四库全书版《湖广通志》卷八十九）这就将潇湘之名分合的使用情况说得再明白不过了。

唐代诗人写潇湘的诗作很多，但其格调却惊人的类似，几乎都表现出一种凄怨哀婉的情感抒发，与"盛唐气象"大不相同。先看郎士元《湘夫人》：

> 蛾眉对湘水，遥哭苍梧间。万乘既已殁，孤舟谁忍还。至今楚山上，犹有泪痕斑。南有涔阳路，渺渺多新愁。昔神降回时，风波江上秋。彩云忽无处，碧水空安流。

此诗显然是将舜帝二妃的事迹与"湘夫人"的情韵溶于一水，且与斑竹故事之类后起传说结合在一起，于是"旧怨"触发"新愁"，自然而然地就有了一种凄怨哀婉的情调。再看李白的《远别离》：

> 远别离，古有皇英之二女。乃在洞庭之南，潇湘之浦。海水直下万里深，谁人不言此离苦？日惨惨兮云冥冥，猩猩啼烟兮鬼啸雨。我纵言之将何补？皇穹窃恐不照余之忠诚，雷凭凭兮欲吼怒。尧舜当之亦禅禹。君失臣兮龙为鱼，权归臣兮鼠变虎。或云：尧幽囚、舜野死，九疑联绵皆相似，重瞳孤坟竟何是？帝子泣兮绿云间，随风波兮去无还。恸哭兮远望，见苍梧之深山。苍梧山崩湘水绝，竹上之泪乃可灭。

李白由"潇湘之浦"，不仅联想到娥皇、女英的"远别离"，更是联想到了舜帝"野死""重瞳孤坟"，那一份愁思苦海，千古难消，甚而至于"苍梧山崩湘水绝，竹上之泪乃可灭"。这是李白的"潇湘"情思，更是李白的"潇湘"愁怨;它既是李白个人所独有的,也是唐代诗人所共有的。而且从初唐到盛唐直至晚唐,一直绵延不绝,并形成了独具一格、洋洋大观的"潇湘诗意"。先引两句初唐概括性的著名诗句:

荆南分赵北,碣石分潇湘。澄清规于万里,照离思于千行。
(卢照邻《明月引》)
斜月沉沉藏海雾,碣石潇湘无限路。
(张若虚《春江花月夜》)

这里"潇湘"与"碣石"相对,作为南北偏远之地的象征,以寄托离愁别绪。而潇湘作为远别离的物化代表,终唐之世其音不绝:

愁思潇湘浦,悲凉云梦田。
(刘希夷《巫山怀古》)
北走平生亲,南浦别离津。潇湘一超忽,洞庭多苦辛。
(骆宾王《在江南赠宋五之问》)
潇湘多别离,风起芙蓉洲。
(张泌《湖南曲》)
湘南自古多离怨,莫动哀吟易惨凄。
(张泌《晚次湘源县》)
朔漠幽囚兮天长地久,潇湘隔别兮水阔烟深。
(杜光庭《怀古今》)

有唐一代涌现出那么多表现潇湘别离的诗文,乃至一提到"潇湘"二字,似乎便会油然而生一种拂之不去的悲苦离愁,究其原因,恐怕与唐代诗人所处的特定社会生活背景密切相关。

我们知道,唐朝是继南北朝数百年战乱分裂后而形成的一个宏大雄健的统一帝国,其政权由北方关陇贵族集团所掌控,它向南方开拓了广袤的疆土,具有强烈的融合南方文化的意愿。当时的北方文化比南方文化发达,官宦、诗人多为北方人士,他们因各种缘由履迹南方,免不了生出诸种别离的烦恼,这些缘由大致可分为以下几种:

其一，贬谪和流放。据李兴盛《中国流人史》总结："唐代流放地主要是岭南。此外则是今云南、贵州、四川、湖南、福建等地。"① 李书是将贬谪归入流人行列的，所以上述总结实际上是兼指唐代贬谪与流放两种情况。这些流人渡江后，一条主要的线路便是沿着湘江流域南下或北上，著名诗人杜审言、王昌龄、贾至、柳宗元、刘禹锡、吕温、韩愈、李涉等均在这条驿路上留下了血泪交织的足迹。

其二，为官湘楚。因江南土地的扩展及其与北方沟通的加深，许多北方诗人也南来为官，著名诗人元结曾两次赴任道州刺史，张谓曾赴任潭州刺史（今湖南省湘潭市），刘长卿曾出任转运使判官，知淮西、鄂岳转运留后，等等。

其三，游历潇湘。唐代诗人有漫游天下的习性，李白、杜甫、孟郊、顾况、刘言史等俱曾游历潇湘。

在第一类贬官迁客的笔下，满纸俱是牢愁，如"客有故园思，潇湘生夜愁"（柳宗元《酬娄秀才寓居开元寺早秋月夜病中见寄》）、"谪居潇湘渚，再见洞庭秋……独攀青枫树，泪洒沧江流"（贾至《巴陵早秋寄荆州崔司马吏部阎功曹舍人》）等，这一类人因为是贬官，不仅地位一落千丈，而且有家不能归，报国更无门，将满腹怨恨诉诸笔端，这不足为怪。但来此为官和游历的人为何也愁思不减呢？这恐怕是因为唐代的南方要比北方落后许多，这些为官、游历者背井离乡，人事隔膜，也难免临湘北望，惆怅倚之。张谓《同王征君湘中有怀》云："八月洞庭秋，潇湘水北流。还家万里梦，为客五更愁。不用看书帙，偏宜上酒楼。故人京洛满，何日复同游？"与"京洛"的繁华相比，潇湘的萧条自不待言；再加上"故人京洛满"，而"为客"潇湘哪里去找如许的"故人"呢？！因而夜深人静之时的"五更愁"就越发强烈了。

至于带着不如意的心绪来到潇湘的人，其下笔成诗，更易流入悲苦之途。孟郊作《下第东南行》："越风东南清，楚日潇湘明。试逐伯鸾去，还作灵均行。江蓠伴我泣，海月投人惊。失意容貌改，畏途性命轻。时闻丧侣猿，一叫千愁并。"杜甫晚年漂泊于湖湘之间，并卒于湘水舟中，他去蜀

---

① 李兴盛.中国流人史[M].哈尔滨:黑龙江人民出版社,1996:183.

赴湘时，便已意气消磨，生机泯灭了："五载客蜀郡，一年居梓州。如何关塞阻，转作潇湘游。世事已黄发，残生随白鸥。安危大臣在，不必泪长流。"（《去蜀》）显然，诗人是带着满腹的愁苦来游历潇湘的，所谓借景抒情，托物言志，那么他们此时所写的潇湘，自然也是满纸愁苦了。

此外，北人南下还有一种潜在的传统心理，即认为潇湘一带是蛮荒烟瘴之地，刘禹锡的"熊武走蛮落，潇湘来奥鄙"（《韩十八侍御见示岳阳楼别窦司直诗因令属和重以自述故足成六十二韵》）、白居易的"潇湘瘴雾加餐饭"（《得行简书闻欲下峡先以诗寄》）、李咸用的"湘川湘岸两荒凉"（《和人湘中作》），如此等等，尽管这种印象不一定准确，一些北方人到南方后也能领略潇湘山水的秀丽清雅，但这种传统的心理定式仍然在幽深处隐隐散射，使离别之愁更添悲苦。

因此，在这些南来诗人有关潇湘的作品中，对南北的空间关系便显得特别敏感，"谁当北风至，为尔一开襟"（刘长卿《酬李侍御登岳阳见寄》），"楚地不知秦地乱，南人空怪北人多"（韦庄《湘中作》），而潇、湘二水又偏偏都向北流，这分外刺激着南来诗人的抑郁情怀，"独怜京国人南窜，不似湘江水北流"（杜审言《渡湘江》），"八月洞庭秋，潇湘水北流"（张谓《同王征君湘中有怀》）。诗人所向往的与现实所存在的形成了巨大的反差，由此也增添了诗人的愁苦之情。

其实，唐代诗人借"潇湘"所表达的凄怨哀婉情调，在唐以前的作品中就已初露头角，江淹杂体诗三十首之《王征君》："窈霭潇湘空，翠涧淡无滋。寂历百草晦，欻吸鹍鸡悲……北渚有帝子，荡漾不可期。怅然山中暮，怀痾属此诗。"[1]这是直接借用湘妃的故事来表达"怅然"悲愁的情感；而更能说明问题的是，有些诗作虽然不涉及湘妃故事，但只要与"潇湘"二水相关，则仍然饱含凄怨哀婉的情调。例如：陆士衡《门有车马客行》："门有车马客，驾言发故乡。念君久不归，濡迹涉江湘……慷慨惟平生，俯仰独悲伤。"（《文选》卷二十八，第1301页）这里显然是写漂泊游子的怀乡之情，但因为"迹涉江湘"，故而其"悲伤"之情似乎更为浓烈。再如张衡

---

[1] 萧统.文选(卷三十一)[G].中华书局,1994:1476.以下同一本书引文,只在文章内标注书名、卷及页码。

《四愁诗》："我所思兮在桂林，欲往从之湘水深，侧身南望涕沾襟……"（《文选》卷二十九，第1357页）此诗是怀念远在桂林的故人，因为"湘水深"而天各一方，"欲往从之"而不可得——"湘水"不是通途而是障碍，因而诗人将这一段水路视为"畏途"。"畏途"也是"远途"，柳恽《江南曲》就表达了这样的情感："汀洲采白蘋，日落江南春。洞庭有归客，潇湘逢故人。故人何不返，春华复应晚。不道新知乐，只言行路远。"① 乐府江南之曲，常写美艳清丽之景，悠游喜乐之情，而柳恽此诗所描写的景物仍然清丽，但因为加入了故人的远方之思，而这种远方之思因为被潇湘"路远"所阻隔，所以便显得惆怅难解。

当然，要追溯唐代诗人的"潇湘"情调，其更早的渊源则是在屈原的《九歌》中。屈原咏湘水之神的《湘君》《湘夫人》篇（下简称"二湘"），其凄怨哀婉的情调，使后人目迷心摇。然而"美要眇"的湘君与"目眇眇"的湘夫人，到底是何样身份，历来众说纷纭，至今难有共识。归纳起来，大致有以下八种说法颇有影响，根据其出现的时代之先后，排列如下：

1. "湘君"为舜之二妃　见《史记·秦始皇本纪》、刘向《列女传》，此说未及"湘夫人"。

2. "湘夫人"为舜之二妃（或曰三妃）　见王逸《楚辞章句》、张华《博物志》。又《礼记·檀弓》中称舜有三妃，郑玄注为即"湘夫人"。此说又不及"湘君"。

3. "湘夫人"为天帝之二女　见《山海经·中山经》之郭璞注。顾炎武从之。

4. "湘君"为舜，"湘夫人"为舜之二妃　见唐司马贞《史记索隐》。此说今人多有信从，游国恩、姜亮夫、文怀沙、马茂元、陈子展诸家均曾伸之。

5. "湘君"为娥皇，"湘夫人"为女英　见韩愈《黄陵庙碑》。此说影响亦深，洪兴祖、朱熹、蒋骥、戴震俱从之。

6. "二湘"为舜之二女说　见宋罗泌《路史·余论九》。

---

① 郭茂倩.乐府诗集[M].北京：中华书局，1996：385.

7. "湘君"为湘水男神,"湘夫人"为其配偶　见王夫之《楚辞通释》。
8. "湘君"为洞庭之神,"湘夫人"为青草湖神　见王闿运《楚辞释》。

此外,还有一些古代学者以洞庭山神目之,如陈士元《江汉丛谈》、赵翼《陔余丛考》之类,其实山神、水神并无太大差别,即如第6种罗泌之说,也曾以舜帝二女为洞庭山神,但其行迹仍在湘水之中,与"二湘"之辞吻合,不过因《山海经》中有"洞庭之山……帝之二女居之"之文,故坐实论之而已。各人对"二湘"的身份分配,可散入以上诸说之中,不必一一列举。另外,历来好发怪论者也不乏其人,如罗愿《尔雅翼》卷二中以江神奇相为湘君,二女为湘夫人,"二湘"为配偶神云云,即被蒋骥斥为"愚悖甚矣"①,因奇相本为女性。类似怪论可摒弃不论。

以上罗列的八种说法,虽未必尽备,但大致涵盖了古代文人对"二湘"身份的主要看法,今之楚辞学者众多,在这个问题上,也大多择一而从、细加论证而已。笔者信从"二湘"乃舜帝二妃之说,"二湘"之诗,应为潇湘庙中祭祀"二妃"时由巫觋所唱的颂词。舜帝南巡,在潇湘大地留下了深深的足迹,产生了深远的影响,"二妃"追寻舜帝的足迹来到此地,最后泪洒斑竹,投湘水殉情,成为千古爱情故事的第一绝唱。潇湘大地的人们,为纪念这两位爱情始祖,建庙以祀之,制曲以颂之,这才是顺理成章之事,其他神祇怎会有如此高的地位?!屈原流放湘南,追慕舜帝,总想着"济沅湘以南征兮,就重华而陈词""驾青虬兮骖白螭,吾与重华游兮瑶之圃"。(《离骚》)屈原向舜帝(重华)"陈词",与舜帝"同游"的愿望不能实现,那么搜集整理与舜帝、二妃相关的"颂词"并辑录成《九歌》,定然是屈原乐此不疲的快事。诚如是,才会有《九歌》流传至今,与此相应的,才会有凄怨哀婉的诗风意象影响至今。

当然,即便是"二湘"的身份不明,其诗风意象的影响力仍然不减。我们不妨将上述八种说法稍做归类,一类认为二湘与舜妃有关,计有1、2、4、5四种;二类则与舜妃无关,亦得四种。从时间上看,除第3种郭璞之说外,第二类均起于唐代以后,而在唐以前,将"二湘"与舜妃相关联的

---

① 蒋骥.山带阁注楚辞·余论卷上[C].上海:上海古籍出版社,1984:198.

观点，是占优势地位的。

那么，"二湘"与舜妃究竟是如何关联起来的？这也有一个逐渐丰满的过程。早期的说法如《秦始皇本纪》、刘向《列女传》等只说二妃死于江湘之间，而且是一笔带过，究竟因何而死也未作说明。王逸《楚辞章句》注谓二妃"堕于湘水之渚"（四库全书版《楚辞章句》卷二），这一说法逐渐形成共识，以至郭璞注《山海经·中山经》时说："说者皆以舜陟方而死，二妃从之，俱溺死于湘江，遂号为湘夫人。"所谓溺死，是说二妃无意而失足落水，郭璞注中重点反驳了"溺死"说，认为二妃神通广大，千里迢迢跋山涉水追踪而至，何至于落水而不能自救？故而认为二妃是投水殉情。

郭璞之后，围绕着"二妃从之"的故事主线，不断有人为之添枝加叶，张华《博物志》云："舜崩，二妃啼，以涕挥竹，竹尽斑。"（四库全书版《博物志》卷八）任昉《述异记》亦云："昔舜南巡而葬于苍梧之野，尧之二女娥皇、女英追之不及，相与恸哭。泪下沾竹，竹文上为之斑斑然。"（四库全书版《述异记》卷上）斑竹是九嶷山中特有的一种竹子，因为有了舜帝崩葬九嶷、二妃投水殉情的故事，遂使斑竹泣怨，成为千古爱情名典。

犹不止于此。二妃故事，深入人心，于是湘水流域便有二妃祠破土而出。最著名的当然是黄陵庙了，早在《史记·秦始皇本纪》中即记有"湘妃祠"，众注皆谓即指"黄陵庙"，地在湘阴，此时离"二湘"之诞生，尚不足百年。其后，此祠一直存在，时见记载，《水经注》卷三十八"湘水"云："湘水又北经黄陵亭西，右合黄陵水口，其水上承大湖湖水，西流经二妃庙南，世谓之黄陵庙也。言大舜之陟方也，二妃从征，溺于湘江，神游洞庭之渊，出入潇湘之浦。潇者，水清深也。"[①] 而韩愈《黄陵庙碑》曰："湘旁有庙曰黄陵，自前古立以祠尧之二女舜二妃者。庭有碑，断裂分散在地。其文剥缺。考《图记》言，汉荆州牧刘表景升之立，题曰：湘夫人碑。今验其文，乃晋太康元年。又题其额曰：虞舜二妃之碑。非景升立者。"韩愈虽不信舜死南方、二妃溺湘之说，但仍主张"二湘"乃娥皇、女英之神，他在元和十四年（819）贬谪潮州刺史，途经此地时，仍不免"过庙而祷之"。除黄陵庙外，二妃神祀尚有多处，如永州府城在唐代有潇湘庙，明隆庆修

---

① 郦道元.水经注[M].成都：巴蜀书社，1985：582.

《永州府志》卷六《秩祀志》载"潇湘庙"："旧在潇湘西崖。唐贞元九年三月水至城下，官民祷而有应，至于漕运艰阻，旱干水溢，民辄叩焉。"又湘源县也有二妃庙，柳宗元贬永州司马时，曾作《湘源二妃庙碑》，礼赞有加。

三、琴瑟潇湘

在唐代诗歌中，由"潇湘"意象所表现出来的凄怨哀婉情调，其主流情感由屈原的"二湘"直追舜帝"二妃"，成为吟唱千古爱情的绵绵不绝之音。而且，在诗歌吟唱的同时，还伴有琴瑟和鸣；又因为与屈原的关系，在吟唱爱情的同时，也伴有忧国之思。

潇湘诗情中的忧国之思，是与"屈贾"相联系的。屈原信而见疑、忠而被谤，忧国之思转化为满腔怨恨倾注于《离骚》，最后自沉于湘水支流汨罗江，这本身就具有与"二湘"在凄怨风格上的共通性；加之屈原的人格与其作品一同受到后人的景仰，二者的悲剧性也在相当程度上弥漫在湘江烟水之上。西汉贾谊才高见疏，外充长沙王太傅，过湘江，作《吊屈原赋》，以屈原为同道，并以此而寄托自己的忧国伤时之情。后虽还京，终因抑郁不得志，33岁即谢世，其人其作乃一气秉承屈原之风，故后人将"屈贾"连称。此后文人士子每遇坎坷，尤其是忠而见疏或怀才不遇时，便自然会想到"屈贾"，如果地域上再与潇湘有些关联，更是一发难收了。《后汉书·梁统传》载："竦……后坐兄松事，与弟恭俱徙九真。既徂南土，历江湖，济沅湘，感悼子胥、屈原以非辜沉身，乃作《悼骚赋》，系玄石而沈之。"[①]又南朝刘宋时期的颜延年高才得位，招人嫉恨，逮少帝即位，出为始安太守，道经汨罗，为湘州刺史张劭作《祭屈原文》以致其意。此文收于《文选》卷六十，与贾谊《吊屈原文》同卷。颜延年又有《和谢灵运》诗，其中有云："吊屈汀洲浦，谒帝苍山蹊。"因为借用了屈原、舜帝的典故，自然而然地悲从中来。

---

① 范晔.后汉书[M].北京：中华书局,1982:1171.

有唐一代，北方文人南下既多，其中又多有被贬或下第等不称意者，因而唐诗中往往将"潇湘"与"屈贾"连用，相伴而更生悲情，这样的诗作频频出现，远多于前代。合"屈贾"而言者如张碧《秋日登岳阳楼晴望》："……屈原回日牵愁吟，龙宫感激致应忧。贾生憔悴说不得，茫茫烟霭堆湖心。"而分说之作更多，尤其是咏屈原的：

沅湘流不尽，屈子（一作"屈宋"）怨何深。日暮秋风起，萧萧枫树林。

（戴叔伦《过三闾庙》）

一掬灵均泪，千年湘水文。

（孟郊《楚竹吟酬卢虔端公见和湘弦怨》）

北风吹楚树，此地独生秋。何事屈原恨，不随湘水流。

（于武陵《夜泊湘江》）

千重烟树万重波，因便何妨吊汨罗。

（韦庄《湘中作》）

当然也有单吊贾谊的，如贾岛《送李馀往湖南》："昔去候温凉，秋山满楚乡。今来从辟命，春物遍浔阳。岳石挂海雪，野枫堆渚樯。若寻吾祖宅，寂寞在潇湘。"所谓"吾祖"，即贾谊之谓也。相形之下，单咏贾谊之作远不如单咏屈原之作多，这是因为贾生的人格与文章以及在潇湘大地的影响俱不及屈原之故。

由于将屈原的"二湘"与舜帝二妃混同为一，于是又出现了一个最具象征意义的新名词："湘妃。"而且，这一名词还从诗歌领域进入了琴曲领域。据郭茂倩《乐府诗集》卷五十七《琴曲歌辞·湘妃》记载："《湘中记》曰：'舜二妃死为湘水神，故曰湘妃。'……按《琴操》有《湘妃怨》，又有《湘夫人》曲。"[①]《琴操》传为东汉末蔡邕作，今辑本无此二曲，郭茂倩编《琴曲歌辞》，多录古辞，不避伪托。依此体，此不录《琴操》之《湘妃怨》与《湘夫人》二曲辞，或许宋时已不可见。《湘中记》有晋人罗含及南朝刘宋庾仲雍两种版

[①] 郭茂倩.乐府诗集[M].北京：中华书局，1996：825—826.

本，此处虽然未注明出自何本，总之是出自唐前之书是无可疑义的。《乐府诗集》之《琴曲歌辞》共收四种湘妃题材的曲子，曰：《湘妃》《湘妃怨》《湘妃列女操》《湘夫人》。又据王昆吾《隋唐五代燕乐杂言歌辞研究》[①]考索，唐人除琴曲外，琵琶曲中亦有名《湘妃》者，鼓吹乐大横吹部节鼓二十四曲中有《湘妃怨》。另外，教坊中杂言曲子《长相思》，原出琴曲《湘妃怨》，而刘禹锡又创《潇湘神》之曲，等等。可见对湘妃的吟咏，也是唐及唐前文人的一种习尚。下面，不妨品读一下这些直接吟咏湘妃故事的歌辞意韵。

唐代以前的作品留存较少，今唯见《乐府诗集》中所存两首《湘夫人》，其一为南朝梁沈约之作："潇湘风已息，沅澧复安流。杨蛾一含睇，媥娟好且修。捐玦置澧浦，解佩寄中州。"其二为王僧孺作："桂栋承薜帷，眇眇川之湄。白蘋徒可望，绿芷竟空滋。日暮思公子，衔意嘿无辞。"这二首作品基本演绎"二湘"词句，与二妃事迹几无关联，且情韵清扬而微伤，远不及"二湘"之瑰丽凄怨，足见南朝诗人轻靡而不失温和的诗风。

如前所述，至迟从东汉蔡邕作《琴操》起，琴曲中便有咏湘妃题材的曲子，如《湘妃》《湘妃怨》等，从今存的唐及唐以前歌辞看，俱吟咏二妃湘行事迹，悱恻凄绝，萦绕不去，乃至于有些未必与潇湘有关的人或事，也常借潇湘琴韵，抒其离别之情。比如项斯《泾州听张处士弹琴》："边州独夜正思乡，君又弹琴在客堂，仿佛不离灯影外，似闻流水到潇湘。"项斯为台州（今浙江省临海市）人，毕竟与潇湘同在江南，他远在西北泾州边关，听琴思乡，而以"潇湘"指代家乡，这一是因为台州与潇湘均属江南，离乡越远，家乡的范围越宽，西北正可与江南相对应；而更重要的是潇湘意象及相关琴曲所表现的情调更切合思乡之情。

还有一个经常被唐诗所引用的典故是"湘灵鼓瑟"。唐诗中以此为题者甚多，天宝十载更以此为省试题，留下了钱起著名的篇章《省试湘灵鼓瑟》：

> 善鼓云和瑟，常闻帝子灵。冯夷空自舞，楚客不堪听。苦调凄金石，清音入杳冥。苍梧来怨慕，白芷动芳馨。流水传潇浦，悲风过洞庭。曲终人不见，江上数峰青。

[①] 王昆吾.隋唐五代燕乐杂言歌辞研究[M].北京:中华书局,1996.

"湘灵鼓瑟"之典源出楚辞《远游》："张咸池奏承云兮,二女御九韶歌。使湘灵鼓瑟兮,令海若舞冯夷。"在这段描写之前,诗中主人公经长时间遨游后,忽然望见故乡,以致"长太息而掩涕",悲不可禁,只好继续远游寻找快乐,以安慰心中苦痛,即所谓"容与而遐举兮,聊抑志而自弭",所以接下来都是写可以使人欢乐的事情,包括音乐舞蹈。且《咸池》《承云》《九韶》相传分别是尧、黄帝与舜的音乐,都是至美的华章,当然不入愁苦一途。《远游》的这一段是模仿《离骚》的,《离骚》中该节有词曰:"奏九歌而舞韶兮,聊假日以愉乐。"说得再分明不过了。

而且,关于洞庭乐声,尚不止《远游》之记载。《庄子》中《天运》篇:"北门成问于黄帝曰:帝张《咸池》之乐于洞庭之野。"其《至乐》篇又云:"《咸池》《九韶》之乐,张之洞庭之野。"庄子书固多寓言,但其所言与《远游》之"张咸池奏承云兮,二女御九韶歌",似说一事。可见洞庭张乐敷奏华章,当为战国秦汉间盛传之说。晋代王嘉《拾遗记》又记其事曰:

> 洞庭山浮于水上,其下有金堂数百间,玉女居之。四时闻金石丝竹之声,彻于山顶。楚怀王之时,与群才赋诗于水湄,故云潇湘洞庭之乐,听者令人难老。虽《咸池》《九韶》,不得比焉。
>
> (四库全书版《拾遗记》卷十)

所谓"玉女",应当是从《山海经》之"帝之二女"及《远游》之"二女御九韶歌"中化出。揆其文字,潇湘洞庭之乐,自当是清美忘忧的情调。

"湘灵鼓瑟",原本是指欢快的乐事,绝不是钱起诗中所谓的"苦调凄金石"。然而如此反用典故却能获得众多共鸣,这定然不是钱起个人情感表现的特例。天宝年间以《湘灵鼓瑟》为题的省试诗,《全唐诗》中另存有陈季、王邕、庄若讷、魏璀诸人之作,与钱起之作同一情调,说明这种反用典故的诗情早已风行,不足为怪了,难怪钱起此作甫传,便声誉鹊起。其他诗作如"韵含湘瑟切,音带舜弦清"(潘存实《赋得玉声如乐》)、"秦地吹箫女,湘波鼓瑟妃"(韩愈《梁国惠康公主挽歌二首》),也同样如此。揆诸情理,"二湘"篇章、湘妃故事及湘妃琴曲的凄怨哀婉情调,早已深入人心,人们一提起"湘灵"就必然联想到湘妃,一想到湘妃,就必生凄怨哀婉之情，所以在不经意中重新演绎了"湘灵鼓瑟"典故，原是秋水无痕、自然而然的过程。而这一过程在唐代之前已露端倪，南齐谢玄晖《新亭渚别范零陵诗》云："洞庭张乐地，潇湘帝子游。云去苍梧野，水还江汉流。停骖我怅望，辍棹子夷犹。广平听方籍，茂陵将见求。心事俱已矣，江上徒离忧。"首二句用旧典，但下面"怅望""夷犹""离忧"云云，便往"二湘"凄怨情调上滑动了。此诗轻怨怅惘，或许可以看作"湘灵鼓瑟"从华美向"苦愁"演变的过渡状态，从中也可见出湘妃传说及潇湘凄怨哀婉情调的统摄力和感召力。

四、传奇潇湘

唐人传奇，按照赵彦卫《云麓漫钞》的说法："盖此等文备众体，可见史才、诗笔、议论。"因为这种文体的优越性，许多题材纷至沓来。刘贡父说："小说至唐，鸟花猿子，纷纷荡漾。"湘妃故事原就"小小情事，凄婉欲绝"①（洪迈），且几百年来饱含了丰厚的诗心情韵，自然比"鸟花猿子"，更能展现士子们的史才、诗笔和议论了。《太平广记》卷三〇五引唐人卢肇小说集《逸史》中名为《萧复弟》的一则故事：

> 萧复亲弟，少慕道不仕，服食芝桂，能琴，尤善南风。因游衡湘，维舟江岸，见一老人，负书携琴。萧生揖坐曰："父善琴，得《南风》耶？"曰："素善此。"因请抚之，尤妙绝。遂尽传其法。饮酒数杯，问其所居，笑而不答。及北归，至沅江口，上岸理《南风》。有女子双鬟，挈一小竹笼曰："娘子在近，好琴，欲走报也。"萧问何来此，曰："采果耳。"去顷却回，曰："娘子召君。"萧久在船，颇思闲行，遂许之。俄有苍头棹画舸至，萧登之。行一

---

① 汪辟疆.唐人小说[G].上海：上海古籍出版社,1983.

里余，有门馆甚华。召生升堂，见二美人于上。前拜，美人曰："无怪相迎，知君善《南风》，某亦素爱，久不习理，忘其半，愿得传授。"生遂为奏。美人亦命取琴，萧弹毕，二美人及左右皆掩泣。问生授于何人，乃言老父，具言其状。美人流涕曰："舜也，此亦上帝遣君子受之，传与某，某即舜二妃。舜九天为司徒，已千年别，受此曲年多，忘之。"遂留生啜茶数碗。生辞去。曰："珍重厚惠，然亦不欲言之于人。"遂出门，复乘画舸，至弹琴之所。明日寻之，都不见矣。

舜弹五弦歌《南风》的传说，自战国后期即已流传，《孔子家语》并录有歌辞。唐诗中也有咏此故典者，如韦庄《悼亡姬》"湘江水阔苍梧远，何处相思弄舜琴"便是此意。另有卢仝《秋梦行》之诗：

客行一夜秋风起，客梦南游渡湘水。湘水泠泠彻底清，二妃怨处无限情。娥皇不语启娇靥，女英目成转心愶。长眉入鬓何连娟，肌肤白玉秀且鲜。裴回共咏东方日，沈吟再理南风弦。声断续，思绵绵，中含幽意两不宣。殷勤纤手惊破梦，中宵寂寞心凄然。心凄然，肠亦绝，寐不寐兮玉枕寒，夜深夜兮霜似雪，镜中不见双翠眉，台前空挂纤纤月。纤纤月，盈复缺，娟娟似眉意难决。愿此眉兮如此月，千里万里光不灭。

此诗虽托言于梦，而叙述婉转，正可与上文同作小说家语看。又其惝恍幽怨，毕竟"诗笔"为长。实际上，舜之《南风》琴曲，乃为化育万民之意，本不入悲调，此诗径以断肠声出之，乃诗意之所必然。这样的奇幻叙述，将遥远的典故，仿佛在人世可遇，这就使得神韵潜通的古今心思，获得了更亲切而真实的感受。至如沈亚之《湘中怨解》，虽自言受南卓《烟中怨》启发（其末云"盖欲使南昭嗣《烟中之志》，为偶倡也"①）。但故事情韵，仍本之湘妃传统。

---

① 汪辟疆.唐人小说[G].上海：上海古籍出版社，1983：190.

唐传奇中最为凄婉诡谲的，当数关于李群玉的传言，范摅《云溪友议》云：

> 李校书群玉既解天禄之任，而归浛阳。经湘中，乘舟题二妃庙诗二首，曰："小孤洲北浦云边，二女明妆共俨然。野庙向江空寂寂，古碑无字草芊芊。东风近暮吹芳芷，落日深山哭杜鹃。犹似含颦望巡狩，九嶷如黛隔湘川。"又："黄陵庙前莎草春，黄陵女儿茜裙新。轻舟小楫唱歌去，水远山长愁杀人。"后又题曰："黄陵庙前春已空，子规滴血啼松风。不知精爽落何处，疑是行云秋色中。"李君自以第三篇春空便到秋色，踟蹰欲改之。乃有二女郎见曰："儿是娥皇、女英也。二年后，当与郎君为云雨之游。"李君乃悉具所陈，俄而影灭，遂掌其神塑而去。重涉湖岭，至于浔阳。浔阳太守段成式郎中，素为诗酒之交，具述此事。段公因戏之曰："不知足下是虞舜之辟阳侯也！"群玉题诗后二年，乃逝于洪井。段乃为诗，哭李四校书也："酒里诗中三十年，纵横唐突世喧喧。明时不作祢衡死，傲尽公卿归九泉。"又曰："曾话黄陵事，今为白日催。老无男女累，谁哭到泉台？"

> （四库全书版《云溪友议》卷中）

此故事将娥皇、女英描写成巫山神女、仙窟女真一流人物，竟唐突如此！而李群玉终"掌其神塑去"。不过《太平广记》卷四百九十八录《云溪友议》文，大致与上引同，唯改作"礼其神像而去"，态度即全然不同矣！然二年之谶、题诗之怨，便使这故事越发显得奇幻哀艳。文中第三首诗所谓从"春空便到秋色"，李群玉自以为未稳，其实很可见其创作心理。因为潇湘凄怨，自《湘夫人》"袅袅兮秋风，洞庭波兮木叶下"后，便与秋色常相伴生。从三首诗看，后二首俱着"春"字，第一首"东风""杜鹃"云云，春亦隐含其中。大约李群玉涉湘时正值春日，而末首最后收笔却直到"秋色"，正是潇湘凄怨哀婉的情调与"秋"的伴生惯性于不经意中发挥了作用。

潇湘意象中的凄怨哀婉情调，不仅渗透于唐传奇之中，也渗透于元代杂剧、明清小说之中。比如元杂剧中有杨显之的《临江驿潇湘秋夜雨》，演绎一段负心姻缘之事，该剧的地理安排是一笔糊涂账，但作者力图要进入"潇湘夜雨"的凄苦情境，以此来烘托张翠鸾的悲苦遭遇。至于《红楼梦》中将多愁善感的林黛玉称作"潇湘妃子",将林黛玉的居所称之为"潇湘馆",作者的这种安排,正与潇湘意象的凄怨哀婉情调切合无间。

最后需要说明的是,潇湘意象中的凄怨哀婉情调,进入宋代之后此类作品便减少,而清新明丽的诗作大大增多,这或许是源于南北文化的进一步交流以及南方文化整体品格的提高;宋明以来,又有所谓"潇湘八景",常为人摹画或吟咏,其格调亦以清新空蒙为多。

"破额山前碧玉流,骚人遥驻木兰舟。春风无限潇湘意,欲采蘋花不自由。"这是柳宗元酬答友人的应制之作《酬曹侍御过象县见寄》,诗中的风景描写十分优美,情思更是深广悠远。但此诗究竟写作于何时何地,至今却并无定论。从诗作的内容和诗人所表达的情感分析,此诗应该是作于柳州,因为象县距柳州不远,同在柳江之上,所以"碧玉流"应该是柳宗元亲眼所见,是写实;"潇湘意"则是柳宗元的记忆怀想,是写虚;最后一句则是写虚与写实的结合,这种结合就体现在柳宗元采撷蘋花的"自由"与"不自由"上——据《清一统志湖南永州府》载:"白蘋洲,在零陵西潇水中,洲长数十丈,水横流如峡,旧产白蘋最盛。"柳宗元在永州时,定然是"自由"地采撷过白蘋花的,这是柳宗元记忆的留存,因而是写虚,而写作此诗时已经身在柳州,山高水长路途遥,故而"欲采蘋花不自由"了,这是写实——在"不自由"中暗含了"自由",这才是虚实结合的关键所在。

当然,柳宗元此诗究竟写作于何时何地,其实并不重要,重要的是柳宗元所表达的情思:"春风无限潇湘意!"用今天的眼光来看,这是柳宗元为潇湘大地所撰写的一句最好的广告词,因为从诗中我们不仅可以感觉到"春风无限",更可以联想到"春光无限""春意无限"……

"春光无限"给人以无限遐思,在遐思中铺开锦绣潇湘的优美画卷,九嶷山之雄奇、舜皇山之超拔、阳明山之明媚,再加上激流飞瀑的潇水、漾洄曲折的湘水,给潇湘大地已经绘出了一幅壮阔而又幽深的山水图,而当潇湘二水交汇于蘋岛,带来"蘋洲春涨",催生出"永州八景",让锦绣潇湘更添神韵;当"蘋洲春涨"的雨声带来"潇湘夜雨"的文人画卷,并催生出"潇湘八景"的千古画作,进而带动"八景"文化景观走出永州,走出湖南,走遍大江南北、大河上下,甚至走出国门,在异国他乡生根开花,这神奇"春光"的魅力,只能用"无限"二字才能形容。

不仅仅是山水风景和文人画卷的"春光无限",还有诸多艺术为这"春光"增色添彩，这里有流传千年的祁剧艺术，有千古不磨的书法石刻艺术，更有那千古爱情绝唱的《湘君》《湘夫人》等诗歌艺术，犹如无限"春光"的调色板，将"春光"的颜色涂抹得更加绚丽多彩。

"春意无限"更给人无尽的联想。由我们当下联想开去，有近百年的红色文化，中国共产党创始人之一的李达，为零陵文化留下了弥足珍贵的红色基因；有近千年的濂溪文化，作为继孔孟之后的"三圣"，周敦颐开创了宋明理学，为中国传统文化树立了一座高峰；有四千多年的虞舜文化，作为中华文明先祖和道德文明始祖，舜帝南巡崩葬于九嶷，不仅为潇湘大地开创了文明之光，更为中华文明镀亮了数千年历史进程；有上万年的稻作文化，道县玉蟾岩考古发现的人工栽培稻谷，揭示了中国乃至世界的农耕文明，在这里也是一个肇始点；更有十余万年的人类始祖文化，道县福岩洞考古发现了8万至12万年前呈现典型现代智人特征的牙齿，这是目前可知的世界上最古老的现代人牙齿，说明潇湘大地是中国乃至整个东亚地区现代人的发祥地。因此，这里不仅可以追溯中华五千年文明进程的诸多节点，更可以追溯人类进化历程的诸多足迹，给人的联想确实可以有"无限"的延伸……

第二章　诗韵绵长

　　潇湘诗韵自舜帝的《南风歌》开篇，由此引发出潇湘大地诗歌创作的三大特点：一是因为舜帝葬于九嶷的关系，历朝历代前来拜祭舜帝的人很多，同时留下诸多歌颂舜帝与湘妃之诗；二是因为永州的山水优美，文人墨客心生感叹，留下诸多咏赞永州的诗歌；三是一些流寓文人和本土文人在诗歌创作上取得了辉煌的成就，可代表永州诗歌的创作水平。

一、颂舜篇章

追溯潇湘大地最早的诗歌,自然是舜帝的《南风歌》。关于舜歌《南风》之事,在中国先秦时代有着广泛的影响,先秦两汉的诸多典籍均对此事有着大同小异的记载,如《史记·乐书》云:

> 昔者舜作五弦之琴,以歌《南风》;夔始作乐,以赏诸侯。故天子之为乐也,以赏诸侯之有德也。德盛而教尊,五谷时熟,然后赏之以乐。

> 故舜弹五弦之琴,歌《南风》之诗而天下治;纣为朝歌北鄙之音,身死国亡。舜之道何弘也?纣之道何隘也?夫《南风》之诗者生长之音也,舜乐好之,乐与天地同意,得万国之欢心,故天下治也。

另外,在《礼记·乐记》《韩非子·外储说左上》《尸子·绰子》《韩诗外传》卷四、《淮南子》之《诠言训》和《泰族训》《新语·无为》《说苑·建本》《孔子家语·辩乐解》《越绝书》卷十三等文献中均有记载,其影响可见一斑。那么,《南风》之诗究竟是一首怎样的诗呢?在《乐府诗集·琴曲歌辞》中辑录了其歌辞:

> 南风之熏兮,可以解吾民之愠兮;南风之时兮,可以阜吾民之财兮。

《南风歌》的歌词简单直白,代表了中国的民歌风貌,特别是楚地的民歌风貌。这首歌的弹唱之地，据蓝山县志的记载是在湖南与广东的交界之地南风坳，此地还曾建有熏风亭。

舜帝为永州的诗歌创作开了个很好的头，其后歌颂舜帝的诗歌便络绎不绝。屈原在《离骚》中说："济沅湘以南征兮，就重华而陈词""昔三后之纯粹兮，固众芳之所在。彼尧舜之耿介兮，既遵道而得路"。"重华"是舜帝的名字，屈原很想来九嶷山向舜帝"陈词"，但他的流放地在沅江流域，因而这是与永州相关的诗句，还不专是为舜帝、为永州创作的。

从现有资料看，西汉刘熊渠的《舜庙怀古》应该是最早一首作于永州并专为歌颂舜帝的诗：

游湘有余怨，岂是圣人心。
竹路猿啼古，祠宫蔓草深。
素风传旧俗，异迹闭荒林。
巡狩去不返，烟云怨至今。
九嶷天一畔，山尽海沉沉。

(明蒋镳撰《九嶷山志》卷七《赋诗》)

刘熊渠是第二代舂陵侯，舂陵侯国的封地在泠道县（今宁远县北），诗中所写无疑是永州当时的实景实情。

比刘熊渠稍晚，但影响更大的是东汉蔡邕的《九嶷山铭》：

岩岩九嶷，峻极于天。
触石肤合，兴播建云。
时风嘉雨，浸润下民。
芒芒南土，实赖厥勋。
逮于虞舜，圣德光明。
克谐顽傲，以孝蒸蒸。
师锡帝世，尧而授征。
受终文祖，璇玑是承。
太阶以平，人以有终。
遂葬九嶷，解体而升。

登此崔嵬，托灵神仙。

（《古文苑》卷十八）

　　南宋淳祐六年（1246），道州知州李袭之修葺舜庙，并嘱咐濂溪书院掌管御书的教官李挺祖，补书蔡邕《九嶷山铭》，刻在玉琯岩石壁上面。铭文描写了九嶷山的高峻和兴云播雨的功能，歌颂了虞舜的圣德与养民之恩、教化之功。这是最早的直接以永州风物为题材的文学作品，也是湖南文苑中最早的一篇铭文。

　　到了魏晋时代，歌颂舜帝的诗歌越来越多，有一位皇帝，虽然没到过永州，但他的诗作值得一提。魏文帝曹丕的《清调曲》：

　　尧任舜禹，当复何为。
　　百兽率舞，凤凰来仪。
　　得人则安，失人则危。
　　唯贤知贤，人不易知。
　　歌以咏言，诚不易移。
　　鸣条之役，万举必全。
　　明德通灵，降福自天。

（宋郭茂倩辑《乐府诗集》卷三十六）

　　曹丕是一个很懂文学的人，他的《典论·论文》是中国文学批评史上第一篇理论专论，吹响了中国文学进入"自觉时代"的第一声号角。曹丕十分重视文学的社会功用，认为"盖文章，经国之大业，不朽之盛事"。他在这首诗里所赞颂的，也是尧舜禹的"经国之大业，不朽之盛事"——他是用"不朽"之诗文，传"不朽"之大业。南北朝时期梁代庾信的《舜舞干戚》具有一定的代表性：

　　平风变律，击石来仪。
　　先齐七政，更服三危。
　　朱干独舞，玉戚空麾。
　　《南风》一曲，拱己无为。

（张溥辑《汉魏六朝百三家集》卷一一一《庾信集》）

南北朝是中国历史上的大动乱时代，政治混乱，社会动荡，民不聊生。这都是那些帝王将相各逞私欲，为争权夺利、争土夺位所导致的。所以庾信希望当时的统治者能够像舜帝那样，把百姓的利益放在首位，自己只要"垂拱而治""无为而治"就行了。

唐代是中国诗歌的鼎盛时代，歌颂舜帝的诗歌也有很多，这里略选两首。张谓《邵陵作》：

> 尝闻虞帝苦忧人，只为苍生不为身。
> 已谓一朝辞北极，何须五月更南巡。
> 昔时文武皆销铄，今日精灵长寂寞。
> 斑竹年年笋自生，白蘋春尽花空落。
> 遥望零陵见旧邱，苍梧云起至今愁。
> 惟余帝子千行泪，化作潇湘万里流。

（《唐全诗》卷一九七）

邵陵，今邵阳。三国时吴后主宝鼎元年（266）分零陵郡北部置昭陵郡，晋武帝太康元年（280），为避晋文帝司马昭讳，改昭陵郡为邵陵郡，唐代改为邵阳郡。张谓做过潭州刺史，与道州刺史元结的关系很要好，两人的性情也很相近，简淡嗜酒，畅意山水。所以这首诗对舜帝的丰功伟绩并不持赞赏态度，而更看重的是娥皇、女英二妃的离愁别绪，所以他说"昔时文武皆销铄""惟余帝子千行泪"。在张谓看来，舜帝不应该抛妻别子去"南巡"，而让二妃"精灵长寂寞"。这或许是唐代文人在经历了安史之乱，有了"烽火连三月，家书抵万金"的切身体验之后，才具有的一种特有情感吧。

在唐代诗人中，永州本地人李郃所写的《咏舜庙古杉》颇值得一提：

> 总负亿年质，高临千仞峰。
> 贞心欺晚桂，劲节掩寒松。
> 任彼风飙折，挺然霜雪冲。
> 茎凌霄汉表，根蟠龙窟中。

> 仙客频栖舞，良工何渺逢！
> 枝头连理翠，拥护圣神宫。

（康熙九年《永州府志》卷二十二）

李郃是道州延唐（今永州宁远县湾井镇下灌村）人，他在自己的诗作《贺州思九嶷作》中说："我世家九嶷，山在宅之阳。"说明他的家离九嶷山舜帝陵庙很近，而且是时常去的地方。此诗对舜帝陵庙的建筑只字不提，而只写庙中的一棵古杉树，这本是九嶷山中很常见的一种树，但这棵树却与众不同，它年代久远、高大劲节，全力护卫着"神宫"——舜庙。诗人写古杉其实是一种象征，古杉的气质和精神，正是舜帝的化身；同时，古杉的"亿年质"也意味着古庙的"亿年质"，说明九嶷山舜帝陵庙的久远。

有宋一代，政治中心和文化中心南移，来永州或路过永州以及永州本地的诗人更多，咏诵舜帝的诗作也更多，这里选几首有代表性的。司马光《虞帝》：

> 虞帝老倦勤，荐禹为天子。
> 岂有复南巡，迢迢渡湘水。
> 至德远无象，异论纷纷起。
> 意疑大圣人，奸憸亦如已。
> 乃知中下士，何由逃谤毁。

（《传家集》卷三）

在北宋的政坛上，司马光与王安石，一人主张变革新法，一人提倡借鉴旧法，两人各不相让，争斗不息，给北宋政坛带来不小的动荡。司马光提倡借鉴旧法，因而花费了毕生精力编撰《资治通鉴》；也因为循旧，所以对舜帝很推崇。此诗认为舜帝是"大圣人""至德远无象"，但舜帝的行为同样受到一些奸险小人的"异论"，而"中下之士"就更难逃别人的"毁谤"了。这首诗对舜帝"禅让""南巡"之事也是一种借鉴，但除"资治通鉴"的意义之外，更值得注意的是人生经验的借鉴。

在司马光与王安石两股政治势力的争斗中，受牵累最大的是苏轼。按说苏轼应该属于司马光势力中人，因为司马光跟苏轼父亲苏洵的关系很好，又同为苏轼、苏辙制科考试的主考官,有师生之情。所以当王安石为相推行新法时,苏轼与司马光站在同一立场反对变法,于是被王安石贬出京城。王安石变法失败,司马光为相,废除全部新法,苏轼表示反对,认为新法中的有用部分还是应该保留。司马光很恼火,把他贬得更远。后来不管哪一派上台,都拿他撒气,于是被一贬再贬,最远贬到了海南岛的儋州。苏轼是中国历史上被贬次数最多而又最远的文人。但奇怪的是,他不仅没有怀才不遇的悲愤之感,反而成为豪放派的最好代表。苏轼为什么能做到这样?从这首《谪海南·作诗示子由》中或许能看出端倪:

> 九嶷联绵属衡湘,苍梧独在天一方。
> 孤城吹角烟树里,落月未落江苍茫。
> 幽人抚枕坐叹息,我行忽至舜所藏。
> 江边父老能说子,白须红颊如君长。
> 莫嫌琼雷隔云海,圣恩尚许遥相望。
> 平生学道真实意,岂与穷达俱存亡。
> 天其以我为箕子,要使子意留要荒。
> 他年谁与舆地志,海南万里真吾乡。

(《东坡全集》卷二十四)

这首诗的原标题很长:《吾谪海南,子由雷州,被命即行,了不相知,至梧乃闻尚在藤也。旦夕将追及,作此诗示之》。这其实说明此诗的创作缘由,"子由"是苏轼的弟弟苏辙,两兄弟同时被贬,而且是两个相邻但遥远的地方:雷州半岛和海南岛。苏轼一生已被贬多次,这次是从惠州到海南,落差不算太大,心态还算平和。苏辙从京城执掌朝政的"门下侍郎"贬为"雷州安置",落差太大,心里难免会愤愤不平,正是出于这种担心,苏轼"作此诗示之"。诗中告诫苏辙:"莫嫌琼雷隔云海,圣恩尚许遥相望。"虽然琼州(海南)与雷州天偏地远,但能够让我们兄弟隔海遥望,这也算是"圣恩"了;更重要的是"平生学道真实意,岂与穷达俱存亡",一生只要是真心求"道",穷达与否就不能放在心上。这个"道"是什么呢?班固在《汉书·艺文志》中论述儒家的特点说,儒家"祖述尧舜,宪章文武,宗师仲尼,以重其言,于道为最高"。这个最高之"道",就是孔子所说的尧、舜、禹、周公之道，也是韩愈所说的尧、舜、禹、汤、文、武、周公、孔、孟之道。此诗从"九嶷"写到"舜所藏"，虽然没有从正面直接赞颂舜帝，但舜帝之"道"，特别是舜帝南巡"崩葬苍梧"，以身殉"道"的精神，无疑给了苏轼以启发，才使他有了"海南万里真吾乡"的心理准备；而且，只要能真正定下心来，日久"他乡"也可以成为"故乡"。

南宋诗人中，湖湘学派的创始人之一胡宏，其诗《谒虞帝祠》给了舜帝最高评价：

> 有姚心妙赞乾坤，尧禹兴亡赖两存。
> 蒲坂旧都西望远，苍梧陈迹事难论。
> 九官效职群英聚，二女宜家圣德尊。
> 万代君王模范表，呈嗟一庙破荒村。

（《五峰集》卷一）

在胡宏看来，尧、舜、禹三代圣帝，起核心作用的是舜帝，尧和禹两代，都是有赖舜帝的支撑才兴盛的。诗人最后发出感叹，似这样万代君王的模范表率，仅一座破庙湮没在荒村之中，确实可嗟可叹！

元代的历史不长，文学创作除杂剧外，其他体裁都不兴盛，但咏赞舜帝的诗作却很多，这里选两首有代表性的。侯克中《舜》：

> 历山雷泽复河滨，非舜谁能处此身。
> 孝瞽慈均全父子，事尧让禹尽君臣。
> 四门既辟群凶去，五教惟宽百姓亲。
> 莫怪古今疑未信，圣人所以异常人。

（《艮斋诗集》卷二）

诗人将舜帝一生的丰功伟绩浓缩在一首七律中，确实体现了高度的概括能力。最后两句更是别出新意，既点出了"古今"诸多文人学者对舜帝事迹"疑未信"的事实，又分析了原因，一句"圣人所以异常人"，既是原因分析，也是问题答案，而且颇有说服力——正因为圣人不同于常人，所以站在常人的角度表示怀疑，而仰望圣人的高度则毋庸置疑。

再如张养浩的《过舜祠》,也有不同于常人的新角度:

> 太古淳风叫不还,荒祠每过为愁颜。
> 苍生有感歌谣外,黄屋无心揖让间。
> 一井尚存当日水,九嶷空忆旧时山。
> 能令子孝师千古,瞽叟元来并不顽。

(《归田类稿》卷十九)

从《尚书·尧典》开始,描述舜帝所处的家庭环境是"父顽、母嚚、象傲",而虞舜却能做到"克谐以孝,烝烝乂"。正因为虞舜所处的家庭环境不同于常人,所以虞舜之孝所做的努力才异于常人,因而才成就了舜帝作为千古圣人的名声——历朝历代的文献记载都对此深信不疑。但张养浩却认为,能够培养出一个成为千古师范的孝子来,作为父亲的瞽叟就绝不是"顽嚚"的。这确实是一种新思路。

明代咏赞舜帝的诗比元代更多,但内容大同小异,这里选两首有新意的。孙承恩《古像赞·帝舜》:

> 大孝格天,玄德配帝。精一执中,圣学攸始。
> 焕乎文章,巍巍成功。千万世下,仰瞻无穷。

(《文简集》卷四十一)

将舜帝的大孝、大德和"精一执中"的治国理念都归之于"圣学",从"文章"的角度来赞颂舜帝的"巍巍成功",以至于受到千秋万代的瞻仰,看问题的角度有一定的新意。这里的"文章"当然不是指具体文章,而是"文明彰显",舜帝是因为奠定了中华文明的"圣学"之始,才受到后人瞻仰的。

明代的王夫之创作了一个系列作品《潇湘十景词》,对"潇湘十景"进行了介绍和描述,这里选其中之一《蝶恋花·舜岭云峰》:

> 九嶷参差无定影。泪竹阴森,回合清溪冷。一片绿烟天际迥,迷离千里寒宵暝。

香雨飞来添碧凝。认是当年,望断苍梧恨。东下黄陵知远近,西崦落日回波映。

(《九嶷山志》第十一章)

此诗名为写景,实为写情,主要是为二妃鸣不平。山无定影,溪水清冷,竹林阴森,烟雾迷离——这幅孤寂冷漠的景象,皆因"当年"二妃"望断苍梧恨"所致。正因为有了情感的点染,景色便显得分外灵动。《潇湘十景词》有四景在永州,其他三景分别是东安的"香塘渌水"、零陵的"朝阳旭影"、祁阳的"浯溪苍壁",都是有山有水,亦真亦幻,景色灵动,情感细腻,引人入胜。

有清一代,朝廷对舜帝尤为重视,由皇帝派官员来九嶷山舜帝陵祭祀共有44次,其中乾隆朝就有12次。乾隆皇帝还亲自题写了《谒舜庙》:

孝称千古独,德并有唐双。
历下仪刑近,城中庙貌庞。
春风余故井,云气护虚窗。
缅继百王后,钦瞻心早降。

(《御制诗二集》卷三)

乾隆认为虞舜之"孝"是千古所独有,无人能比;舜帝之"德"则与尧帝比肩成"双"。这样的评价切中肯綮,因为尧舜之道虽是尧舜齐名,但舜帝的贡献确实更大一些。

由于皇帝派官员来祭祀,一些官员把祭祀舜帝之事记下来,于是就留下了诸多"恭祀"诗,这里选取钟人文的《恭祀虞陵》以见一斑:

苍梧崩葬自何年,振古如兹荐豆笾。
山立千官朝寝殿,松流万古杂宫悬。
芳蘋洁藻春秋候,荆舞蛮歌陟降前。
将事微臣深庆幸,至今犹得仰中天。

(清嘉庆《九嶷山志》卷四)

诗的内容无特别之处，无非描写舜帝陵庙周边的景象，并表达自己的庆幸，得有机会祭拜仍然如日中天的舜帝。诗中"山立千官朝寝殿"的比喻倒是很有新意，既隐含了"万山朝九嶷"的景色特点，把"山"拟人化为"官"，也增添了舜帝陵寝的威严和庄重。

民国的时间不长，而且战火不断，来九嶷山祭舜并留下诗作的很少，当然也不是全无，这里选一首本地人的诗作以资存念。萧志仁《辛未与祭虞陵重游九嶷山》：

> 南巡一去不生还，揖让风流宇宙间。
> 五指望峰齐拜倒，双妃洒泪尚成斑。
> 梳妆美女鸡声起，歌舞瑶娃鸟道攀。
> 三十年来重到此，心心相印九嶷山。

（1942年《宁远县志》卷二十二）

萧志仁是永州宁远人，早年投身辛亥革命，曾是武昌起义总司令黄兴的秘书。辛亥革命失败后又去日本留学，回国后在北京担任教职和从事新闻工作，蒋介石叛变革命后，他对时局不满，愤然辞去一切职务，回到家乡办学。从二十来岁只身去武汉求学，到回到家乡办学，已经过去了近三十年，所以诗中说"三十年来重到此"。尽管大半生都在外漂泊，但对家乡的情怀不改，所以与九嶷山仍然是"心心相印"。此诗除了写舜帝、二妃和自己的家乡情怀，还写到了当地人民的勤劳、勇敢和爱美的生活："梳妆美女鸡声起，歌舞瑶娃鸟道攀。""闻鸡起舞"是中国男人勤奋的象征，这里的美女"闻鸡梳妆"——早梳妆早干活，勤劳又爱美。男人能歌善舞，"鸟道"也敢登攀。关注当地百姓的日常生活，这是以前赞颂舜帝的诗所没有的。

赞颂舜帝的诗歌，不仅中国文人代不乏人，越南使者出使北京路过永州，也留下了诸多篇什，这里选一首有代表性的。越南阮朝时代的使者丁翔甫所作的《九嶷怀古》：

> 南巡此地古传闻，访古徘徊对夕曛。
> 斑竹至今悲帝子，苍梧何处盖都君。

愁云不辨疑山色，往迹难征信史文。
唯有帝功长在望，起人余韵长南薰。
　　　　（《越南汉文燕行文献集成》第十册《北行偶笔》）

虽然是越南人，但对舜帝事迹及相关文献的熟悉程度丝毫不亚于中国文人，最后两句说舜帝的功绩长在，《南风歌》的余韵长在，更是对西方和中国"疑古派"的有力批判。

舜帝南巡数年不归，娥皇、女英二位妃子追寻舜帝足迹，来到九嶷山寻访舜帝，得知舜帝的噩耗后，二人抱头痛哭，泪洒斑竹，然后投江殉情。后人对二妃的遭遇深表同情，也写了很多"二妃颂""湘妃怨"之类的诗歌，这里选几首有代表性的。

最早写二妃的应该是屈原，他的《湘君》《湘夫人》，一般都认为是屈原根据湘南民歌改写而成的，内容就是写二妃的。但因为诗中的交代并不明确，所以到现在仍是争论不断。而明确赞颂二妃的诗，汉代刘向的《有虞二妃颂》应该是最早的：

元始二妃，帝尧之女。
嫔列有虞，承舜于下。
经尊事卑，终能劳苦。
瞽叟和宁，卒享福祐。
　　　　（《古列女传》卷一《母仪传·有虞二妃》）

刘向著《烈女传》，第一卷即为《母仪传》，而"有虞二妃"又排在卷首，可见刘向对二妃的推崇。诗中甚至称娥皇、女英为"元始二妃"，那么在刘向看来，在舜帝之前尽管已经有了"三皇四帝"，他们的妃子都不足以"母仪天下"，只有"有虞二妃"才能担得起如此重任和荣耀，因而是"元始二妃"。这其实也给中国的"母仪"设定了标准：承下、事卑、劳苦、和宁。特别是后两项，经历朝历代的提倡，成为中国传统女性最为突出的标志。

在最高统治者中，晋武帝司马炎的《虞舜二妃赞》值得重视：

妙矣二妃，体灵应符。

奉嫔于妫，光此有虞。
沅湘示教，灵德永敷。
惟斯善美，谅无泯乎！

（梅鼎祚编《西晋文纪》卷四）

对此诗特别要注意的地方，是司马炎所强调的"沅湘示教"，其实也就是指二妃的投水殉情，因而才"惟斯善美"。也就是说，正因为二妃的以身殉情，所以才成为烈女，才能母仪天下，成为教化天下妇女的楷模。这是刘向诗中所没有表达明白的意思，这两首诗的配合，可以让我们对"烈女"内涵有一个完整的认识。

对二妃的"赞颂"，是为了提倡一种"烈女精神"，但这样的诗作只是少数，更多的是站在同情的角度，替二妃抒发离愁别怨。且看刘禹锡的《潇湘神》：

其一

湘水流，湘水流，九嶷云物至今愁。
君问二妃何处所？零陵香草露中秋。

其二

斑竹枝，斑竹枝，泪痕点点寄相思。
楚客欲听瑶瑟怨，潇湘深夜月明时。

（《刘宾客文集》卷二十七）

词中所抒发的情感哀婉幽怨，思绪缠绵，体现了刘禹锡诗词的风格特色。很显然，词中所抒发的离愁别怨，既是有虞二妃的，也是刘禹锡自己的。刘禹锡年轻时参加王叔文革新集团，失败后，作为"八司马"之一被贬朗州（今湖南省常德市）长达十年，作为一个满怀政治抱负文人，却远离京城，远大志向无从实现，心中的离愁别怨，自然也不亚于有虞二妃。

宋代梅尧臣的《湘竹》，表达了相类似的感情：

> 劈竹两分开，情知无合理。
> 织作湘纹簟，仍然泪花紫。
> 泪花虽复合，疑岫几千里。
> 欲识舜娥心，无穷似湘水。

（嘉庆《零陵县志·艺文志》）

湘竹即湘妃竹，又称泪竹、斑竹，诗人可能由"湘纹簟"上的"泪斑"所触发，写出了二妃离愁别怨的幽深绵长，如滔滔湘水无穷无尽。这种情感，明代佘翔的《湘妃怨》进行了高概括：

> 九嶷何处是，玉辇几时过。
> 千秋悲帝子，竹上泪痕多。

（《荔园诗集》卷一）

短短二十字，千古文人对"帝子"——娥皇、女英的悲悯、悲怨、悲愤之情，全部囊括其中了。千古文人之所以有说不完的"湘妃怨"，无非是借题发挥。舜帝南巡离开了二妃，也就冷落了二妃；中国文人有几个不被"皇上"离弃、冷落的呢？因此，所谓"湘妃怨"，无非是"借他人酒杯，浇自己块垒"，"千秋悲帝子"其实"悲"的是自己。

二、永州题赞

唐代以前，来永州的名人主要是祭拜舜帝，所以咏赞舜帝和湘妃的诗歌较多，而直接咏赞永州的诗歌却很少。这里以南北朝时期谢朓《新亭渚别范零陵云》聊作代表：

> 洞庭张乐地，潇湘帝子游。

> 云去苍梧野，水还江汉流。
> 停骖我怅望，辍棹子夷犹。
> 广平听方籍，茂陵将见求。
> 心事俱已矣，江上徒离忧。

（《谢宣城集》卷三）

谢朓（464—499），南朝齐诗人，与谢灵运并称"大小谢"，为"竟陵八友"之一，曾出任宣城太守，故有谢宣城之称。这是一首送别的诗，被送者范云（451—503），系南朝齐、梁间著名诗人，在南齐竟陵王萧子良幕中，同为"竟陵八友"。齐武帝永明十年（492）与萧琛出使北魏，受到魏孝文帝的称赏，本以为回来后能够得到重用，结果反被贬出京城去做零陵郡的内史。谢朓自己也希望能够施展才能，但范云因谪而远去零陵，自己也因病待在家里，两人的志向都不能实现，江上送别，十分惆怅。范云也有一首《之零陵郡次新亭》："江干远树浮，天末孤烟起。江天自如合，烟树还相似。沧流未可源，高帆去何已。"与谢朓的诗相比较，略显旷达一些。这两首诗都与永州（永州当时为零陵郡）相关，但永州景象还是想象中的，因为两位诗人还没有真正到过永州。

第一位大量描写永州山水的诗人是元结，紧接其后的是柳宗元。有了他们两人所创作的诗歌和散文，"锦绣潇湘"的灵山秀水才闻名于世。在此之前，永州的好山好水还处于"养在深闺无人识"的状态，从这意义上说，元结对"潇湘文学"起到了"发蒙"的作用。

元结和柳宗元的诗，留待下文做重点分析，这里先来看张九龄的《湘江水中作》：

> 湘流绕南岳，绝目转青青。
> 怀禄未能已，瞻途屡所经。
> 烟屿宜春望，林猿莫夜听。
> 永路日多绪，孤舟天复冥。
> 浮没从此去，嗟嗟劳我形。

张九龄（678—740），字子寿，韶州曲江（今广东省韶关市）人。唐中宗景龙初年进士,唐玄宗开元时历官中书侍郎、同中书门下平章事、中书令,唐代有名的贤相,为"开元之治"做出了积极贡献。此诗是作者晚年遭贬,从荆州回故里的途中所作。张九龄曾经受唐玄宗之命,到九嶷山祭祀舜帝,还为玄宗代笔,留下一篇《唐玄宗祭舜陵文》;他还做过桂州(今桂林市)刺史、岭南节度使。湘江水路他多次经过,因而诗中说"瞻途屡所经"。他所描写的情与景,也是亲历亲见的。

咏赞永州并具有广告词效应的是宋代的两首诗,一是北宋欧阳修《咏零陵》:

> 画图曾识零陵郡,今日方知画不如。
> 城郭恰临潇水上,山川犹是柳侯余。
> 驿亭幽绝堪垂钓,岩石虚明可读书。
> 欲买愚溪三亩地,手拈茅栋竟移居。

(康熙九年《永州府志》卷二十三)

此诗从永州万千具象中择取城郭、山川、驿亭、潇水、愚溪几个眼前景物,经过其独到的排列与组合,曲终奏雅,虽然通篇都是即兴即事,未加半点雕饰,近乎口语,但是韵致独特,读来给人一种满口生香、如饮醇醪般的神清气爽之感,真可谓一篇难得的旷世力作。开头两句更是欧阳修对永州山水的最高褒奖,也给人无限想象的空间。

另一首则是陆游《偶读旧稿有感》:

> 文字尘埃我自知,向来诸老误相期。
> 挥毫当得江山助,不到潇湘岂有诗?

此诗本是一首"论诗诗",诗人的创作目的不是要描写潇湘之美,而是为了说明潇湘之美与诗歌之美的关系——亦即生活与创作的关系。杜甫曾说"文章千古事,得失寸心知"。陆游则表达了相似的观点:"文字尘埃我自知,向来诸老误相期。"别人的经验再丰富、理论再好,也不如自己的亲身经历有用。因此,"挥毫当得江山助,不到潇湘岂有诗"——画龙点睛之笔,既点明了主题,更是高度浓缩了"我自知"的成功经验。这句千古名言,不但高度赞扬了潇湘山水的美丽,而且揭示了历代诗人成功的秘诀。

陆游的一个异乎寻常的借代，收到了两个异乎寻常的效果：一是潇湘美景的宣传效果，二是创作理论的指导效果。

元代诗人陈孚的《咏永州》，影响不及宋代的两首，但描述也不亚于《咏零陵》：

烧痕惨淡带昏鸦，数尽寒梅未见花。
回雁峰南三百里，捕蛇说里数千家。
澄江绕郭闻渔唱，怪石堆庭见吏衙。
昔日愚溪何自苦，永州犹未见天涯。

陈孚（1240—1303）是元代著名诗人兼学者，他曾出使安南（今越南），此诗是他路过永州时所作。《元史》称他"天才过人，性任侠不羁，其为诗文，大抵援笔即成，不事雕斫"。他诗风简淡，不事雕琢，《咏永州》体现了这种风格。他还有一首代表作《烟寺晚钟》："山深不见寺，藤阴锁修竹。忽闻疏钟声，白云满空谷。老僧汲水归，松露堕衣绿。钟残寺门掩，山鸟自争宿。"此诗更能代表陈孚的简淡风格。

清代石韫玉《游潇湘》，短短28字，将潇湘夜景写得生动形象：

潇湘之水碧如绫，烟外渔舟几处灯。
月落半江人未寝，棹歌欸乃唤鱼鹰。

石韫玉（1756—1837）曾视学湖南永州，此诗即作于此时。他以一个外乡人的眼光来看潇湘夜景，或许更觉新鲜，所以诗中描绘生动而鲜活，潇湘渔火，棹歌渔鹰，仿若就在眼前，似一幅动人的图画。

三、潇湘诗魁

潇湘大地的诗歌创作，最有代表性的无疑是元结、柳宗元、周敦颐，柳宗元和周敦颐设专章介绍，这里主要选三位诗人和一个家族：元结、乐雷发和以何绍基为代表的道州何氏家族。

（一）诗魁一：元结

元结（719—772），字次山，自号浪士、漫叟等。他一生为官的时间很短，从41岁步入政坛到54岁逝世，总共才十四年的时间，这期间还穿插了一年的辞官退隐、一年的罢官去职、三年的母丧守制，真正为官的时间不足十年；而且，即便是在为官的任上，也仍然念念不忘归老林泉，在永州所写的山水诗，几乎全都表现了这一意念。

元结在永州所创作的山水诗共有二十多首，要了解元结在这些诗中所寄寓的情感线索，《贼退示官吏》是一把很好的钥匙。此诗虽然不能归入山水诗之列，但却可以看作是山水诗的总序或宣言，因为元结将自己的人生经历和人生态度都概括在这一首诗里，其后他的每一首山水诗，或借景抒情或托物言志，但所"抒"所"言"者，都是对此诗中所表白的情感和意念的生发。诗的开头四句是对自己人生经历的回顾，诗的结尾两句则是表明自己的生活向往：

> 昔岁逢太平，山林二十年。
> 泉源在庭户，洞壑当门前。
> 井税有常期，日晏犹得眠。
> 忽然遭世变，数岁亲戎旃。
> …… ……
> 思欲委符节，引竿自刺船。
> 将家就鱼麦，归老江海边。①

很显然，元结对昔日平静的山林生活是难以忘怀的，并时刻准备着辞

---

① 元结.元次山集[M].北京：中华书局，1960：35—36.以下同一本书引文，只在文章内标注页码。

官退隐，回归这种山林生活。正因为有了这样的人生经历和生活向往，他才不怕丢掉官位，才可以为百姓的利益呼喊，为百姓的利益抗命，成为一名为百姓所拥戴的好官员，这在漫长的封建社会可谓凤毛麟角。

因为钟情山水，所以凡山水在他的眼中都是美的，哪怕是一间小小的茅阁，只要能与山水相连，也能让他心旷神怡：

及观茅阁成，始觉形胜殊。
凭轩望熊湘，云榭连苍梧。
天下正炎热，此然冰雪俱。

（《题孟中丞茅阁》，第37—38页）

茅阁本身美不美并不重要，重要的是它可以与熊湘和苍梧相连。可以想见，元结站在茅阁中一边观望一边联想，看在眼中美在心中，于是便顿觉神清气爽，暑气全消。

元结爱山水，他所描写的主要是一种情感铺垫和对比，也就是借清幽的景色描绘来寄托自己的归隐意念。如《无为洞口作》：

无为洞口春水满，无为洞旁春云白。
爱此踟蹰不能去，令人悔作衣冠客。

（第36页）

在这里，诗人并没有写出特别的景色来，不过是一池春水，几片白云，怎么就能令诗人"踟蹰不能去"呢，关键是住在这里的僧人，特别是他们的生活态度让诗人感觉遇到了知音，诗人后面写道："洞傍山僧皆学禅，无求无欲亦忘年。欲问其心不能问，我到此中得无闷。"当然，唐代文人对学禅还不像宋代那样时兴，元结虽然也慕禅慕仙，但也仅仅是解解烦闷而已。他真正想要回归的则还是躬耕自给的普通人的生活。如《宿洄溪翁宅》："长松万株绕茅舍，怪石寒泉近檐下。老翁八十犹能行，将领儿孙行拾稼。吾羡老翁居处幽，吾爱老翁无所求。世俗是非何足道，得似老翁吾即休。"（第40页）从这里可以看出，八十老翁的这种自然质朴的普通生活，才是元结所要身体力行的，"行拾稼"，正是元结"归耕守吾分"（《忝官引》，第 26 页）的生活写照。也正是从"归耕"的感受出发，元结不仅写出了㵲溪的山水之美，更重要的是写出了㵲溪的灌溉之利："㵲溪正在此山里，乳水松膏常灌田。松膏乳水田肥良，稻苗如蒲米粒长。"（《说㵲溪招退者》，第 40 页）这是亲身从事过农耕生产的人才能写出的诗句，在中国文人中，畅神山水的多，回归田园的少，而真正能做到躬耕自给的更是寥寥无几。元结的前半生做到了，后半生只要有机会，他也能做到，如乾元元年（762），他辞官归隐瀼溪，过着"耕彼西阳城""相伴有田父，相欢唯牧童"的生活（《漫歌八曲》，第 28 页），说明元结的"归耕"愿望，绝非"为赋新词强说愁"式的矫情，而是真情实感的表达。

元结的本性是挚爱山水田园而厌恶官场名利，即便是身在官场而仍然心系山水，可以说，山水已成为他生命的一部分，在他的生活中，几乎时时刻刻都要以山水为伴，如果没有山水，哪怕是用人工也要造出山水来。如《引东泉作》：

东泉人未知，在我左山东。
引之傍山来，垂流落庭中。
宿雾含朝光，掩映如残虹。
有时散成雨，飘洒随清风。

（第 43 页）

这是他在道州刺史任上所作的一首诗，我们可以想见他所居住的地方是有山无水的，所以便通过人工引来东泉之水；也正因为是人工引来，颇费了一番心思，所以对这一流泉才更加喜爱，观察才更加细致，那"朝光""残虹""清风""雨雾"的描写才那样的逼真传神、清灵美妙。

人造山水的美妙，可以是实景，也可以是虚景。元结在道州任上，曾给一个小小的"石鱼湖"写过三首诗：《石鱼湖上作》《夜宴石鱼湖》《石鱼湖上醉歌》。在《石鱼湖上作》一诗中，元结写有一序，说明石鱼湖的由来："㵋泉南上，有独石在水中，状如游鱼。鱼凹处，修之可以贮酒。水涯四匝多欹石相连，石上堪人坐。水能浮小舫载酒，又能绕石鱼洄流，乃命湖曰石鱼湖。"（第 42 页）很显然，这是由一股泉水所形成的一汪积水，准确的命名应该是"潭"，但元结不仅要命名为"湖"，而且要将它与洞庭、君山相媲美：

>　　石鱼湖，似洞庭，夏水欲满君山青。
>　　山为樽，水为沼，酒徒历历坐洲岛。
>
>　　　　　　　　　　　　　　　　　　　　　　（第46页）

这里所写的似乎是酒徒的醉态，但在这醉态之外，我们看到的是元结对这一水一石的喜爱与流连；这里的景色谈不上如何的美，几位朋友聚在一起喝喝酒，本也是寻常之事，但元结却要将它描写得很不寻常，其原因就在于它很能体现元结"顾吾漫浪久，不欲有所拘"的本性，在这里他可以率性而为，得到充分的精神自由，审美想象也可以展开飞翔的翅膀，几尺水潭可以变成浩瀚的洞庭，几个酒徒的形象也变得无限高大——这种夸张和想象，在元结的诗歌中很少见，与李白的风格颇为接近。因为加入了太多的想象和夸张，所以石鱼湖的景色成了虚景，但它给人的审美体验却更加强烈。另一首《夜宴石鱼湖作》则与《石鱼湖上醉歌》形成了鲜明的对比。《醉歌》是写在白天，举目所见天高地阔，因而石鱼湖被无限地放大；《夜宴》写在晚上，在灯光的映照下，石鱼湖更感幽深：

>　　高烛照泉深，光华溢轩楹。
>　　如见海底日，瞳瞳始欲生。
>
>　　　　　　　　　　　　　　　　　　　　　　（第45页）

烛光倒映在泉水中，竟然有如海底之日瞳瞳欲生，这既是实景的细致生动描绘，也是高度的夸张和奇特的想象，没有静观默察的体物之细，写不出这样生动的景色来；而没有丰富的联想和阅历，也写不出这样阔大的境界来——这是自然景观，也是人文景观，元结的特长就是很善于在自然景观中融入人文的因素，从而使本来无足轻重的自然景观具有了永久性的审美价值。

（二）诗魁二：乐雷发

乐雷发，字声远，号雪矶，出生于湖南宁远县麻池塘村。关于他的生卒时间有两种不同的说法：一是1208—1283年，二是1210—1271年。南宋政治家、军事家、文学家、诗人，特科状元。其父乐公明，南宋进士。当时，国家偏安于江南一隅，江北大片领土沦陷，外患严重，经济凋敝，民不聊生。在父亲的教导下，他博览群书，精通经史，长于诗赋，少年时代便立下了收复国土、振兴民族的志向。当时投降派史弥远执掌朝纲，乐雷发北上抗金的政治主张不能为权臣们所容，虽满腹经纶，却屡试不第。他对此十分愤慨，遂放弃功名，转而收徒讲学，把救国的希望寄托在学生身上。在讲学中，他极力宣传抗金救国的道理，斥责那些只读书不救国的腐儒，号召学生上前线去抵抗入侵之敌。

理宗宝祐元年（1253），门人姚勉登科，上疏让第。理宗召见亲试。金銮殿上，理宗问以"学、术、才、智、选、举、教、养"等"八事"，"条对切直"，留下了著名的"廷对八策"。宋理宗大悦，当即赐以"特科状元"，并赐田八百亩，敕建状元楼一座，授翰林馆职。时值元兵大举进攻西北，乐雷发作《乌乌歌》《车攻赋》等，抒发抗元的壮志，指斥权臣昏庸，因而不得重用。乐雷发对腐朽的南宋政权十分绝望，于宝祐四年（1256）愤然称病回乡，隐居九嶷，寄情山水，用诗词抒发自己的爱国热情。他在读书岩著书，在象岩讲学，遗址至今犹在。

乐雷发今存诗140余首。体裁包括七古、五古、七律、五律、七绝、五绝，而以七律为多。《四库全书总目提要》卷一六四称其"人品颇高"，"其诗旧列《江湖集》中，而风骨颇遒，调亦浏亮，实无猥杂粗俚之弊，视江湖一派迥殊。如《寄姚雪篷》《寄许介之》《送丁少卿》《读系年录》诸篇，尚有杜牧、许浑遗意"。所著《雪矶丛稿》五卷，清乾隆时选入《四库全书》。有《南宋群贤小集》本；有《雪矶诗评》及《廷对八策》遗世。

乐雷发的诗虽不完全同于江湖派，但仍同江湖派诗人有一定关系。陈起《江湖小集》收入乐雷发诗凡四卷。乐氏集中有不少诗显示他同江湖诗人有交往。如《寄戴石屏》，戴石屏即江湖诗人戴复古，乐雷发视为前辈，故其《与复古叔读横渠〈正蒙书〉》称其为"叔"；《题许介之誉文堂》云："姜夔刘过竟何为，空向江湖老布衣。造物忌名从古有，诗人得位似君稀。"姜夔卒于宋宁宗嘉定十三年（1221），也是乐雷发前辈。这些诗都显示他同江湖诗人有过交往。陈起本为杭州书商，江湖派以其所刻《江湖集》《江湖小集》《江湖后集》《江湖续集》等而得名，集中所收诗人多落拓不羁、浪迹江湖，诗风却未必人人相同。乐雷发诗集中也有些作品风格近于江湖诗派。但从总体而论，他的诗确实与江湖派诗风迥异。除同江湖诗派有关系外，乐雷发还可能受过杨万里、陆游等前辈诗人的影响（乐氏诗中多次提到杨万里，又有《雨夜读陆放翁集》一首），特别是他的写景咏物之作，如《常宁道中怀许介之》《疏拙》《夏日偶书》《秋日行村路》等，其恬淡风趣，颇有杨、陆的某些印痕。

乐雷发的《乌乌歌》，感慨书生误国祸世，无补于国家危难，情感抒发淋漓尽致：

莫读书！莫读书！惠施五车今何如。
请君为我焚却离骚赋，我亦为君劈碎太极图。
盍来相就饮斗酒，听我仰天歌乌乌。
深衣大带讲唐虞，不如长缨系单于；
吮毫搦管赋子虚，不如快鞭跃的卢。
君不见前年贼兵破巴渝，今年贼兵屠成都。
风尘满面洞兮豺虎塞途，杀人如麻兮流血成湖。
眉山书院嘶哨马，浣花草堂巢妖狐。
何人答中行，何人缚可汗。
何人丸泥封函谷，何人三箭定天山。
大冠若箕兮高剑拄颐，朝谈回轲兮夕讲濂伊。
绶若若兮印累累，九州博大兮君今何之？
有金须碎作仆姑，有铁须铸作蒺藜。
我当赠君以湛卢青萍之剑，君当报我以太乙白鹄之旗。
好杀贼奴取金印，何用区区章句为？
死诸葛兮能走仲达，非孔子兮孰却莱夷？
噫！歌乌乌兮使我不怡。
莫读书，成书痴！

蒙古灭金后，纵兵南下，接连攻下宋朝多处州县，对江南虎视眈眈。宋理宗对蒙古人的威逼束手无策，朝中大臣只知务虚空谈，国势维艰。乐雷发对此感慨万端，作了这首长歌，抒发国难当头应该拿出实际行动投入到战斗行列中去的激烈情怀。

诗起句以短促的音调、重复的句子，表现自己的愤疾。"莫读书，莫读书！"诗人自己是个读书人，却大肆否定自己，真是振聋发聩。为什么别读书？他这样说明：饱学如惠施之辈，对匡危救国又有什么作用？在国家动荡的时刻，再也不要死捧着书本，寻章摘句；死抠着性理，讲论道学。为此，他号召大家觉悟过来，焚去《离骚》一类诗文，劈碎《太极图》一类道学书，大家一起来喝杯酒，探讨一下如何报效祖国。这几句，高昂慷慨，有李白诗的气势与杜甫诗的沉郁，如庐山瀑布飞泻，横流四溅。尤其是诗人把读书人分作两类，一类是咬文嚼字的腐儒，一类是不关痛痒、低头拱手谈性命的道学家，正切中南宋末年的时病。后人论宋亡的原因，把清谈误国作为主要的一项，这一点，当时的爱国人士陈亮等都已注意到，乐雷发在此诗中，对之做了尖锐的揭露与批判。

乐雷发的写景咏物之作，颇能体现其诗风特点的有《秋日行村路》：

儿童篱落带斜阳，豆荚姜芽社肉香。
一路稻花谁是主，红蜻蛉伴绿螳螂。

此诗就眼前所见，精工细描，把农村傍晚的景物一组组摄入诗中，使人应接不暇。诗人没有在诗中倾诉自己的心情，但把自己的情感灌注到了景物的描写中，使整首诗洋溢着喜悦欢快的气氛。这首诗写的是秋天经过郊野的一座小村时的所见所感，描绘了淳朴、自由、优美的农村田园风光。诗清新可爱，含蓄隽永，表现了诗人热爱农村自然风光，追求自由、闲适、和谐的田园生活的情趣。上文提到乐雷发受到杨万里的影响，我们来看看杨万里的《小池》："泉眼无声惜细流，树阴照水弄轻柔。小荷才露尖尖角，早有蜻蜓立上头。"就描绘细腻、清新隽永诗风特色来看，可以说一脉相承。

乐雷发的《舜祠送桂林友人》则表现了另一种情感：

尧山分手舜山逢，呼酒旗亭两鬓蓬。
客思且须论契阔，诗文应不计穷通。
儿曹富贵秋烟外，前辈风流落叶中。
明日吟船又何处，渡江衣冷荻花风。

很显然，此诗是乐雷发晚年所作，既没有《乌乌歌》的慷慨激昂，也没有了《秋日行村路》的喜悦风趣，满篇都是充满沧桑感的"旷达"。诗人才与朋友相逢，马上又要分别，但诗中丝毫没有惯常的离愁别绪，而只谈"契阔"。"契阔"出自《诗经·邶风·击鼓》："死生契阔，与子成说。"意思是我们只谈过去的生死之交、情投意合的友谊，对现在和将来无须多加理会，有"诗文"就已足够，再无必要去计较"穷通"，更不必理会儿辈的"富贵"和前辈的"风流"。这是饱经沧桑之后才有的感慨与旷达，体现了"江湖诗人"的风格。

（三）诗魁三：道州何氏家族

道州何氏家族诸成员，不仅是名极一时的书法大家，也是中晚清时期数得着的诗人。从何凌汉到何维朴，一门四代七大名家，有五部诗集传世。在中国近代诗歌史上，何氏家族特别是何绍基，他们在继承和发展宋儒诗学，弘扬忧国忧民的人文情怀和推进传统的诗歌理论方面，都曾卓有建树。因此，作为一种特有的家族文化现象，在这里需要给予特别的关注。

就诗歌创作的主导性风格来说，何氏家族特别崇尚宋代，但并不薄唐。何氏一家特别是何绍基，曾是中晚清宋诗派的积极倡导者和重要骨干，他把宋诗的三大特征即拓展题材、增强理趣并吸收唐宋古文的章法句法入诗等全面加以继承，并做了重大发展。他不仅像宋人那样"以文为诗""以议论为诗"，而且将绘画评析、碑拓题跋甚至金石考证都纳入歌咏范围，大大拓展了诗歌的疆域。他效法苏黄，把诗人之诗与学人之诗统一起来，以求增加诗歌的机锋和理趣。"不薄唐诗爱宋诗，转益多师是吾师"，他的这种实践与探索，在我国近代诗歌史上，是不容忽视的。

在诗歌的思想内容上，何氏家族特别是何绍基，固然不能与改革派诗人龚自珍、魏源等相提并论，但不容否定的是，何氏诗歌仍有相当部分，有着深重的危机感和伤时之情，有着对于国难民瘼深切关注的人文情怀。其中他的歌颂御侮抗英英雄的诗篇，他的描写水、旱诸灾的诗篇，他所提出的"少陈符瑞多言灾"的诗歌主张，都表露出强烈的爱国情怀和寒士胸襟，是对我国古代诗歌优良传统的继承和发展。而他的山水诗所流露的对祖国大好河山的热爱，则足以激起人们爱祖国爱家乡的广泛共鸣！

何氏一族除了留下大量诗歌作品，还留下一批有价值的诗学理论著作（包括专论和论诗诗），其间，尤以何绍基关于诗歌的"本源论""功能论"和"创作论"最为出色。何绍基明确提出诗的本源来自外部的物质世界和社会生活，"万物是薪心是火"。在"功能"问题上，他继承"兴、观、群、怨"的传统，强调"温柔敦厚"的教化论，属于典型的性理派诗教观念。在创作论方面，他强调"不依傍前人""不将就俗目""不偏离大本源"。从总体上看，仍属"明理养性"类的文艺创作观。但他强调"独创""不俗"和"重振古代风雅"的美学理想，对纠正明末以来的肤泛、纤仄的诗风，有一定的积极意义。

历史地看，道州何氏文化世家各方面成就的取得，得益于三种因素的助推和促进：一是特定时代的机缘耦合，二是地域文化的濡染涵养，三是家族文化的传承影响。反过来，这些成就又弘扬和丰富了地域文化，成为培育新的文化人才、文化成果的有益养分和健康基因。

这里先看一首何凌汉的《荆卿故里》：

> 天帝方醉秦，于燕复何有。
> 遂令国士心，取亡由匕首。
> 剑术岂云疏，生劫仅差后。
> 报韩奋铁锥，当年能中否。
> 博浪尚可逃，绕柱那可走。
> 得失论英雄，易水应悲吼。

何凌汉（1772—1840），字云门，又字仙槎，道州人。家世贫寒，16岁府试第一，嘉庆十年（1805）一甲进士，授翰林院编修，官至户部尚书。长于诗文、书法，所书碑版，传为珍品，著有《云腴山房集》。死后赠太子太保，谥文安。其子何绍基、何绍业、何绍祺、何绍贤皆为名士，人称"何氏四杰"。何氏家族崇尚宋诗，宋诗的特点是"以文为诗""以议论为诗"。所谓"以文为诗"就是"掉书袋""用典故"，此诗就明显地带有这样的特征。诗题为《荆卿故里》，所写的自然是"荆轲刺秦王"的历史事件。这本身就是一个历史典故，而诗人还在"典"中用"典"：将"荆轲刺秦"与"张良锥秦"进行对比。张良当年带着大力士用50斤重的大铁锥在河南阳武县博浪沙偷袭秦始皇东巡的车队,因不能确定秦始皇乘坐的车辆而导致失败,但张良逃脱了,后来还成为汉代的开国功臣,所以张良成为刺秦的大英雄,被后人顶礼膜拜。荆轲无处可逃,刺秦不成反当场被杀,后人对荆轲的崇拜就远不及张良。诗人最后大发议论:"得失论英雄,易水应悲吼。"荆轲从燕国出发时,曾慷慨悲歌:"风萧萧兮易水寒,壮士一去兮不复还"——也是英雄盖世的气概,若以成败得失论英雄,连易水都会发出悲愤的怒吼!诗人在这里,是要明确地表达自己的一种历史观,只不过是借助诗的形式来表达罢了,这就是"以文为诗""以议论为诗"。

从官位来说,何氏家族中是何凌汉的职别最高;从艺术创作说,则是何绍基的成就最高——包括文学成就和书法成就。何绍基(1799—1873),字子贞,号东洲、晚号猿叟(一作蝯叟)。道光十六年(1836)进士,官翰林院编修、国史馆总纂,历充广东乡试考官、提督,擢四川学政,后被罢官。晚年主讲山东泺源、长沙城南、苏州扬州诸书院,提携后进颇多,博涉群书,于六经子史,皆有论述。著有《东洲草堂金石跋》《东洲草堂诗钞》。

何绍基受家学的影响,从小就开始了诗歌创作,他在《东洲草堂诗序》中说自己:

童年即学为诗,弱冠时多拟古乐府。辛巳南旋,稿本落水失去。嗣于经史《说文》考订之学,嗜之日深,虽不废吟咏,非所专习也。性既平拙,复守严训,一切豪诞语、牢骚语、绮艳语、疵贬语,皆所不喜,亦不敢也。先公之言曰:"立身涉世,除去克己慎独,更无著力处。"诗文之道,何能外是。十年以来,庆涵日事搜辑,兹最录丙寅以前诗,得二十八卷,求弁言于检端,因书此为儿孙勖。同治六年丁卯仲冬月猿叟何绍基识。时年六十有九。

从现在流传下来的诗歌看,最早的存稿《雪》《送孙镜堂师就馆滦州》二首是13岁时创作的。且看他的《雪》:

烈烈四山风,收归夜气中。

无声三尺雪,破屋一灯红。

此诗的语言直白,虽不免稚气,但最后一句别出新意,将漫天雪景点染得生动形象，不失为一首雪景佳作。

年轻的时候，何绍基嗜书如命，博览群书，这为他后来的"以文为诗"打下了基础，也为他的书法创作积累了丰富的营养，19岁时所写的《生日书怀》（其一）可见一斑：

爱云如爱影，爱月如爱友；
爱花如爱色，爱山如爱酒。
惟书爱最真，坐卧不离手。
架上三万签，经史任所取。
汪洋汇众流，纵横恣谈薮。
惭余区荞姿，蓬心同木朽。
不生古人前，乃生古人后。
往往我欲言，已言古人口。
爱书实爱我，过眼皆吾有。
世有跅驰人，亦知爱我否？
少小不努力，老大呼负负。
读书须及时，吾年已十九。

这是一首自我表白之作，也是一首励志之作，更重要的是创作经验的积累和直白。正因为有了很多的读书积累，才会有"往往我欲言，已言古人口"的尴尬；而要避免这种尴尬，就需要读更多的书——"转益多师是吾师"，书读得足够多了，广泛地汲取别人的营养并将它转化为自己的东西，就能"自铸伟辞"。所以何绍基说"爱书实爱我，过眼皆吾有"，人生的成长离不开书本的营养，要珍惜自己的人生，就应该珍惜书本，所以爱书也就是爱自己。一个涉世未深的19岁小青年，能有这种见识，殊为难得。

"读万卷书，行万里路"是人生成长的双翼，何绍基正是二者兼修的。其《行笥》云：

一笥山烟两屐泥，更开行笥有何携？
使车愧未周天下，游记今才补粤西。
铜鼓知非诸葛旧，石华只有宋贤题。

奇岩秘洞纷难拾，只有诗囊付小奚。

诗后何绍基附言："足迹未至者，只有云南、甘肃矣。姚诒孙赠铜鼓，买得桂林宋题名多种。"

从诗人的自我说明来看，他的足迹已远不止"行万里路"，除云南、甘肃，已经跑遍全国，而且是一路记游，一路写诗，还一路收集题刻拓片。正是"读书"和"行路"的基础扎实，所以使何绍基能够集书法家、文学家、学问家于一身。

何绍基一生的生活状况怎样呢？他曾经以《无园种菜》为题连续写了17首七言绝句，这里选录三首，可以见出其生活状况的一斑：

闭门种菜得闲闻，俄屋何嫌近市阛。
题作无园园已有，吾园正在有无间。

青毡而外有长镵，回首濂溪与月岩。
纵有珍肴供满眼，每餐未许缺酸咸。
（道州庵菜名酸咸，余每餐必需此下咽）

夜夜不离车与舟，梦中勤补醒时游。
好乘健臂如双翅，快与翱翔遍九州。
（夜必梦出游，又时常梦飞）

这里所选的第一首，其实是说明自己的生活态度，将菜园命名为"无园"，寓意却是在"有无间"。"闭门种菜"，从物质生活说，可以补贴点家用；从精神生活说，可以隔离闹市得清闲，但这一切，都不是诗人要刻意求之，而是顺其自然而已，所以"菜园"是可有可无的，"种菜"本身也是可有可无的。

"种菜"是可有可无的，因为何绍基毕竟不是菜农；但吃什么菜则是必须要坚持的，比如"酸咸"就是每餐必备的，这既是他"回首濂溪与月岩"的乡恋，也是他不忘艰苦朴素的本色。

第三首则说明了何绍基作为诗人和艺术家的本色，不管什么时候，总是不缺乏想象力,总是想象丰富、想落天外。同时,所谓日有所思夜有所梦,诗人时刻想着"行万里路",周游世界,现实中不能实现,只能在梦中实现。这也是中国人千百年来的"飞天梦"。

从上述诗作中不难发现,何绍基诗歌创作的突出特点,就是写自己的"真性情",这也是他自己的诗歌理论的实践。他在《与汪菊士论诗》中说:

> 凡学诗者,无不知要有真性情,却不知真性情者,非到作诗时方去打算也。平日明理养气,于孝弟忠信大节,从日用起居及外间应物,平平实实,自家体贴得真性情;时时培护,字字持守,不为外物摇夺,久之,则真性情方才固结到身心上,即一言语一文字,这个真性情时刻流露出来。然虽时刻流露,以之作诗作文,尚不能就算成家者,以此真性情是偶然流露,而不能处处发现,因作诗文自有多少法度,多少工夫,方能将真性情搬运到笔墨上。又性情是浑然之物,若到文与诗上头,便要有声情气韵,波澜推荡,方得真性情发现充满,使天下后世见其所作,如见其人,如见其真性情。若平日不知持养,临提笔时要它有真性情,何尝没得几句惊心动魄的,可知道这性情不是暂时撑支门面的,就是从人借来的,算不得自己真性情也。

何绍基所说的"真性情",绝不仅仅是真实感情的自然流露,其中还包含了丰富的内容:"明理养气,孝弟忠信""平平实实,自家体贴";再加"多少法度,多少工夫","声情气韵,波澜推荡",最终才"如见其人,如见其真性情"。用现在的话来说,所谓"真性情"就是深刻的思想性和高度的艺术性相互融合之后的一种自然流露。

何绍基第三子何庆涵(1821—1891),字伯源,著名书法家、学者,今存《眠琴阁诗》2卷。何庆涵之子何维棣在其《先府君行述》中说他的父亲:"幼而天资敦厚,受学于武陵陈先生启迈、杨先生彝珍,于经、史、《骚》《选》悉能背诵,为文辞,操笔立就。尤精制举业,曾文正公见而奇之,为书诫其诸弟,数数称府君专勤嗜学,三百六十日,除作诗文时,无一刻不温书,真可谓有恒者;且其气沉以静,所成必大且远,用相勖励,时府君年甫及冠也。"何庆涵能够成著名学者,与他年少时就养成的勤奋苦读习惯大有关系。

何庆涵的诗歌创作，也体现了何氏家族"以文为诗"的风格特点，这里以《石笋山房图为吴广文俋三题》为例：

> 我昔随侍历名区，东走齐鲁南越吴。
> 西经秦晋恣游眺，更览巴蜀志崎岖。
> 域中五岳三已见，山水于我缘非疏。
> …… ……
> 古寺寻秋共僧话，清溪听话偕钓徒。
> 翼然一笠小亭子，结构俨见先人勋。
> 心远地偏绝尘鞅，泉甘土沃饶鱼凫。
> 桃源信在人间世，渔者所遇良非诬。
> 先生作记详勉我，复俾审谛山房图。
> 衔杯读画但神往，此境清旷真仙都。
> 何时从君借笠屐，山中信宿穷奥隅。
> 更思题名石上纪游迹，大书深刻与笋长不枯。

何绍基的一生都在游历当中，还带着年少的何庆涵一同游历。这首诗不仅记录了自己的随游经历，更重要的是记录了自己与名山大川打交道、与钓徒渔夫打交道的过程中所形成的思想感情，这就是"何时从君借笠屐，山中信宿穷奥隅"。诗人更感兴趣的是山水，而且是"穷奥隅"，既探"奥秘"，也寻"偏隅"，这就是学者兼诗人的特有情怀。

何庆涵的夫人李楣（1819—1883），是一个大家闺秀，也是一位诗人，存世有《浣月楼遗诗》2卷，178首，存诗数量比丈夫何庆涵还多。何维棣《先母行略》云：

> 先母李恭人，讳楣，字月裳，湘阴人。外祖讳星沅，官至两江总督，谥文恭。外祖母郭夫人。恭人少而明慧，外祖父母皆以诗名，著有《梧笙联吟集》，恭人日闻庭训，不学而能。……吾祖好客，往往留饮终日，恭人辄制蔬肴进之。暇则与吾父吟咏为乐，吾祖尝奖以诗，有"吾儿有福得妻贤"之句。

李楣的"父母皆以诗名",她从小受家学的影响,"日闻庭训,不学而能";嫁入何家,又常与丈夫何庆涵"吟咏为乐"。所以其诗歌创作颇见功底,这里引她的《春草》为例:

> 清明时节艳阳天,遥望平原绿草鲜。
> 香露一庭烟一缕,引人诗思倍缠绵。

此诗的语言明白晓畅,情感抒发自然流畅,描述是先天空后草地再庭院最后才是诗人之思,景色由远及近,空间由大变小,色彩由明趋淡,特别是庭院中那一缕袅袅上升的淡淡香烟,给人以无限的遐想。诗人名为写"春草",实为写"诗思"。这"诗思"是什么?除了倍感"缠绵"之外,均需要读者自己去思索。从语言和情感表达来说,说明诗人有高度的驾驭能力,而能于平常之处见深意,更是创作高手。

何绍基之孙、何庆涵第三子何维棣(1856—1913),字棠苏,号卷庵。光绪壬午举人,四川候补道,四川大学第一任校长。文学上工骈散文及诗词,曾与程子大、易实甫诸人结"湘社"于长沙蜕园。刻有《潜隐诗集》及《煮冰词》行世。

何维棣的诗作,从题材内容上看多为怀古感事、友朋唱和、咏物品画、写景游览之作。最见功力的则是写景游览诗,如《经城陵矶入荆江》:

> 鸭栏江上客舟还,桂艑晴晖一解颜。
> 远水碧浮梦泽树,夕阳红画洞庭山。
> 湘帆隐见沧波外,楚塞兴亡野烧间。
> 雁鹜纷纷弓缴尽,横流终古急濆瀁。

画面开阔,远水与近山、碧浮与红画相映成趣,湘帆隐见与楚塞兴亡虚实结合,俨然一幅色彩艳丽、极富层次感的山水画。从全诗的情感表现来看,写景与怀古结合、议论与抒情融合,既可见出何氏家族"以文为诗"的共有特点,也可见出何维棣长于写景的个性特点。

第三章　文思汪洋

　　潇湘散文源远流长，汪洋恣肆，成果辉煌，其创作成就当在诗歌之上。这里有柳子散文"牢笼百态"，不仅将"游记"一体推向了顶峰，也将中国的民本思想推向了高峰；还有《爱莲》风范"不染污泥"，不仅开创了"濂溪一脉"，也将中国的"诚学"思想推向了高峰。柳宗元、周敦颐两位大家留待下文设专章介绍，本章仅对一些名家举其要略，却也佳作迭出，蔚为大观，特别是钱邦芑的《潇湘赋》，堪称千古奇文。

一、历代文览

潇湘文脉中的散文创作,最早可上溯到秦汉时期,汉代零陵人蒋琬,即有《表服记要》《蒋恭詹奏议》,但真正有影响的作家作品却产生于秦汉之后。

唐代宗时任道州刺史的元结,著有《元次山集》10卷。其中《刘侍御月夜燕会诗序》《文编序》和《箧中集序》等文,认为文学的主要任务是"道达情性"和"救世劝俗",反对"拘限声病,喜尚形似"。他的《大唐中兴颂》,序用散文,不用骈俪,词语质朴、明畅,不堆砌辞藻、典故;内容则以史为鉴,明颂实讥,具有揭露作用。其《右溪记》,作于道州刺史任期,词语峻洁,意境幽眇,从而下开柳宗元山水游记之先声。

史称唐宋八大家之一的柳宗元,有《柳河东集》45卷,《外集》2卷。其山水游记刻画入微,寄托深远,人称"山水散文之祖"。其代表作是《永州八记》,给后世以极大影响。柳宗元谪居永州十年,有着痛苦感受,其游记大多突出了美好景物被人弃置而不为人所爱的主题。柳宗元的寓言讽刺文的主要作品有《三戒》《罴说》《蝜蝂传》等。他把先秦诸子散文中仅作设譬之用的寓言片段,发展为更完整、更富文学意味的短篇,使之取得独立的文学地位,并在寓言中带进了更为深厚的现实内容。柳宗元的传记也有一定成就。主要作品有《段太尉逸事》《捕蛇者说》。

唐代,祁阳人覃季子亦有《覃子史纂》《覃子子纂》各百卷。

宋代,道州营道(今道县)人周敦颐(1017—1073),不仅以理学成就闻名于世,文学造诣亦高,其散文代表作《爱莲说》是一篇传世名文。宋代祁阳陶岳、陶弼、路振等人,永明周尧卿,宁远乐雷发,江永李长庚、唐彦范等人均有散文作品传世。

元朝，永明人徐渊著有《岭北丹书》。

明代，零陵人易三接，是本地有影响且著作较多的作家之一。其散文著作有《永州野史略》《零陵山水志》《忠鬼录》等。还有宁远人李荣，祁阳人邓球、陈荐、周泰郁等10余人，永明蒲秉权等亦有一些散文著作。

清代，道州人何绍基，是著名书法家，文章师法韩昌黎，其主要散文作品有《东洲草堂文钞》。今人何书置所著《何绍基书论选注》中，选有何绍基书论20余篇。清代永州的散文作家，还有祁阳蒲复昂、王缵等20余人，宁远杨明上、江华吴朝钦、唐澈等。

清末至1949年期间，祁阳人谭丕模1935年曾任北平文艺家协会理事等职，1943年出版文艺创作集《收获》。其主要著作有1932年北平文化学社出版的《新文学概论》《文艺思潮之演进》和《新兴文学之比较研究》、1934年新书局出版的《中国文学史纲》等。其中《中国文学史纲》先后出版过8种版本，是谭丕模的代表作，曾得到朱自清的高度称赞。

二、名家举要

历代名人写永州的散文，先秦两汉不见有作品流传下来，到魏晋南北朝时期，开始出现与祭祀舜帝相关的文章。晋罗含《湘中记》载："衡山、九嶷山皆有舜庙。太守至官，常遣户曹致祭修祀。"东晋文学家庾阐出补零陵太守时，曾到九嶷山拜谒舜帝陵，并作《虞舜像赞并序》。其赞词曰："玄像焜耀，万物之灵。飞龙在天，阳德光明。神道虽寂，务由机生。拥琴高咏，寄和五声。玄风既畅，妙尽无名。民鉴其朗，孰测窈冥。"（唐欧阳询《艺文类聚》卷十一《帝王部一》）

南朝宋代永初三年（422），时任太子舍人的颜延之（384—456）被委任为始安郡太守。颜延之，字延年，琅玡临沂（今属山东）人，南朝著名诗人，与谢灵运齐名，世称"颜谢"。同年二月，颜延之离开京都，前往始安郡赴任。始安郡在今广西桂林，属于湘州管辖。当时，湘州州治在临湘（今湖南省长沙市），刺史为张邵，同颜延之既是好友，又是上下级关系。

宋武帝刘裕曾让颜延之带口谕，着湘州刺史张邵代为祭舜。颜延之赴任始安郡，先向张邵报到，张邵就吩咐颜延之撰写祭舜帝文，到九嶷山代为祭舜。于是，颜延之受张邵之命，代为起草了祭舜帝文，这就是《为张湘州祭虞帝文》，并在赴任途中特上九嶷山祭舜。颜延之代张邵撰写的祭舜帝文，是祭舜史上见诸记载的第一篇官方祭舜文。此前的祭文均未传世。颜延之撰写的这篇祭舜帝文，保存在《艺文类聚》中。

南北朝时期，一些文化名人亦效仿东汉末年的蔡邕，上九嶷山拜谒舜帝陵。如北魏著名文学家温子昇（495—547）到九嶷山拜谒舜帝陵，并还留下了《舜庙碑》一文。温子昇在碑文中，对舜帝功德进行了全面系统的概括和高度的赞誉。

描写永州风土人情、山水物象的散文，从唐代开始大量出现，具有开拓性首功的自然非元结莫属。元结写了《舜庙状》和《舜祠表》，描述了当时舜庙荒芜无闻、舜帝祭祀不继的现状，并上奏皇上，将舜庙迁建于道州城西之山南，重新恢复了因战乱中断了二百多年的官方祭舜仪式。

元结于唐代宗广德元年（763）授道州刺史，大历七年（772）回京师，前后十年，计所游历，有三溪（江华涧溪、道县右溪、祁阳浯溪）、三岩（阳华岩、朝阳岩、九嶷山无为洞）、二崖（双牌丹崖、浯溪东崖）、一谷（寒亭暖谷）。所著文章，有十九铭一颂，凡游则有铭，凡铭则有刻，足迹所至，皆成景观。其中影响最大的，是三篇文章成就了永州的三个"全国重点文物保护单位"。

第一篇最有影响的文章是《大唐中兴颂》与"浯溪三绝"。元结钟爱浯溪，并在此结庐而居，先后有七铭，向世人展现浯溪的美丽景色，激人向往。其《浯溪铭》曰："浯溪在湘水之南，北汇于湘，爱其胜异，遂家溪畔。溪，世无名称者也，为自爱之，故命曰'浯溪'"，"吾欲求退，将老兹地"。同时，他将自己亲身经历的安史之乱定格，寄托"大唐中兴"的夙愿。唐肃宗上元二年（761），元结时在荆州幕府，领兵镇守九江，抗击叛军，八月作《大唐中兴颂》一文。唐代宗大历六年（771），请著名书法家颜真卿大字正书摹刻于浯溪崖壁之上，形成了珠联璧合、相得益彰的完美。后人以元结的文奇、颜真卿的字奇和浯溪的石奇并称为摩崖"三绝"。《大唐中兴颂》一文简述了大唐中兴的事实和值得歌颂的理由，歌颂了戡乱中兴的业绩与大唐的声威，意在斥责叛逆、毒乱国经、使百姓不得安宁的罪孽。

元结把《大唐中兴颂》刻在石上，目的是昭示天下，要懂得以史为鉴。自此之后，历代文人墨客、达官贵人纷至沓来，在此题词刻石，如众星拱月。据统计，题刻的有1320余人，现保存完好的仅505方，其中唐朝17方，宋朝116方，元朝5方，明朝84方，清朝92方，民国9方，不明时代的182方。著名人物自元结、颜真卿之后，有黄庭坚、米芾、范成大、秦观、何绍基、吴大澂等。1988年，国务院公布浯溪摩崖石刻为全国重点文物保护单位。1995年，中共湖南省委宣传部又授予浯溪碑刻为"省级爱国主义教育基地"，其意义在于提升浯溪的人文精神，以此启迪、引导、教育华夏儿女同心协力把我们的祖国建设成繁荣富强的社会主义国家，让中国屹立于世界民族之林。

第二篇文章是《朝阳岩铭》与"朝阳旭日"。唐代宗永泰元年（765），元结奉旨回长安商讨军机大事，船路过永州，见一座硕大峻拔的石岩身披藤蔓"怪异难状，苍苍半山，如在水上"。其岩底有石洞，"可谓幽奇"。是时，太阳正从东山升起，直射西岩，云蒸霞蔚，烟光紫气，激射成彩；而水面是绿波荡漾，散布着点点金光，相映生辉。元结于是攀岩入洞览其胜，作《朝阳岩铭》。其序云："永泰丙午中，自舂陵至零陵。爱其郭中有水石之异，泊舟寻之，得岩与洞。於戏！岩洞，此邦之形胜也，自古荒之，亦无名称。以其东向，遂以朝阳命之焉。以摄刺史独孤愐为吾剪劈榛莽，后摄刺史窦必为吾创制茅阁，于是朝阳水石始为绝胜之名。已而铭刻岩下，以视来世。"月余后，返回再游，再留名篇《朝阳岩诗》。

元结的《铭》与《诗》，给朝阳岩带来了莫大的名气，后世的文人墨客来此游览，并留下诸多摩崖石刻。这里汇集了唐、宋、元、明、清众多文学家、诗人吟咏赞叹永州的名篇佳作，收藏了黄庭坚、邢恕、邓传密、杨翰、何绍基、吴大澂等历史上书法大师的名作，篆、草、行、楷、隶，五体俱全。石刻的数量，原统计为125方。后经湖南科技学院中文系2007级古代汉语专题课程选修同学49人实地考察，新勘得历代石刻152方，以现存石刻数量排名居永州第二位，仅次于浯溪，为世界瑰宝，其人文价值无可估量。2013年被列为第七批全国重点文物保护单位。

第三篇文章是《阳华岩铭》与"阳华胜览"。唐永泰二年（766），元结巡视属县，在县令、著名书法家瞿令问陪同下，巡游于县城东竹园寨回山之下，此地山势向阳，陡峭如劈，中有石磐，下有寒泉。清道光《永州府志》

载:"江华夏岭重冈,地远而险,其山之秀异者,自古称'阳华岩'。"元结喜爱此处胜景,作《阳华岩铭》。其序曰:"吾游处山林,凡三十年,所见泉石,如阳华殊异而可嘉者,未有也。"可见阳华岩风景之胜。其铭云:"九嶷万峰,不如阳华。阳华巉崂,其下可家。……尤宜逸民,亦宜退士。吾欲投节,痦老于是。"元结畅意山水,时刻不忘终老林泉,认为此处是隐居养老的好地方,倒也体现了元结的一贯思想。《阳华岩铭》石刻长290厘米、宽73厘米,是阳华岩最大的碑刻,也是永州现存最早的摩崖石刻。自唐以后,历代游人题刻甚多,至今保存完好的共有40余方,其中字迹清晰可辨的有38方。2006年被列为第六批全国重点文物保护单位。

元结的挚友颜真卿,不仅书写了元结的《大唐中兴颂》刻于浯溪的摩崖石壁,还撰写了《元次山铭》,对元结生平性格和道德品质进行了总结:"次山斌斌,王之荩臣。义烈刚劲,忠和俭勤。炳文华国,孔孟宁屯。率性方直,秉心真纯。见危不挠,临难遗身。允矣传德!今之古人。奈何蔽贤?素志莫伸。郡士立表,垂声涕零。"(康熙九年《永州府志》卷二十二)这可以说是对元结的全面、准确而又中肯的评价。

宋代写永州的散文,无论是数量或质量,都不及唐代,没有出现如元结、柳宗元这种长期居于永州的文学大家。但也不乏名家名作,较有影响的有黄表卿《九嶷山赋》、张栻《游东山记》、孙适《浯溪三绝堂记》、胡寅《重建永州府儒学记》、杨万里《零陵县种爱堂记》、熊彦谋《孝子唐杰碑》、朱熹《濂溪先生行实》、黄庭坚《濂溪辞》、臧辛伯《濂溪祠堂铭》等。

黄表卿《九嶷山赋》、张栻《游东山记》、孙适《浯溪三绝堂记》可以说是写永州景物的代表性作品。黄表卿是宁远人,对舜葬九嶷和九嶷山的景观十分熟悉:"天下一景,湖南九嶷""地方千里,而物外胜地;天南一角,而壶中有天。……八井俱涸,而一井涌泉;九峰齐高①,而三峰压众。桂林、杞林,左右森列;石楼、石城,东西护送。有朱明,有华盖,而簇成萼绿一华②;曰娥皇、曰女英,而对笑桃花一洞。下临玉琯,依稀玉琯之

---

① 九峰:九嶷山共有九座山峰,分别是舜源峰、桂林峰、杞林峰、石楼峰、石城峰、朱明峰、娥皇峰、女英峰、箫韶峰,舜源峰居中。

② 萼绿一华:传说女仙名。自言是九嶷山中得道女罗郁。晋穆帝时,夜降羊权家,赠权诗一篇,火浣手巾一方,金玉条脱各一枚。见南朝梁陶弘景《真诰运象》。简称萼绿。

吹鸾；上有箫韶，仿佛箫韶之来凤。古者得道，帝之有虞。浮湘江而泝潇浦，登疑岭而望苍梧。洒西江之泪兮，斑斑之纹竹数亩；奏《南风》之琴兮，戞戞之古松数株"。（康熙九年《永州府志》卷十八）文章的句式整齐，内容高度概括，将自然景观、人文景观和历史掌故、民间传说全都融合在一起，写来如数家珍，读来朗朗上口。

张栻（1133—1180），字敬夫，号南轩，四川绵竹人，南宋著名的理学家，湖湘学派的主要代表人物之一。其父张浚（1097—1164）为北宋"中兴名相"，因力主抗金，贬谪永州，至今零陵城内文星街38号，仍有"张浚故居"在。张栻随父亲居零陵多年，写下多篇记景、记事散文，《游东山记》是其中之一。此文开头是"记游"："岁戊寅夏四月己亥①，弋阳方畴、广汉张栻，酌饯②东平刘芮於永之东山。久雨新霁，天朗气清，步上绝顶，山色如洗。相与置酒于僧寺之西轩，俯仰庭户，喟然而叹，曰：'噫嘻！此前相范公忠宣之故居也③！'坐客皆耸然起而问之。"（康熙九年《永州府志》卷十九）接下来的所记，便是零陵人张饰所说的关于范纯仁的宽厚仁德故事，桩桩件件均为张饰的所见所闻。范纯仁为范仲淹之子，所以文章的末尾张栻直接发议论云："所谓在庙堂之上，则忧其民；处江湖之远，则忧其君。文正公之心，公得之矣。"这也是宋代游记散文的一大特点：以记游起头转入记事，再引出议论。

孙适是安徽黟县人，宋仁宗时任永州推官，《浯溪三绝堂记》就是此时所作。此文先是记叙三绝堂的由来："永州祁阳县南，浯溪之北，有奇石焉，元次山颂唐中兴，颜鲁公书，世名三绝。"（康熙九年《永州府志》卷十九）但三百年之后，已是"碑缺亭圮"。新任的祁阳县令齐术将其修复，"振饰④夸耀，风劝⑤来者，其志不亦美哉"！所以，此文的主旨不是"记游"，而是记三绝堂修复之事。

胡寅《重建永州府儒学记》、杨万里《零陵县种爱堂记》、熊彦谋《孝子唐

---

① 岁戊寅夏四月：北宋哲宗元符元年四月。
② 酌饯：喝酒饯行。
③ 范公忠宣：即宋朝丞相范纯仁，曾被贬永州。
④ 振饰：大力宣扬。
⑤ 风劝：规劝。

杰碑》则纯为记事散文。胡寅（1098—1156），字明仲，建宁崇安人（今福建省武夷山市），胡安国之侄，曾任永州知州，为湖湘学派重要创始人之一。《重建永州府儒学记》即为胡寅任永州知州时所作，文章名为"记"，实为"论"，开篇即说学习之难："学孰难？难莫难于知道德之本、性命之正、幽明之故、生死之说、鬼神之情状矣。"（康熙九年《永州府志》卷十九）正因为"学难"，所以文中列举了大量的事例，说明从古至今"夫有天下国家者，不可一日无学"，因而需要恢复府学，"建置为常"。文章最后的结论是："夫道德有本，非珍彝伦也；性命有正，非趣空寂也；幽明生死有说，非受形轮转也；鬼神有状，非言语主宰之可名可接也。不溺乎此而得之，可谓善学矣。"胡寅任知州对永州的影响很大，他去世五十多年后，新任知州徐自明主持修建了一个"三贤祠"，用于祭祀召信臣、龙伯高、胡寅三位主政永州的良吏，并为三人题写了三篇《赞》，其中《宋知郡胡寅赞》云："政先知本，学求反身。理正性命，福叙彝伦①。五岁再至，侔顽成仁。妥灵兹堂，揭仪后人。"（康熙九年《永州府志》卷二十二）胡寅治理永州，不仅理顺了人伦秩序，还让顽劣之徒也变成了仁人，可见其政绩卓著。胡寅从小跟随叔父胡安国，受家学影响，重视儒学和湖南地方文化，一生著述颇丰，为湖湘文化的形成做出了重要贡献。

杨万里（1127—1206），字廷秀，号诚斋，吉州吉水人（今江西省吉水县）。南宋大诗人，与陆游、范成大、尤袤并称"南宋四家""中兴四大诗人"。杨万里年轻时曾任零陵县丞。县丞为地方小官，与百姓接触颇多，所以对零陵的民风很是肯定。文章开头即说："零陵之为邑，附郭也，而远于朝。然山川木石之奇，古不求闻于世，而为天下之所慕。故生于其间者，多秀民。至于前辈诸巨公不容而南者，名德相望，而寓于此，其人士见闻而熟化焉，往往以行义、文学骏发而焯②者，视中州无所与逊也。"（康熙九年《永州府志》卷十九）所谓"附郭"是指零陵县并无独立的城郭，而是"附着"在永州府城之内。虽然地处边远，但零陵的人才较之中原的州县却并不逊色。接下来作者的笔锋一转，提出了一个常见的问题："其士风美

---

① 彝伦：伦常。
② 骏发而焯：迅速发达而卓著。焯，明彻，卓著。

矣，而其民俗尚有难治之叹，岂其民果难治与？抑治之者未得其易之之道与？"第二段作者以新到任县令吕候的做法为例，回答了这一问题："喻告其民以祸福，使得幡然而徙义……凡赋租之非经常者，议蠲除之。批导滞讼，犴狱① 屡空；耘锄宿奸，民用静嘉。期年，民信而顺，罔敢自违者。"县令吕候的做法之所以能很快见效，从根本上说是有爱民之心，所以第三段以种树为例："其始种也，必深其根。未茂，则忧其瘁。茂矣，则又视其蠹。"对种树能如此关心，用于治民，就更应该"勤而勉以'无倦'"。一句话，只要爱民，其民俗就不会有难治之叹。此篇赞零陵民风之美并论治民之道，见解独到、深刻，是历代少有的好文章。

熊彦谋，生平不详，宋绍兴丁卯年（1147），曾任零陵邑守。《孝子唐杰碑》是他专为一个普通农民所写的碑文，以表彰他的孝行。文章开头介绍："永州东安民唐杰，生四岁即知孝爱。继祖母蒋氏，老而失明。杰恋，旦夕不去左右。至七岁，则躯温清，晨起则舐蒋病目，辄有光。……母曾有奇疾，食时胸腹辄膨脝②，若急欲去后而不得。或教以导气，杰用其法，苹吸，尝恶满口，母即气通得食。……父终，擗踊③几绝，起而以舌舐尸代沐浴，水浆不入口。七日者凡三。既葬，庐墓旁，日一蔬食，弗尝五味。"（康熙九年《永州府志》卷十八）接着，作者列举了历史上有名的孝子，很少见有这样特别的孝行，尤为重要的是："顾杰未曾学问，乃不言而躬行，身则农夫，心则君子""有伟者杰，孝以性成"。因此，作者要"汗青特书"，"与世立教"，希望"人子人孙，起敬起孝"。"邑守"为普通农夫写碑文，这确实很少见；作者认为唐杰之孝是发自本性，因而称之为"君子"乃至"伟者"，其见解也很独到。

周敦颐在宋代有着广泛的影响，有关周敦颐的纪念性文章很多，其中朱熹《濂溪先生行实》、黄庭坚《濂溪辞》、臧辛伯《濂溪祠堂铭》是具有代表性的作品。

朱熹（1130—1200），字元晦，又字仲晦，号晦庵，晚称晦翁，谥文，世称朱文公。祖籍徽州婺源县（今江西省婺源县），出生于南剑州尤溪（今

---

① 犴(àn)狱：古代乡亭的牢狱，引申为狱讼之事。
② 膨脝(hēng)：腹胀大貌。
③ 擗(pǐ)：捶胸。踊：跺脚。

福建省尤溪县）。宋朝著名的理学家、思想家、哲学家，儒学集大成者，世尊称为朱子。朱熹是程颢、程颐的三传弟子李侗的学生，二程是周敦颐的学生，所以朱熹对周敦颐极为推崇。朱熹著述颇丰，有《四书章句集注》《太极图说解》《通书解说》《周易读本》《楚辞集注》等，其中《太极图说解》《通书解说》是对周敦颐《太极图说》《通书》的最权威解释。影响最大的是《四书章句集注》，明清两代成为钦定的教科书和科举考试的标准。《濂溪先生行实》是朱熹对周敦颐生平的介绍和评价。对周敦颐的"为政"，朱熹的评价是"博学力行，遇事刚果"，"其为政精密严恕，务尽道理"。其"为学"则直接影响了二程，"世所谓'二程先生'者，其原盖自先生发之也"。对周敦颐的"为人"，朱熹自己的评价是："先生自少信古好义，以名节自砥砺"；文中还借用黄庭坚的话进行了更为全面的评价："短于取名，而乐于求志；薄于徼①福，而厚于得民；菲于奉身，而燕及惸嫠②；陋于希世，而尚友千古。"引用黄庭坚的话所得出的最后结论是："闻茂叔之风，犹足律贪，则此溪之水，配茂叔以永久。"（康熙九年《永州府志》卷二十一）时至今日，当"濂溪"成为"廉政"的代名词时，足见朱熹的推崇和黄庭坚结论的准确性。

  黄庭坚（1045—1105），字鲁直，号山谷道人，晚号涪翁，洪州分宁（今江西省修水县）人，北宋著名文学家、书法家，为盛极一时的江西诗派开山之祖，与杜甫、陈师道和陈与义素有"一祖三宗"（黄庭坚为其中一宗）之称。与张耒、晁补之、秦观都游学于苏轼门下，合称为"苏门四学士"。生前与苏轼齐名，世称"苏黄"。黄庭坚对周敦颐的推崇，除朱熹所引用的评价之外，还有一篇《濂溪辞》，同样是借濂溪之名来赞颂周敦颐之德："蝉蜕尘埃兮玉雪自清，听澿湲兮鉴澄明。激贪③兮敦薄④，非青蘋白鸥兮谁与同乐？"（康熙九年《永州府志》卷二十二）蝉蜕玉雪，溪水澄明，青蘋白鸥相与同乐，皆因它们能荡涤贪腐，敦厚民风，这就是濂溪——周敦颐之高风亮节所带来的社会效果。

---

① 徼：求。
② 惸（qióng）：同"茕"，没有兄弟。嫠（lí）：寡妇。
③ 激贪：荡涤贪腐。
④ 敦薄：崇厚清贫。

元代的历史不长，写永州的文章不多，这里仅以苏天爵《浯溪书院记》为代表。苏天爵（1294—1352），字伯修，元真定（今河北省正定县）人，人称滋溪先生。曾任湖广行省参知政事。此文先是记叙"浯溪书院"的由来："至元三年（1264）春"，作者陪同"签岭北湖南道肃政廉访司事"姚侯，"按部祁阳之境，舟过浯溪，览前贤之遗迹"。姚候慨叹元结、颜真卿的"风节文采""足以竦动"世人，却没有一个纪念他们的地方。零陵县尉曾君当即进言："当作祠宇以奉事之，并筑学宫"，"于是，曾君命其子尧臣捐家资，度材庀工，不一岁告成。中为大成殿，以奉先圣，东西两庑属焉。又于殿之左为祠，以祀元颜二公，右为明伦堂，前为三门，周以崇垣，规制宏伟。下枕崖石，前临浯水"。文章的末尾，是作者对此事所发的感慨，也是对文章主题的提升："盖天下之事，岂怀禄观望之徒所可与谋？必振世豪而后有为也。士之来游于斯学者，诵圣人之言，思二公之烈，尚能有所兴起。"（康熙九年《永州府志》卷十九）文章的第一部分是记事，第二、三部分都是作者的议论。议论缺少新意，记事部分为浯溪书院创建的历史留下了一段珍贵史料。

明清两代写永州的作品很多，但出于名家、大家并具有广泛影响的作品不多。从作品数量而言，明末清初出现了一个代表性人物钱邦芑，他足迹遍布永州各地，而且每到一处都有作品流传下来。钱邦芑的作品留待下面做专题介绍，这里从明清作品中各选三四篇代表性作品予以介绍。

首先，明代写永州的游记可以蒋镇《游九嶷记》为代表。蒋镇的生卒不详，于万历末年任宁远县知县。他对永州的最大贡献，是主持编纂了9卷本《九嶷山志》。《游九嶷记》开头即说"九嶷于五服名山为最古"，然后概括山之特点："其势逶迤磅礴几二千里，不与五服名山争奇于一丘一壑，而以鸿庞元气含吐三楚，下临百粤，屹然长城"；还有登山者必须具备的气质："登兹山者，如登碣石，临紫塞，作壮士枕戈之色，斯可为兹山吐气。"文章的主体部分便是以游踪为线索，写亲身所历所见，将九嶷山之舜源峰、斜岩（紫霞岩）、玉琯岩等景点一一呈现在读者面前。结尾处则以"客曰"作结："吾登九嶷，意天下无奇石。吾入斜岩，意九嶷无奇石。向令南宫（南宫：即书法家米芾，人称米南宫）遇之，宁止袍笏拜舞而已？"（康熙九年《永州府志》卷二十）祁阳浯溪有一处"米拜石"，相传是米南宫（米芾）因爱其石奇而拜服在地故得名。"客曰"以此为典故，更突出了九嶷山石之奇。《游九嶷记》的同名文章还有邓云霄的一篇。邓云霄累官至广西参政，曾经巡道永州，并遍游九嶷山。这是一篇长文，记述了十余天的游历。游踪从永州城"南门渡江，锦石垒垒，清流可鉴"开始，一路行走，宿道州，过宁远，进九嶷，先到三分石，再到舜源峰、玉琯岩。对九嶷山及其周边地区的景点描述极为详尽。文章的最后点出了作者的主旨："《史》称舜死于苍梧之野，葬九嶷山。原属一撮土，疑古者刺刺不休，真向痴人前说梦。余请以兹游为解纷。"（康熙九年《永州府志》卷二十）邓云霄是广东东莞人，到九嶷山一游，众多与舜帝相关的遗迹，让他信服了舜葬九嶷的真实性。从这两篇文章也可以看出，明代的游记继承了唐代的传统，以"记游"为主，"议论"为辅。宋代的游记则常常是议论多于记游。

其次，明代记事散文，以周希圣《西河平政桥碑》为代表。周希圣（1551—1635），字惟学，号元汀，零陵区进贤乡人（今周家大院），明万历十七年进士，官至南京户部尚书。著作颇丰，有《退思堂集》《太极图说》《湘南志》《怀柳赋》《寻芝赋》《森阁诗稿》等。所谓平政桥，在永州古城正西门外，旧名济川，即古黄叶渡，今称大西门浮桥。《西河平政桥碑》是周希圣应当时的郡守之邀，为大西门浮桥所写的碑文。文章先写大西门的繁忙："永当南楚之极，与两粤画疆而居，境内之贸易往来，熙熙穰穰之众①，惟西门为最夥②"；再写因江流所隔带来的不便："一水护城，深阔若天限然。舣③舟十数，日争渡而不给……至夜半，犹有呼余皇④而操缓声应者。"这里的描述语言简洁而又生动形象，尤其是"操缓声应者"，高度概括而又形态活现。接下来写浮桥的修建与维护："于是鸠工聚材，为船三十余只，区分而胪列⑤之，两岸竖为石表，造铁链钩连以系之，铺以木板而如砥，列以栏楯而如槛。设夫四名，岁饩之以为埽除⑥、启闭之役。尤虑日时之久，不无朽蠹而当更易者，派县治以输之，定为例。"同样是语言简洁，介

---

① 熙熙穰穰（ráng）：即熙熙攘攘。形容人来人往，非常热闹。
② 夥：多。
③ 舣（yǐ）：使船靠岸。《广韵·纸韵》："舣，整舟向岸。"
④ 余皇：即艅艎，船名。
⑤ 胪列：陈列。
⑥ 埽除：这里指打扫、护理平政桥之事务。埽，为"扫"之古字，埽即埽工。

绍却又是具体、细致。最后是主题的提升，写为官之责："夫吾侪受命于朝，有一方保障之寄，能殚精竭虑，为地方兴千百世之利，其报称荣施[①]不既两尽耶？余故续记之以传于后。"（康熙九年《永州府志》卷十八）国家"政事"的管理，关键在"平"，所以在中国的传统文化中，"修身、齐家、治国"都是手段，最终的目的是"平天下"。"平"就是解决各种矛盾，满足该满足的需要，使得政局平稳、百姓平和、发展平衡，这也就是所谓的"平政"。所以，"平政桥"其实是有着丰富内涵、深刻寓意的。

"记游"多写山水，"记事"多涉人文，将山水、人文结合为一的，有易三接的《零陵山水》。易三接，字康侯，号暇斋，明末零陵人。明亡后，闭户读书，著《零陵山水志》。晚年讲学濂溪书院，称康侯先生。其《〈零陵山水〉序》云："永州多好山水，余今纪零陵之曾游者，其未经目者不敢述也。"（康熙九年《永州府志》卷十八）永州、零陵一地两名，古人说永州也是说零陵，说零陵也是说永州。在易三接这里，永州、零陵也是不加区分的。易三接要区分的是，对永州的好山好水，必须是亲眼所见的才记述，不是亲眼所见则宁可弃之。这说明了作者写作的严谨性。但易三接的重点不是"记游"，而是"记述"，或者说主要不是写山水的外观形象，而是写本质特征，并与人文内涵相结合，例如他的《湘水记》："湘与漓分，一派远来，待潇而注。可以生烟，可以涌月，可以乱雨，可以流云。盖潇合其清，衡助其苍，洞庭收其浩浩者矣。杜陵云：'虚无只少对潇湘，虚无二字是潇湘。'一丸淡墨，更传湘妃帝子，泪痕竹斑事，殊觉幽异可想。"（康熙九年《永州府志》卷二十）烟、月、雨、云，清、苍、浩浩，似可见又不可见，是具象也是抽象，从根本上说，易三接所写的是湘水的本质特征，是对潇湘整体特征的概括，特别是结合了湘妃泪竹的故事，其内涵就更为丰富。

清代写永州的散文，影响较大的首先是刘道著。刘道著是奉天（今辽宁省沈阳市）人，康熙六年至十年（1667—1671）任永州知府。这是一个很重视历史文化的官员，到永州的第二年就组织人员编写《永州府志》《浯溪志》《九嶷山志》，聘请钱邦芑做主纂，在他离任时均已编纂完成。他自己游历永州的山山水水，也留下了多篇游记散文，这里介绍一下他的《芝山记》。文

[①] 荣施：荣耀的施与，誉人施惠之辞。

章的开头,以作者的游踪为线索,写芝山的方位:"永州出西门,过潇江浮桥,沿江岸北行半里,乃西折,又一里,抵山麓,即柳子厚所游西山也。循山麓西北而登,再逾山岭,又二里尽其巅,北望怪石支起,崖壁崭然,即芝山也。"行走的方位、路程、景观特征等均交代得很清楚,语言简洁流畅。接着写山脚的小庵、乱石,因不是本文重点,几笔带过。爬上山顶,是作者的用笔重点:先是写山顶之"平","直登山顶,豁然宽旷,沙土平衍,近十余亩";再写山石之"怪","其上奇石林立,高下穿插,森巨牙互,或斜或正,或断或连,或蹲踊如狻猊狮象,或飞舞而龙凤蛇虺。游者或踞或抚,或倚或坐,皱瘦秀漏,皆有好势。吾不知米南宫见此,当作何状矣?"看来米芾爱石颇有名气,前文蒋锁的《游九嶷记》提及,此处又提到他。更重要的当然是山顶之"望","山顶东望,城郭井里,攒簇分合,了了如观掌果。潇水回绕山下,委曲如带。北眺则正见潇湘二水合流北逝,洋洋无际。西面平畴交阡,与冈坡村树回伏隐见,界隔区分,青白相间,萦绕如画"。如此美景,怎不令人神往?最后作者总结说:"读柳子书,有楚南多石之说,然非大而肥,实即碎而繁杂,难入品题。至于攒聚一山,奇诡隽异,峰岫崖洞,备俱诸美,足供名人娱美,殆未有过于兹山者。"(康熙九年《永州府志》卷二十一)在刘道著看来,芝山就是永州最美的山了。作为永州知府,又组织人员为永州编纂了几部大书,刘道著对永州的影响毋庸置疑,他的这一说法也一直影响了永州。所以零陵城区曾一度称为芝山镇,零陵区也一度改为芝山区,均可说是刘氏影响的流布。

清代散文中,施埏宝的《梦游九嶷记》颇有特色,值得一提。施埏宝,又名施缓宜,清华亭(今上海市松江区)人,康熙年间曾任祁阳、江华县令和道州别驾。《梦游九嶷记》是作者在道州别驾任上所写。文章开头一段写自己与大错和尚钱邦芑、宁远县令刘作霖约好游九嶷,但临时"辄以公事不果行",只能抱憾"遥羡两公邀游山水,登高作赋,殆不胜情移魂断矣"。正所谓日有所思夜有所梦,第二段便写自己梦中所见的九嶷:"次夜,小饮假寐,忽梦与钱刘两公,驱车先后,渐入九嶷深处。千峰万壑,烟云层叠,溪泉竹树,崖石洞穴,幽深曲折,历历分明";尤为重要的是,当"错公游既归,话山中景,兼示余游记,余恍然复如梦游",也就是说,大错和尚所描述的景象,竟然与自己梦中所见何等相似,游记似乎把自己带回梦中又重新游历了一次。而大错和尚也说,"然我两人登览之际,亦若时时有一施子在旁也"。这可真是灵犀相通了。所以文章的最后说:"两公游记所载,固尽山川之胜,然余梦中所得,亦不减两公也,安可无文以记之?李青莲有《梦游天姥》诗,孙可之亦有《纪梦》文,古人山水之癖,形于梦寐,梦寐之事传以诗文者,固不独余一人也。"(康熙九年《永州府志》卷二十一)刘作霖和钱邦芑游九嶷山,均留下了《游九嶷山记》,钱邦芑还有《紫霞岩记》《玉琯岩记》。施埏宝如果再去实地游一次九嶷,恐怕也难以写出有新意的游记,这篇《梦游》才是别具一格的。文中所写"心有灵犀"的现象,或许也值得文艺学家和心理学家研究。

三、《潇湘赋》评

在潇湘文脉的散文创作中,钱邦芑的《潇湘赋》可说是一篇奇文,值得重点介绍。在此之前,永州本地人易三接的《潇水记》也值得一提:

或言源自九嶷,又言出于春陵城下。当知九嶷为源,伏流出春陵城下耳。度泷而下,为丹崖、崶峰、澹山崖、袁家渴、武侯祠、朝阳崖、西山、愚溪、白蘋洲诸处,或循石岸,或走白沙,或泻崩滩,或激怒水,或聚澄潭,即所经处而景生焉。载九嶷诸翠影,投之湘流而漾然,奔千里以去,恨郦道元不收入《水经注》。

易三接写作严谨,对潇水上游未曾考察过,故而上游的景色略去不写,仅从"度泷而下"写起;即使是下游的景色,描述也极为简略,颇有点柳子遗风,或可视为钱邦芑《潇湘赋》的一个小序曲。

钱邦芑(1602—1673),字开少,号大错和尚,原籍浙江嘉善(今浙江省嘉兴市嘉善县),徙居丹徒(今江苏省镇江市)。年轻时即有文名,精通书画,尤以草、隶见长。与张溥(复社领袖)以及徐孚远、陈子龙、艾南英等诗文大家并称于时。

明崇祯甲申年(即崇祯十七年,清顺治元年,1644),钱邦芑在北京。

3月，李自成攻入北京，崇祯帝朱由检在煤山上吊自杀。他目睹了这一事件的发生。撰写了《甲申纪变录》《甲申忠佞纪事》，记述李自成攻占北京的经过及其军队的种种行为，明朝主要官员及皇亲贵胄们的主要表现。是年4月，清军进入北京。5月，福王朱常洵世子朱由崧，在一些明朝旧臣的拥立下于南京称帝，改明年为弘光元年，所谓"南明"就从这时开始。朱由崧称帝后，钱邦芑随即把家财捐散，到浙江、福建一带参加抗清斗争。朱由崧被清兵俘杀之后，两广总督丁魁楚、广西巡抚瞿式耜、原兵部尚书李永茂等一批文臣武将拥立明神宗之孙，桂王朱常瀛之子朱由榔在广东肇庆称帝，以次年为永历元年。钱邦芑立即到肇庆拜见永历帝。

永历帝令钱邦芑以监察御史身份巡按四川。钱邦芑到达四川之后，一面代替皇上安抚当地军民，一面组织力量收复遵义（时属四川）、涪陵、重庆等地。顺治五年（1648）春，四川全省九州130余县被收复。钱邦芑揭露、弹劾和组织剿灭了心怀不轨而号称"楚王世子监国天下兵马副元帅"的朱容藩，因战守之功晋升为右佥都御史兼贵州总兵。

翌年，张献忠起义军余部孙可望率众进入贵州，他退居贵州东部余庆县蒲村隐居。孙可望连续13次派出使者请他出山，都被拒绝。孙可望封刀交付使者说：钱邦芑若是听命来归，自有好官好爵对待，如其依然顽固抗命，便割下他的头颅来见我！钱邦芑依然义命自安，不为所动。永历八年，在贵州修文潮水寺削发为僧，号大错和尚。从此隐居僻处，纵情山水之间，潜心以诗文自娱。曾寄籍武陵，与门下士讲《易》，后隐居衡山，卒于宝庆。

钱邦芑一生著述颇丰，其专著有《他山·易诗》24卷、《读高士传》6卷、《古乐府》8卷、《十言堂诗文集》32卷、《诗话》20卷、《焦书》24卷、《随笔》60卷；还有《他山字学》等学术著作；主纂及与他人合纂的志书有《永州府志》《浯溪志》《九嶷山志》《鸡足山志》《靖江县志》等数十卷，先后梓行于世。

康熙七年（1668），钱邦芑应永州太守刘道著之聘，来永州编纂《永州府志》，到康熙十年（1671）书成，应宝庆太守的聘请去修《宝庆府志》，前后在永州约有三年多的时间，而且接近七十高龄。在这三年多的时间里，他不仅与人合作完成了《永州府志》《浯溪志》《九嶷山志》等志书的编纂，其足迹还踏遍了永州的山山水水，并留下了几十篇散文，可见其治学和创作的勤奋。

钱邦芑写永州的散文，收入康熙九年《永州府志》的作品计有：赋1篇，传1篇，记9篇，考1篇，解1篇，共13篇。其中影响最大的无疑是《潇湘赋》，这篇大赋洋洋洒洒，长达6000多字。给潇湘作赋，写得如此宏阔而严谨、全面而细致，可以说前无古人后无来者。

《潇湘赋》(《康熙九年〈永州府志〉》卷十八) 共有30多个自然段，可划分为五大部分。

第一部分为第1自然段，总写潇湘的与众不同："稽宇内之名水，多发脉于昆仑。迨派别而流异，遂散漫而各分①。独有楚南澄川，灆瀎②荡漾，逶迤秀丽无比。虽源泉之千百，总汇流于潇湘。"仅就发源之地而言，已与"宇内之名水"有异，再加上其"逶迤秀丽无比"的景色，更见出潇湘的"独有"。

第二部分为第2至10自然段，分写潇湘之水源与流的不同及水流之貌态。可分为两个层次：

先是考"源"："粤稽潇水，源出九嶷""载考湘水之原本，实出兴安之海阳"。然后对潇水和湘水所流过的路线进行了描述。

再是详细描写潇湘上游水流的各种貌态。"方其始出也，细泉迸珠，深湫泛玉③"，"又或深溪并流，大壑齐注"，作者用了6个自然段，并且用了很多生僻的形容词，力图将各种各样水流的形态呈现在读者面前，可以看出作者词语的丰富性和创作的严肃认真。

第三部分是第11至21自然段，分写不同气候下的潇湘之景。同样分为两层：

先写不同天气下的景色："当其晓雾初收，轻烟微抹。远峰数点而螺青，柔波微漾而绮杂""至于朝旭初升，余霞散绮；夕照回光，嫣红郁起""及乎狂飙怒号，拔木偃沙④。暴雨骤注，卷涨漩涡⑤""若夫秋空皎澄，湊灵⑥弄碧。皓月当空，万倾⑦一色""况乎朔风凄紧，薄霰初零⑧；寒威

---

① 散漫：分布交错纷乱之状。
② 灆瀎：音蓝，水清也。瀎(mǐ)，形容水流的状态。瀎，原注音为美，误。
③ 深湫(qiū)：深水潭。
④ 拔木偃沙：拔起树木，使其偃仆在沙地上。
⑤ 涨(zhàng)：古同"涨"，水大。
⑥ 湊(còu)：聚合，同"凑"。 灵(líng)：水曲。
⑦ 倾：同"顷"。
⑧ 薄霰(xiàn)初零：霰，小冰粒，通称米雪。此句谓小冰粒刚开始零零星星地洒落下来。

渐迫，素雪飘雰①"。写不同天气下的景色，有三种不同的变化：晴天的景色不同于雨天，雨天不同于雪天；白天的不同于夜晚，阳光下的景色不同于月光下；即使是晴天的景色，"晓雾初收"之时不同于"朝旭初升"之时，"朝旭初升"又不同于"夕照回光"。

再写不同季节下的景色："于时春也，新水初生，丝杨被蒲""于时夏也，洪溁泛溢②，菱芡丛生""于时秋也，浮气尽敛，天宇清皛③""于时冬也，万木谢华，伐山见骨"。不同季节之下，潇湘景色的变化更是整体性的，所以作者在每个自然段开头，用三个四言句描绘了不同季节总体特色之后，便对春、夏、秋、冬四时景色展开了更为全面而细致的描写。接着有一小段总结性抒情："惟夫四时递变，景物改妆。虽寒暄之更易，觉游观之未央。是以骚人抚景而赏咏，名流娱嬉而徜徉。"有了这样的抒情，景色就变得更灵动了。

第四部分是第22至31自然段，分别介绍潇湘八景。这部分用了十个自然段，有总写和分写，可以独立成章。

作者先总写潇湘景色的地位："品第域中之佳水，屈指首推乎潇湘。"然后再描述潇湘八景的不同："潇湘夜雨，首称清白""若夫远浦归帆，隐跃天际""至于平沙落雁，正值深秋""又或烟寺晓钟，铮吰摇曳④""有时山市晴岚，平铺薄展""至若渔村夕照，乱点波光""时或江天暮雪，旷空迷津""及夫洞庭秋月，碧漾千里"。最早记载"潇湘八景"的，是北宋沈括《梦溪笔谈·书画》："度支员外郎宋迪，工画，尤善为平远山水，其得意者，有'平沙雁落''远浦归帆''山市晴岚''江天暮雪''洞庭秋月''潇湘夜雨''烟寺晚钟''渔村落照'，谓之八景，好事者多传之。"沈括文中所记的宋迪（约1015—1080），洛阳人，世家出身，其先辈在唐朝任官，宋迪本人在北宋朝廷任职，并与司马光为友，后卷入新旧党争，因反对王安石变法，被罢官。《潇湘八景图》是宋迪被贬后所作，立

---

① 雰(fēn)：同"氛"，形容霜雪很盛的样子。
② 溁(wān)：水流回旋的样子。原注音为滕，误。
③ 皛(xiǎo)：皎洁，明亮。
④ 吰(hóng)：象声词，指钟鼓声。

意与杜甫流落楚地时所写的忧愤之诗相关。北宋著名书画家米芾,见了《潇湘八景图》之后爱不释手,于是为每幅图题写了一首七绝,这就是《潇湘八景诗》。米芾的诗对八景的描写更多的是想象,如"潇湘夜雨":"大王长啸起雄风,又逐行云入梦中。想象瑶台环佩湿,令人肠断楚江东。"米芾是借此感叹舜帝与娥皇、女英的故事。本文所描述的则很不一样:"潇湘夜雨,首称清白。沥沥疏疏,萧萧洩洩①。点轻波而泠泠,洒蓬窗而切切。木叶引溜而霏珠,修篁淋滴而注决。幽响流入乎丝桐,清韵隐叶乎金石。忽惊风而飘萧,忽带泉而鸣咽。忽拨刺而刀剑鸣,忽迸散而缯帛裂。骚人侧听而幽兴倍增,游子牵怀而乡思欲绝。非风景之殊观,实悲欢之各适。"有景色描写,也有感叹;而感叹的范围也要宽得多。八景介绍完之后,作者还有一个总结:"三湘源远,拗折盘旋;环峰抱岫,吞吐百川。……是以游舸流连而牵挽,逸民眷恋而留题。"进一步说明了"游舸流连""逸民眷恋"的原因。

第五部分是第31至36自然段,作者直接出面"我歌潇湘"。

作者先写自己对潇湘的热爱:"余也寄情山水,放迹天涯……唯其山川奇秀,是以英哲挺生。神圣巡行而过化,贤豪登览而娱心。余因是流连不已,感慨沉冥。乃作赋以写志,复高歌以寄情。"然后,从五个方面来歌唱、歌颂潇湘:"其一歌曰:潇湘之水兮去悠悠""其二歌曰:潇湘之峰兮何崔嵬""其三歌曰:潇湘之云兮横远天""其四歌曰:潇湘之兰兮色青森""其五歌曰:潇湘之竹兮何斑斑"。正如作者自己所说,前面是"作赋",侧重于客观景色的描述,这里的"高歌",侧重于主观情感的抒发;前面的描述更细致,这里的抒发更宏观。有了这种互为补充,文章的表达更完整。

第六部分是最后一个自然段,总结"古今潇湘"的永久魅力。

文章最后的"乱曰":"山明水秀,移我情兮。遨游遨回,任逢迎兮。……鱼鸟相依,鸥凫不惊兮。烟霞是宅,山水为朋兮。今古潇湘,非我谁盟兮!"所谓"乱",是古代诗词歌赋中的一种特殊而固定的用法,表示"尾声"或"结语"的意思,是对全文的最后总结或提升。作者最后所发的感

---

① 洩:同"泄"。

慨"今古潇湘,非我谁盟兮",正与范仲淹的"微斯人,吾谁与归"、周敦颐的"莲之爱,同予者何人"相一致,表面看起来是纵情山水,隐居山林,实际上是一种积极有为的人生。钱邦芑大半辈子都在过着隐居生活,但不管是面对孙可望或是吴三桂,任凭高官厚禄、威逼利诱,他都不为所动,始终坚守着自己的气节和信念,没有积极进取的人生态度,是绝对做不到的。因此,同范仲淹、周敦颐一样,钱邦芑也是一位真儒家。

与《潇湘赋》互为表里的,钱邦芑还有一篇《潇湘考》,主要是考证"潇湘"的源流,文中更多地体现了一个学者的严谨性。《潇湘考》全文一千余字,作者考证了潇湘二水的源流、"三湘"之名的由来,还介绍了潇湘之水的特点,并分析了"潇湘八景"之所以产生影响的原因。

作者先总写考究之因:"天下称湖南之水者,必曰'潇湘',又曰'三湘',而习焉不察,不复辨其源流。即土居者,亦贸贸然随声附和,而未尝问也。予游湖南者五载,三登南岳,一游九嶷,徜徉于潇湘之间,名山胜水,穷历几半,间尝考究潇湘之源。"(康熙九年《永州府志》卷二十一)作者先"考究"潇水之源,在查阅了大量的资料、归纳了好几种说法之后,再到实地考察:"予游永州,溯流上道州,入宁远,游九嶷,参之众说,细寻诸水,直穷其源,潇水当出九嶷者为是。道州虽有两潇水,皆源短而流细,不足以当之。"自此之后,潇水源出九嶷山三分石,再无分歧。再考察湘水之源:"湘水源出广西桂林府兴安县海阳山。此山居灵水、兴安之界,上多奇峰绝壑。泉源之始出也,其流仅可滥觞。"从作者所描述的情况看,也应该是亲自考察过的。

关于"三湘"之名的由来:"自全州而下,汇楚南诸水,至永州府城北湘口,与潇水合流,故云'潇湘'。迤历祁阳,合桂阳诸水。过回雁峰下,至衡州城北石鼓嘴,与蒸水合,是为'蒸湘'矣。其出武陵,会长沙诸水,经湘阴入洞庭者,又曰'沅湘',此所谓'三湘'也。今人乃以湘乡为上湘,湘潭为中湘,湘阴为下湘,是'三湘'之名,从邑而不从水,失其旨矣。"关于"三湘"之名的解说,至今流传下来的不下十种,但最流行、最权威的还是钱邦芑的说法。

关于潇湘之水的特点,钱邦芑将它与新安江、黔江进行了对比:"予行天下,见水惟新安江最清,而不能漂绿;黔江水最绿,而不能澄清;惟潇湘至清而浮波漾碧,与山色相映。唐人句云:'绿净春深好染衣。'诚不虚也。"正因为水好，所以景色才让人沉醉："每当春深秋杪，荡舟其间，新霞一痕，轻岚遥映，汀兰岸芷，凫莺泳游，渔舟出没，风帆回翔，赤岸若朝暾，白沙如霜雪，真令人意尽神倾，不复知此身之在尘界矣！所以'潇湘八景'有'远浦归帆''平沙落雁'等类。窃念此景亦处处有之，而独以属潇湘者，则以其山水明秀，幽隽，掩映生致耳，非深于山水之癖者，乌足以辨此哉。"考究细致，描述生动，分析到位，只有学者与作家兼备一身的人，才能写出如此精妙的散文。

　　永州古代有三位代表性作家，树起了三座散文创作的高峰，各自占据着一个领域——柳宗元的游记和寓言、周敦颐的哲理散文、钱邦芑的《潇湘赋》及写永州的记游散文——这三座高峰，至今仍然难以有人与之比肩，更无人能够奢谈超越。这是永州之大幸，也是永州后世文人之不幸。

ZHONG PIAN

中篇

巨澜排空

潇湘文脉源与流

第四章　千古文祖

追溯潇湘文脉，最早无疑从舜帝肇始。舜帝不是文学家，但他对中国文学的影响却具有始祖性地位。清代学者崔述在《唐虞考信录·自序》中说："然则尧舜者，道统之祖，治法之祖，而亦即文章之祖也。"《尚书》中舜帝所说的"诗言志"，闻一多认为是中国文艺理论的开山之祖。因此，舜帝不仅是潇湘文脉之祖，也是中国文脉之祖。

一、舜歌《南风》

舜歌《南风》之事，在中国秦汉时期有着广泛的影响，先秦两汉的诸多典籍均对此事有着大同小异的记载，如《史记·乐书》云：

> 昔者舜作五弦之琴，以歌《南风》；夔始作乐，以享诸侯。故天子之为乐也，以享诸侯之有德也。德盛而教尊，五谷时熟，然后享之以乐。
>
> 故舜弹五弦之琴，歌《南风》之诗而天下治；纣为朝歌北鄙之音，身死国亡。舜之道何弘也？纣之道何隘也？夫《南风》之诗者生长之音也，舜乐好之，乐与天地同意，得万国之欢心，故天下治也。

《南风》之诗究竟是一首怎样的诗呢？在《乐府诗集·琴曲歌辞》中辑录有两首《南风歌》。

其一曰：

> 南风之熏兮，可以解吾民之愠兮；南风之时兮，可以阜吾民之财兮。

其二曰：

> 反彼三山兮商岳嵯峨，天降五老兮迎我来歌。有黄龙兮自出于河，负书图兮委蛇罗沙。案图观谶兮闵天嗟嗟，击石拊韶兮沦幽洞

微。鸟兽跄跄兮凤凰来仪，凯风自南兮喟其增叹。

两首歌辞的内容大不一样，风格也大不一样，特别是对"南风"的感受更是天壤之别："其一"中的"南风"是送喜解民愠，送财阜民福，这是多么令人高兴的事；"其二"中的"南风"（亦即"凯风"）则除了让人增加喟然叹息之外，似乎并未带来任何喜讯。尤为重要的是，上述各种典籍所提到的《南风歌》都是与舜帝民本思想及国家治理联系在一起的，如《尸子·绰子》云："舜曰：'南风之熏兮，可以解吾民之愠兮。'舜不歌禽兽而歌民。"虽然只引录了"其一"的半首，但对舜帝的民本思想却说到了点子上。

关于中国民本思想的产生，一般都要追索到孟子，因为他不仅明确提出了"民为贵，社稷次之，君为轻"的观点，还具体提出了给每家每户分配"五亩之宅""百亩之田"的保民政策。应该说，这确实是孟子的一个创造。在中国思想史上，能够将其政治观点与经济政策结合起来进行阐释的思想家并不多见，思想家们关心政治的多，关心经济的实在太少。孟子为什么会有这种比别人更全面的思想观点？这与他"言必称尧舜"（《孟子·滕文公上》）的思想方法恐怕不无关系，也就是说，孟子的这一思想渊源是从尧舜那里来的。从政治观点说，《尚书》中记载了一条较为清晰的线索，从尧舜的"平章百姓""和合万邦"（《尚书·尧典》），到太康五昆弟的"民惟邦本，本固邦宁"（《尚书·五子之歌》），再到周武王的"天视自我民视，天听自我民听"（《尚书·泰誓》），这些一脉相承的思想观点无疑促成了孟子的民本思想在政治方面的成熟。那么，孟子在经济方面的思想来源，我们是否可以认为是受到了《南风歌》的影响呢？对这一问题的回答的确很困难，因为孟子本人没有提到过《南风歌》；而在先秦两汉的诸多典籍中虽然提到了舜歌《南风》之事，但能将其歌词辑录完整的却也很少，乃至于有人认为其流传下来的歌词系后人伪造。

在上述各种典籍中，真正将"其一"的歌词辑录完整的是《孔子家语·辩乐解》，而且还认为《南风》诗就是舜帝所"造"：

昔者舜弹五弦之琴，造《南风》之诗，其诗曰："南风之熏兮，可以解吾民之愠兮；南风之时兮，可以阜吾民之财兮。"

《南风》之诗是否真为舜帝所"造",这当然是值得商榷的问题。这里不想纠缠其诗的真伪,更不想纠缠其作者的真伪,需要强调的只是:舜文化作为一个文化代码,它在中国文化史上是一个真实的存在,并曾经起过核心价值的作用。因此,舜歌《南风》不管其事其诗本身的真实程度如何,它在中国文学史上产生过巨大的作用则是毋庸置疑的,我们完全可以将它作为舜文化的内涵进行解读。同时,既然有如此多的典籍记录此事,那么它在先秦的广泛影响也是无须怀疑的,博学如孟子者受到它的影响应该也是情理中的事。

需要说明的是,本章根据舜文化的一贯性主导思想,将《南风歌》"其二"排除在外,在分析"舜歌《南风》"对中国文学传统的影响时,主要是从《南风歌》"其一"的内涵出发。

当然,即使是只从"其一"的内涵出发,也是一个很难说清的问题。如果仅从歌词的表面意思来看,所表达的内容浅显明白,无须多作解释。但问题是,仅凭这样一首简单的歌,为什么就能达到"天下治"的效果?看来,在这种表面浅显的背后,还有着十分复杂的内涵,这种复杂性在于:历史上的解说者总要将它与社会生活的诸多方面挂起钩来。

其实,就算对《南风歌》的歌词表示怀疑,对"舜歌《南风》"之事也不应该表示怀疑,因为此事与有虞氏家族"听协风"的世职有着很深的关系。

分析《南风》之诗和舜歌《南风》之事,有两个问题必须理清楚:其一,《南风》之诗为什么是"生长之音";其二,此"乐"为什么能"与天地同意"。要回答这两个问题,必须追索一下"以音律省土风"的古老传统,而这一传统又与有虞氏的世职有着密切的关系。

所谓"以音律省土风",乃是华夏先民长期运用的一种测量风气、物候的独特方法,与当时的天文、历法、农业生产及生活有着密切的关系,这在早期的典籍中不乏记载。如《左传》昭公二十年曰:"声亦如味,一气、二体、三类、四物、五声、六律、七音、八风、九歌,以相成也。"《吕氏春秋·察传》亦云:"夔于是正六律,和五声,以通八风,而天下大服。"从这种记载中不难看出,古人认为音律、乐声与"风"及国家的治理有着密切的关系。为什么会有这种密切关系,因为"风"与四方、四季是联系在一起的。《管子·四时》云:

> 东方曰星，其时曰春，其气曰风，风生木与骨……
> 南方曰日，其时曰夏，其气曰阳，阳生火与气……
> 中央曰土，土德实辅四时入出……
> 西方曰辰，其时曰秋，其气曰阴，阴生金与甲……
> 北方曰月，其时曰冬，其气曰寒，寒生水与血……

《广雅·释言》曰："风，气也。"《庄子·齐物论》亦云："大块噫气，其名为风。"因此，上文所云"其气曰阳""曰阴"之类，其实就是指"其风曰阳""曰阴"。南方之风属阳，在中国阴阳五行的理论中，"阳"主生，"阴"主杀，故南风是"生长之风"。

南风作为"生长之风"，如果是在夏季吹来，人们当然是容易感觉到的。但如果是在冬去春来的季节，当"大地微微暖气吹"的时候，凭人的感觉是很难观察到的，因而需要有一种专门的技术来辨别，这种专门技术就是"以音律省土风"。以音律来辨别四方或八方之风，这在当时是被广泛尊信的一种专门技术。这门技术就是后人所称作的候气法。冯时在《殷卜辞四方风研究》一文中总结说："候气法是一种以律吕测气定候的方法，它的起源相当古老，惜其术绝来既久。"[①] 在《后汉书·律历志》中还有关于候气法具体操作的记载，但它是否与上古的法则一致，研究者一直表示怀疑。

候气法的具体操作方法怎样我们已经无法考证了，但毋庸置疑，"以音律省土风"的技术和传统确实存在过。既然南风是"生长之风"，歌南风之诗当然就是"生长之音"。需要指出的是，这种技术和传统最早是由有虞氏家族掌握和继承的。《国语·郑语》云：

> 夫成天地之大功者，其子孙未尝不章，虞夏商周是也。虞幕能听协风，以成乐物生者也；夏禹能单平水土，以品处庶类者也；商契能和合五教，以保于百姓者也；周弃能播殖百谷蔬，以衣食民人者也。其后皆为王公侯伯。

---

① 冯时.殷卜辞四方风研究[N].考古学报，1994(2).

虞幕乃有虞氏初祖，执掌乐官。《左传》昭公八年言："自幕至于瞽瞍无违命。"这就是说，有虞氏家族执掌乐官之职从初祖虞幕一直到虞舜之父瞽瞍，世代均能忠于职守，未有过失。到了虞舜这一代，"舜弹五弦之琴，歌《南风》之诗而天下治"，恐怕仍然与家族世职的缘由脱不了干系。只是到了虞舜继帝位之后，命夔"典乐"，其家族的世职才算中断。《吕氏春秋·察传》云：

> 昔者舜欲以乐传教于天下，乃令重黎举夔于草莽之中而进之。舜以为乐正。夔于是正六乐，和五声，以通八风，而天下服。

舜既然已继位为天子，就应该以天下为己任，"以音律省土风"的世职当然要另选他人承担。由于身居帝位而又有着"以音律省土风"的习惯性思维定式，所以当南风"熏"来时，他便立刻联想到了"解吾民之愠""阜吾民之财"的经济效果。有了这种经济效果，才能"得万国之欢心"，达到"天下治"的目的。这就是所谓的"乐与天地同意"。

那么，虞幕"听协风"与"成乐生物"又有什么关联呢？我们可以看看韦昭的注解："协，和也，言能听知和风，因时顺气，以成育万物，使之乐生。"也就是说，当时的所谓乐官，其职守不仅仅是精通音乐，还要能从音律中听出和风的到来，预测季节的变化，以使天下民人不误农时，助生万物，达到"解愠""阜财"的目的。诚如是，虞幕的"听协风"，才能与夏禹的"单平水土"、商契的"和合五教"、周弃的"播殖百谷蔬"相提并论，成为"天地之大功"。

最早的"听协风"主要是指自然之风，但因自然之风与"成育万物"相联系，与"物阜民丰"相统一；而"物阜民丰"与否又与国家的治乱相联系，治与乱的征兆需要从"民风"中观察。因此，从国家治理的角度来说，"协风"与"民风"必须同时关注，这恐怕也是《诗经》称各国的民歌为"风"的缘由。

还须再回到前面的话题：《南风歌》的内涵究竟是什么？古往今来，对《南风歌》的解释众说纷纭，莫衷一是，归纳起来大致有三大类别。

其一是联系虞舜的民本思想进行解释。如韩非子在《韩非子·外储说左上》中认为舜"歌南风而天下治"是因为果实丰收，恩惠于民，故天下大治。三国魏人王肃在《孔子家语·辩乐解》中说："南风，育养民之诗也。"这可以说是对《南风歌》的最直接的解释，其含义既揭示了歌词的字面意义，也暗含了舜文化的民本思想。

其二是从虞舜的孝道思想出发，分析《南风》诗的教化意义。如《史记》裴骃集解引郑弦曰："南风，长养之风也，言父母之长养也。"《史记》张守节正义曰："南风，孝子之诗也。南风养万物而孝子歌之，言得父母生长，如万物得南风也。舜有孝行，故以五弦之琴歌南风诗，以教理天下之孝也。"这是从南风的养物借喻为父母的养子，并进一步推论《南风》诗为"教化"之诗。

其三是将《南风歌》与山西运城盐池的盐业生产联系起来。如宋代沈括、明代宋应星等人便持这种看法①。最突出的是明万历年间巡盐河东的盐政官员蒋春芳，他在《新建歌薰楼记》中说："有虞氏弹五弦之琴歌南风之诗迄今洋洋盈耳。相传以为南风起盐始生。虞廷之歌盖歌此也。"明清两代山西运城盐池的盐业发达，盐官、盐商聚会盐池建楼观光，相互交流感染之间形成了两个共识："这里是虞舜吟咏'南风歌'的地方；解愠阜财是最早的民本思想。"②这一观点直到今天在山西运城仍很流行，如柴继光认为："舜作《南风歌》，是与河东盐池有关。《南风歌》所反映的是河东盐池借助东南风产盐的客观事实。"杨振生也认为"舜帝巡视河东盐池时而作的《南风歌》"，"是华夏圣帝先哲'民本思想'的最初发轫"③。

以上三类解释，尽管在具体的说法上差别很大，但有一点是基本一致的：那就是在对"风"的理解上，既将它理解为自然之风，也将它理解为"解愠阜财"的社会之风亦即"民风"。或者也可以说，舜歌《南风》之事，既寓涵了有虞氏家族世代"听协风"的旧传统，也开启了虞舜登帝位之后以"风"察民情的新传统，是"听风"与"观风"传统的结合。

---

① 柴继光.运城盐池研究[M].太原：山西人民出版社,1991.
② 李竹林、薛学亮.解愠阜财话薰风[J].尧舜禹文化研究动态,2008(1).
③ 杨振生.南风歌——中国最早的对联雏形[G].对联、民间对联故事,2005,11(4).

二、"开山"文祖

结合《南风》之诗和舜歌《南风》之事进行分析,我们不难看出它对中国的文学传统所产生的深刻影响。

(一) 开创了中国文学的"观风"传统

舜歌《南风》本来是将"听协风"与"观民风"结合在一起的,但到后来,"听风"的技术失传,只有"观风"的传统延续下来了。学者们一般都认为"观风"的传统源于孔子,其《论语·阳货》云:

> 《诗》可以兴,可以观,可以群,可以怨。迩之事父,远之事君;多识于鸟兽草木之名。

这里所说的"观",一般都解释为"观风俗之盛衰"(何晏《论语》集解卷十七引郑玄注),如赵孟頫《薛昂夫诗集叙》称:"可以观民风,可以观世道,可以知人。"当然,"观民风"还不是真正的目的,真正的目的是要考见政治上的得失及其原因,所以班固《汉书·艺文志》说:"王者所以观风俗,知得失,自考正也。"这一观点后人多有赞同。
如刘知几《史通·载文》云:

> 观乎《国风》以察兴亡,是知文之为用远矣,大矣。

白居易《采诗以补察时政》云:

> 故国风之盛衰,由斯而见也;王政之得失,由斯而闻也。

皮日休《正乐府十篇序》云：

> 乐府，尽古圣王采天下之诗，欲以知国之利病、民之休戚也。

顾陶《唐诗类选序》云：

> 在昔乐官采诗而陈于国者，以察风俗之邪正，以审王化之兴废。

由诗观风，进而"察兴亡""知国之利病""审王化之兴废"，才是"观"的真正目的。治理国家的人通过诗来"观民风""世道"，掌握国情民俗和政治上的兴废得失及其原因，从而调整政策，缓和社会矛盾，引导社会顺利发展，这就是通过"观风"而经国治世的一般原理。而"观风"之所以能够"察兴亡""知得失"，是因为"风"中真实寄寓或记录了"兴亡""得失"的实情，如果缺失这种"实情"的寄寓或记录，"王者"既无由"察"更无由"知"，由诗"观风"便也无从谈起。因此，就"观风"的传统而言，孔子的提倡与其说是"源"，不如说是"流"，因为孔子至多是一种发现或认识，他看到了诗中确实有"风俗民情"可"观"，所以才加以提倡的；而且，这一传统在孔子之前就已经流传了多少年，他只是"述而不作"，从理论上加以总结而已。

因此，舜歌《南风》，不仅在诗中真实记录了风俗民情，也寄寓了自己从"风"中所体察到的风俗民情。作为一个"圣者"和"王者"，他的实践就是一个最高、最好的典范，后人在理论和实践上仿效的同时，也就形成了传之久远的"观风"传统。

（二）开创了中国文学的"教化"传统

与"观风"相联系的是中国文学的"教化"传统，因为"察风俗之邪正"绝不只是消极被动的"察"，还包括积极主动的"教"；而且，"风"的本义上也包含有"教"的意思。《毛诗序》云：

> 《关雎》，后妃之德也，风之始也，所以风天下而正夫妇也。故

用之乡人焉，用之邦国焉。风，风也，教也；风以动之，教以化之。……故正得失，动天地，感鬼神，莫近于诗。先王以是经夫妇，成孝敬，厚人伦，美教化，移风俗。

按照《毛诗序》作者的解释，"风"包含有"教"的意思，但与"教"又是有所区别的，"风"是"讽喻"，也就是用形象化的手段来打动人，达到寓教于乐的目的。这一传统舜帝曾有过更为明确的提倡，《尚书·尧典》载：

帝曰：夔，命汝典乐，教胄子。直而温，宽而栗，刚而无虐，简而无傲。诗言志，歌永言，声依永，律和声，八音克谐，无相夺伦，神人以和。

在这里，舜帝命乐官夔典乐，明确提出要用诗乐来教育贵胄子弟，将他们培养成具有"直而温，宽而栗，刚而无虐，简而无傲"等品格的人，这无疑是适应当时社会需要的高素质人才。舜帝的这一段话，前半部分是直接对乐官夔说的，夔的职责就是"教胄子"，所以只提出了对贵胄子弟的人格要求；后半部分则是针对整个天下说的，要做到"八音克谐，无相夺伦"，以达到"神人以和"的目的。从"八音克谐，无相夺伦"的要求中不难看出，这不仅仅是指诗歌音乐的和谐，而是要以和谐的诗歌音乐来感化人教育人，使全社会的人都能够和谐相处、"无相夺伦"，这不仅能够做到人类自身的和谐，还能做到人与自然的和谐——"神人以和"意即"天人和谐"，"神"可以代表天地自然。正因为诗歌音乐的教育感化作用有如此之大，所以《毛诗序》的作者才说"先王以是经夫妇，成孝敬，厚人伦，美教化，移风俗"，这其实是对舜帝以降历代先王以诗教化亦即文学教化传统的一个总结。

"教化"是从文学的社会作用而言的，而事实上，文学的社会作用有积极的也有消极的，而要让文学真正起到积极的"教化"作用，就必须从内容上提出要求，这就是所谓的"文以明道"或"文以载道"。这个"道"，就是儒家提倡的"尧舜之道"或"孔孟之道"。

在中国文化史上，最早提出"道统"观念的是孟子，他认为，从尧舜至汤五百年，由汤至文王五百年，由文王至孔子五百年，均世世有人继其统，孟子自己，则以孔子的后继人自居。孟子之后传承儒家道统的人是韩愈，他针对佛教的"法统说"，运用正统的儒学，明确而系统地构建了一个儒家道统："斯道也，何道也？曰：斯吾所谓道也，非向所谓老与佛之道也。尧以是传之舜，舜以是传之禹，禹以是传之汤，汤以是传之文、武、周公；文武、周公传之孔子，孔子传之孟轲。轲之死，不得其传焉。"（《原道》）韩愈发起并领导古文运动，提倡文道结合，文以明道，就政治目的来说，也就是要张扬"二帝三王群圣人之道"，捍卫儒家的"正道"。韩愈的道统说，在中国文化史上的影响极为深远，以后的思想家、文学家莫不以此自重，以此自励，以此自卫。

从文学史来看，最早提出"明道"观的是刘勰，他在《文心雕龙》的开篇就说：

> 道沿圣以垂文，圣因文而明道，旁通而无滞，日用而不匮。《易》曰："鼓天下之动者存乎辞。"辞之所以能鼓天下者，乃道之文也。

由道而圣，由圣而文，文是道之文，圣以文明道。刘勰的这一观点，清人纪昀曾做了这样的评点："文以载道，明其当然；文源于道，明其本然。"从文学的社会职能说，理所当然应该"载道"；从文学的起源来说，"文"本来就是从"道"中流出的。因此，在刘勰看来，无"道"不成"文"，"道"因文而"明"，"文"因道而"用"。"道"与"文"的关系，相当于当代的文学理论所说的内容与形式的关系：内容决定形式，形式反作用于内容。用今天的眼光来看，刘勰的"明道"说虽然不无偏颇，但它确实为后世的"文以载道"而实现教化的理论奠定了基础。

刘勰之后，提倡"文以明道"最有力的是韩愈，他曾经反复自表并强调：

> 愈之志在古道，又甚好其言辞。
> 　　　　　（朱文公校《韩昌黎先生全集》卷十六《答陈生书》）
> 然愈之所志于古者不惟其辞之好，好其道焉耳。
> 　　　　　（朱文公校《韩昌黎先生全集》卷十六《答李秀才书》）
> 君子居其位，则思死其官；未得位，则思修其辞以明其道。
> 　　　　　（朱文公校《韩昌黎先生全集》卷十四《争臣论》）

韩愈所处的中唐时期，唐王朝中央统治的力量削弱，藩镇割据加剧，以致社会动荡，社会生产遭受严重破坏；再加上当时寺院经济膨胀，僧侣地主兼并田地，也加深了社会矛盾，对社会生产造成了不利影响。韩愈针对藩镇割据和寺庙林立的状况，大力提倡恢复古道，用儒道来统一人们的思想，稳定社会秩序。需要特别指出的是，韩愈所倡言的"道"与刘勰有很大不同，其内容要宽泛得多，既包括圣人所制定的礼乐刑政制度和伦理关系，也包含古圣人教给人民的相生相养之道，即生产、交换、医药、荐才、为师、用兵等，大至国家政治，小至交友为人，具有丰富的现实内容。因此，韩愈倡言古文所表现的"道"，是关切"世道"的"圣道"，也是体现"圣道"的"世道"，与刘勰所说的"道沿圣以垂文"的溯古思路不同，韩愈所倡言的"圣道"与"世道"主要是从现实需要出发的，增强了现实针对性。韩愈认为，将"圣道"与"世道"结合，这是文学所应该担负的伟大使命，这也是韩愈以"复古"为旗帜、以"明道"为标准的唐代古文运动所体现出来的进步性。

与韩愈并称为古文运动"双璧"的柳宗元，同样强调"文以明道"：

> 始吾幼且少，为文章，以辞为工。及长，乃知文章以明道，是固不苟为炳炳烺烺，务彩色，夸声音以为能也。
>
> （《柳宗元集》卷三十四《与韦中立论师道书》）

与韩愈怀有上追孟子、继承道统的宏大抱负不同，柳宗元因参与政治变革遭受打击，长期被贬，这种政治边缘地位使得柳宗元更少受到儒家道统的羁绊，能够更清醒更深刻地认识到"道"的现实内涵和时代意义。因此，柳宗元所强调的"文以明道"是与当时的政治改革紧密相连的，"道"的内涵是"以辅时及物为道"（《柳宗元集》卷三十一《答吴武陵论〈非国语〉书》）。柳宗元从自己的生活遭际出发，认为这种辅时及物之道既然不能施之事实，就只能借助文章传于后人。柳宗元遭遇坎坷之后，并没有走向孤寂隐遁，而是创作了大量的诗歌散文，其目的就是要给后人树立"文章以明道"的榜样。

韩愈、柳宗元确立文以明道的观念后，"明道""载道"就一直被视为文学的最高典范和宗旨，后来的历朝历代，均不乏以宣扬"明道""载道"为己任的代表人物。

有宋一代，柳开、欧阳修等人所倡导的诗文革新运动，直接继承了韩、柳古文运动的传统。柳开自名"肩愈"，字"绍元"，很明显地表现出继承韩愈、柳宗元传统的意向。比柳开影响更大的是欧阳修，他提出了"先有道而后有文"和"文道合一"的观点。他首先强调"道"的作用：

> 圣人之文，虽不可及，然大抵道胜者，文不难自至也。故孟子皇皇，不暇著书，荀卿盖亦晚而有作。……后之惑者，徒见前世之文传，以为学者，文而已，故用力愈勤而愈不至。
> （《欧阳文忠公全集》四十七《答吴充秀才书》）

他认为"道胜者，文不难自至"，"道"是内容，是本质，起决定作用；"文"是形式，是"明道"的工具。而当时的文人们于"道"无所窥见，仅从文章方面去揣摩，结果是南辕北辙，其文终究不能传至后世。所以先有道而后有文，先有内容而后有形式。欧阳修的这一观点自然是针对当时只求典雅华丽的西昆体而发，并非要否定形式的作用。相反，他认为仅有充实的内容是不够的，还须有优美的形式来表现：

> 传曰："言之无文，行之不远。"君子之所学也，言以载事，而文以饰言。事信言文，乃能见表于后世。《诗》《书》《易》《春秋》，皆善载事而尤文者，故其传尤远。……言之所载者大且文，则其传也彰；言之所载者不文而又小，则其传也不彰。
> （《欧阳文忠公全集》六十九《代人上王枢密求先集序书》）

文由道而出，道借文以传，有其道必借其文，否则其传也不远。欧阳修毕竟是文学家，与只重道不重文的道学家不同，他所要强调的是"文道合一"。

到了明清时期，小说、戏曲等叙事性文学迅猛发展，小说、戏曲理论也随之发展起来。虽然小说、戏曲历来不被正统文人所认可，被视为不能登大雅之堂的末流小技。但这种文学样式以其曲折的情节、生动的人物和易于接受的通俗性而受到人们的普遍欢迎。小说、戏曲自身的这些优势使其比诗歌这种正统文学样式具有更大的教化功能。这种教化功能屡屡被作家、理论家们所论述。

如凌云翰《剪灯新话序云》：

> 是编虽稗官之流，而劝善惩恶，动存鉴戒，不可谓无补于世。

可一居士《醒世恒言序》评"三言"云：

> 此《醒世恒言》四十种所以继《明言》《通言》而刻也。明者，取其可以导愚也。通者，取其可以适俗也。恒则习之而不厌，传之而可久。三刻殊名，其义一耳。……以《明言》《通言》《恒言》为六经国史之辅不亦可乎！

对于戏曲，高明要求以"风化"为根本，《琵琶记》第一段提出：

> 不关风化体，纵好也枉然。

李开先《改定前贤传奇后序》亦指出：

> 要之激劝人心，感移风化，非徒作，非苟作，非无益而作之者。今所选传奇，取其辞意高古，音调协和，与人心风化俱有激劝感移之功。

此外，李贽、汤显祖、王骥德、李渔等都十分强调戏曲的教化功用。有意味的是，小说、戏曲虽不为当时的正统文学观念所认可，但它们却同样重视正统文学观念所一直提倡的教化功能。这说明，文学的教化功能不仅仅是封建统治者或正统文学所需要的，所教化的对象也不仅仅是"胄子"，而是它本身确实有着重要的理论价值，并已成为古代文人的自觉意识，成为全社会各个阶层的一种"教育"需要。因此，凡是对于社会历史进步和文化教育有一定责任感的作家、理论家，总是自觉地提倡文学的教化功能。李贽、汤显祖等人大力提倡小说、戏曲的教化功用，王夫之、顾炎武、黄宗羲等人重视诗文的教化功用，尽管他们的思想态度、政治观点与正统社会格格不入，但在文学的教化观上却与正统社会表现出惊人的一致性，这只能说明，文学教化观本身就包含了一定的历史进步意义。这种进步意义是它得以贯穿中国古代文论史和文学史始终，并进而成为中国古代文论和古代文学优良传统的真正原因所在。这一优良传统使源远流长的古代文学在漫长的封建社会中发挥了巨大的进步作用。

那么，文学教化观的历史进步意义体现哪里？主要就体现在它的"以人为本"或"以民为本"的思想中，而这一传统的形成无疑是与舜文化相关的。舜帝所要求的"直而温，宽而栗，刚而无虐，简而无傲"，这是要培养人的良好品性和健康人格；虞舜所关心的"解吾民之愠"和"阜吾民之财"，这是要解决民众的物质生活需要。前者主要是解决人的精神需求，后者主要是解决人的物质需求。这二者的结合，才使得中国文学在物质生活方面有"风"可"观"，在精神生活方面所"教"能"化"。正因为舜文化给中国文学提供了这样的"影响因子"，所以后来的历朝历代才能够"以是经夫妇，成孝敬，厚人伦，美教化，移风俗"，从而形成源远流长的文学"观风"传统。

（三）开创了中国文学的"美刺"传统

"观风"和"教化"传统主要是从文学的内容而言，而为了让"风"表现得更真实，为了让"教化"收到更好的功效，必须借助一个有效的表现手段，这个表现手段就是所谓的"美刺"。《史记·乐书》说："舜弹五弦之琴，歌《南风》之诗而天下治。"因此，"弹琴""歌诗"只是手段，目的是为了"天下治"；同样，"观风"和"教化"也是手段，目的也是为了"天下治"。"观风"和"教化"为"天下治"服务，"美刺"则为"观风"和"教化"服务。"美刺"作为文学表现手段，主要就是歌颂与批判，也就是通过歌颂美好事物和揭露批判丑恶事物而使"观风"和"教化"达到更好的效果，最终达到"天下治"的目的。

"观风"是为了了解天下的治与乱，"美刺"则是将天下治与乱的现状及其态度寄寓在"风"中，这一传统从虞舜开始，到《诗经》已初步形成。《魏风·葛屦》云："维是褊心，是以为刺。"《大雅·节南山》云："家父作诵，以究王讻。"此为刺。《大雅·崧高》云："吉甫作诵，穆如清风。"此为颂，即美。孔子在总结《诗经》的社会功用时，提出了"兴、观、群、怨"说，其中的"怨"，就是怨刺。《荀子·赋》中也有"天下不治，请陈诡诗"之说。这说明在先秦时代美刺传统就已基本形成。

美刺传统真正从理论上进行总结的是汉代。《毛诗序》云：

> 上以风化下，下以风刺上，主文而谲谏，言之者无罪，闻之者足以戒，故曰风。至于王道衰，礼义废，国异政，家殊俗，而变风变雅作矣。国史明乎得失之迹，伤人伦之废，哀刑政之苛，吟咏情性，以讽其上，达于事变，而怀其旧俗者也。故变风发乎情，止乎礼义。发乎情，民之性也。止乎礼义，先王之泽也。是以一国之事，系一人之本，谓之风。言天下之事，形四方之风，谓之雅。雅者，政也，言王政所由废兴也。政有大小，故有大雅焉，有小雅焉。颂者，美盛德之形容，以其成功告于神明者也。

按照《毛诗序》的说法，"风"包含两种意义：一是帝王的风化影响到下层百姓；一是下层百姓用诗歌来讽刺政治的得失，表达他们的思想感情。变风变雅之作，起于"王道衰，礼义废，国异政，家殊俗"，在政治纷乱、社会动荡时期，诗歌尤其富有深刻的讽刺意义。所以"风"的意义，应该以讽刺为主，但它是一种委婉的讽谏，以使统治者能够了解世道民情和王政得失。因此，这里所谓的"风"同"讽"，也就是"刺"。至于"颂"，或用来颂扬当代帝王的功绩，或赞美帝王祖宗的功德，并以此昭告神明。因此，"颂"是歌颂，也就是"美"。《毛诗序》作为儒家诗论的经典文献，以"美刺"论诗，揭示了诗歌的基本社会功能，从而产生了深远的影响，使这种"美刺"的表现手法，一直贯穿两千多年的传统社会。

《毛诗序》之后，郑玄进一步发展了"美刺"说，其《诗谱序》云：

> 论功颂德，所以顺其美；刺过讥失，所以匡救其恶。

需要特别指出的是，"美刺"说中的"美"，只是《毛诗序》作者对《诗经》中《颂》诗的评论，这一类诗歌以歌颂周王朝统治者的"盛德"为主。但在后来的实际创作中，以歌颂帝王之德为主要内容的作品很少，除了为统治者"润色鸿业"的汉代大赋是有较高价值的美颂文学之外,像一些宫廷御用文人为帝王歌功颂德的奉召应制之作,是没有多少价值的。在社会上发挥实际功用的文学,是以"刺",即揭露批判性的文学为主。在中国古代的文论中也特别重视"刺",重视怨刺讽谏,伤时济世。这恐怕与我国流行的艺术发生论也有关系。《礼记·乐记》云:"凡音之起,由人心生也。人心之动,物使之然也""乐者,音之所由生也,其本在人心感于物也"。"感于哀乐,缘事而发"一直是中国古代文学创作的主要精神。似乎悲天悯人伤时忧世的忧患意识是中华民族的天性,我国古代文学在关注现实、指涉人生时几乎都带有浓郁的忧患色彩,文学常常自觉地担负起讥刺时政、感慨世道的"济时"使命,以至于南宋刘克庄在《跋章仲山诗》中得出"诗非达官显人所能为"的结论。诗歌乃至整个文学就是穷而在下的文人言说政治现实、时事人生的窗口。

《诗经》的讽谏精神,再加上汉乐府直面现实的文学传统,在经过《毛诗序》作者等汉代文论家大力倡导之后,在后来的文学创作和文学理论中均得到了发扬。反映在文学理论上,要求文学讥讽时世、补阙时政、关注民生,成为一种理论的自觉。如唐代诗人陈子昂批评齐梁间的诗"彩丽竞繁而兴寄都绝"(《陈伯玉文集》卷一《与东方左史虬修竹篇序》),要求文学有"兴寄",寄寓深沉的人生感慨。李白在《古风·第一》中批评建安以后徒尚文采的创作倾向:"自从建安来,绮丽不足珍",慨叹"大雅久不作,吾衰竟谁陈",并立志要继承《诗经》和楚骚直面现实、关注社会的文学精神。陈子昂、李白革除南朝以来浮靡轻艳的文风和局促于个人狭小天地的创作风气,溯风雅讽谏精神,为文学创作指明了通向现实人生和广阔社会的正确途径。杜甫的诗歌创作和白居易等人的新乐府运动践履了这条通途。杜甫以如椽巨笔"辨人事""明是非""存褒贬",描写广阔的时代风云,反映深重的社会人生苦难,后人将他的诗歌概括为"诗史"精神。晚唐孟棨《本事诗》云:"杜逢禄山之难,流离陇蜀,毕陈于诗,推见至隐,殆无遗事,故当时号为'诗史'。"斯言一出,便得到后人的普遍认可。此后,"诗史"成为诗歌理论的一个标范,不仅用来称道杜诗,而且像陆游、文天祥、谢翱以至近代金和、郑珍等人记一代之实的诗均被誉为"诗史"。"诗史"说非常切实地揭明了文学贴近现实、关注时代政事、反映社会人生的特点。归纳起来,"诗史"说大致有两方面意义:第一,从叙述层面上肯定诗歌

"善纪时事"的史传性特点。宋祁《新唐书·杜甫本传赞》称杜诗："善陈时事，律切精深，至千言不少衰，世号诗史。"李复《与侯谟秀才书》说："杜诗谓之诗史，以班班可见当时，至于诗之序事，亦若史传矣。"朱庭珍《筱园诗话》云："少陵伤时感事诸篇，其时、事、人、地，一一切合，得失分明，怀抱亦露，故有'诗史'之目。"这些说法均认为杜诗凿凿有据地叙述一代史实，具有确切的史事依据和翔实的史料价值，甚至可以补正史之阙。第二，从诗家情愫和良史德识结合方面来肯定杜诗的艺术价值。魏庆之的《诗人玉屑·引》说："先生以诗鸣于唐，凡出处去就，动息劳佚，悲欢忧乐，忠愤感激，好贤恶恶，一见于诗，读之可以知其世。学士大夫谓之诗史。"明代屈大均《杜曲谒子美先生祠》赞叹道："一代悲歌成国史，二南风化在骚人。"从叙述记录时事这个层面来说，"诗史"指的是诗向史的靠拢；从揭露社会本质、反映时代趋势这个层面来说，"诗史"又揭明了诗对史的超越，因为杜诗不仅是一代"国史"，更重要的是继承并发扬了《诗经》中的"风化"传统，凸显了艺术真实对生活真实的超越，这也正是杜诗真正的艺术价值所在。

杜甫之后，白居易等人则更是在理论上自觉地发扬乐府诗的现实主义精神，开展了新乐府运动。白居易不仅创作了大量表达"兼济之志"的讽喻诗，还发表了一系列关于讽喻诗的言论，强调诗歌能够反映现实，达下情、致讽喻的作用：

> 文章合为时而著，歌诗合为事而作。
> 　　　　　　　　（《白居易集笺校》卷六十五《与元九书》）
> 惟歌生民病，愿得天子知。
> 　　　　　　　　（《白居易集笺校》卷六十五《寄唐生》）
> 是时兵革后，生民正憔悴。但伤民病痛，不识时忌讳。遂作《秦中吟》，一吟悲一事。
> 　　　　　　　　（《白居易集笺校》卷六十五《伤唐衢》）

中国古代文人从不轻易放弃言说政治、参与现实、反映时代的社会责任，士大夫往往在这种现实言说中实现自己的使命感，确立自己的人生价值。因此，自《诗经》、乐府之后，经唐代白居易、元稹等人大力倡扬的这种

"美刺"传统，在后代的文学史上一直经久不衰，成为紧密维系文学与现实的强有力的精神之维。

杜甫、白居易的创作和理论传统，到宋代得到了很好的继承和发扬。宋代王禹偁就以杜甫、白居易的后继者自期自许，他在《前赋春居杂兴诗二首间半岁不复省视因长男嘉祐读杜工部集见语意颇有相类者咨予且意予窃之也予喜而作诗聊以自贺》中说："本与乐天为后进，敢期子美是前身。从今莫厌闲官职，主管风骚胜要津。"立志要发扬杜甫、白居易的文学传统，在文学中关心社会现实与民生疾苦，来发挥居政为官犹不可及的重大现实意义。欧阳修领导一代文风，更倡导文学的"美刺"作用，他在《与黄校书论文书》中说："见其敝而识其所以革之者，才识兼通，然后其文博辩而深切，中于时病，而不为空言。"稍后苏洵、苏轼父子都主张文章"有为而作"，"言必中当世之过"。到了山河飘零、国运危殆的南宋末年，"美刺"传统特别是"刺"的传统更是得到了前所未有的高扬。刘克庄《有感》诗指出："忧时元是诗人职，莫怪吟中感慨多。"陆游《送范西叔赴召》慨叹："自昔文章关治道，即今台阁要名流。"杨万里甚至说："诗也者，矫天下之具也。"（《诚斋集》卷八十四《诗论》）在民生多艰、国运多舛的危急时刻，文人手中能用的武器只有诗文，因而用文学来匡时济世便成为中国文人的一种普遍心态。

到了明清之际，一方面，美刺传统仍在发扬，黄宗羲在《谢翱年谱游录注序》中说："夫文章，天地之元气也。元气之在平时，昆仑磅礴，和声顺气，发自廊庙，而郁浃于幽遐，无所见奇。逮夫厄运危时，天地闭塞，元气鼓荡而出，拥涌郁遏，忿愤激讦，而后至文生焉。故文章之盛，莫盛于亡宋之日，而皋羽其尤也。"这是分析"至文"产生的原因，也是在分析"美"与"刺"的传统之所以在不同时代有所偏重的原因，生活于"亡明之日"的黄宗羲，他所看重的仍然是"刺"的传统。另一方面，随着市民阶层的壮大，个性解放思潮的兴起，明代文人开始反思文学依附于政治的"美刺"传统，如李贽倡扬"童心说"，呼唤生命意识的觉醒，强调自我，强调个性，在晚明文学界产生了重大的影响。其后的公安、竟陵派，追随李贽的个性解放思想，形成一场关注主体生命、关注人性张扬的文学运动，文学从圣坛走向市井，从自诩神圣走向真实世俗。当然，晚明的个性解放思潮因清王朝入主中原而中断，仅仅是昙花一现，随即便淹没在古典的政治理性思潮中。但这种指向个体真实自我，指向真切丰富人性生活的文学思想,却是一道新异亮丽的光彩,它的"叛逆性"对五四时期的新文学有着重要的影响。

需要说明的是,《南风》之诗和舜歌《南风》之事虽然并没有直接开创出"美刺"传统,但它却为后世的文人和文学树立了一个标尺,后世文人无论是从事文学创作、文学批评或是文学理论研究,似乎都忘不了一个共同的宗旨,那就是杜甫所说的"致君尧舜上,再使风俗淳"——"路不拾遗,夜不闭户"的尧舜时代,既是中国文人梦寐以求理想社会,也是用来衡量现实社会的标尺,合则"美"不合则"刺"。因此,舜文化对中国文学美刺传统的形成和流传,与其说是影响作用不如说是决定作用,因为就像今天的文学批评必须确定一定的标准一样,没有一定的标准文学批评便无从谈起;同样,没有舜文化这一杆标尺,"美"与"刺"便失去了依据标准。

三、"乐教"流长

提起"乐教",不能不关注《韶乐》。《韶乐》起源于4000多年前,为上古舜帝之乐,是一种融诗、乐、舞为一体的综合古典艺术。《竹书纪年》载:"有虞氏舜作《大韶》之乐。"《吕氏春秋·古乐篇》载:"帝舜乃命质修《九韶》《六列》《六英》以明帝德。"《史记·乐书》引丞相公孙弘曰:"《韶》,继也";《集解》引郑玄曰:"舜乐名,言能继尧之德。"《白虎通·礼乐》亦曰:"舜曰《箫韶》者,能继尧之道也。"由此可知,舜帝作《韶乐》是为了歌颂、宣传尧帝之"光明俊德"。但大禹之后,《韶乐》却用来歌颂舜帝之德,《史记·五帝本纪》云:"四海之内咸戴帝舜之功。于是禹乃兴《九招》之乐,致异物,凤凰来翔。天下明德皆自虞帝始。""禹乃兴《九招》",是说禹大力推广《韶乐》,使《韶乐》兴盛于世,不仅招致了预示太平盛世的"凤凰来翔",还使得由舜帝所倡导和身体力行的道德原则从此得以确立。因此,《韶乐》绝不仅仅是一种音乐,也不仅仅是一种综合艺术,它是与舜帝的道德原则和"德治"理念紧密地结合在一起的。

关于《韶乐》的用途,韩玉德归纳为七个方面:一是用于歌颂舜帝之功德；二是用于祀四望；三是用于夏后启升位或巡狩；四是用于周王受命；五是用于祀鲁国始祖周公旦；六是用于诸侯聘问；七是秦汉以降为皇帝专用的庙乐。①显而易见，《韶乐》所使用的领域，全都属于"国之大事"。

当然，《韶乐》所使用的范围，决不仅限于以上七个方面，还有更加重要、也更加普及的一个方面，这就是所谓的"乐教"。关于"乐教"的重要性，刘师培曾经指出："古代教民，口耳相传，故重声教。而以声感人，莫善于乐""六艺之中，乐为最崇，固以乐教为教民之本哉"②。不仅如此，舜帝之所以重视"乐教"，还与有虞氏的世职相关。《国语·郑语》云："虞幕能听协风，以成乐生物者也。"虞幕是舜帝的祖先，作为乐官，其职守既要精通音乐，又要能听出和风的到来，以助生万物，这与当时的农业生产联系了起来。而协风的到来，正是一年春耕生产的开始，也是一年收成的希望所在，可见乐官的职守正是与"万物萌生"相联系的。《礼记·乐记》云："地气上齐，天气下降，阴阳相摩，天地相荡，鼓之以雷霆，奋之以风雨，动之以四时，暖之以日月，而百化兴焉。如此，则乐者，天地之和也。"百物化兴（生）的起始是因为"地气"与"天气"的阴阳交合，"气动为风"，风动为天籁之音，它可以通过人工的乐音分辨出细微的差别，乐官听"协风"也就是要听出这种细微的差别，以便在"万物萌生"时不误农事，这似乎意味着，音乐天然地就联系着物质和精神两大领域，是人与自然最好的调和剂。

"乐"不仅与万物萌生有关，还与人事政治相关。《国语·周语下》："夫政象乐，乐从和，和从平。声以和乐，律以平声。金石以动之，丝竹以行之，诗以道之，歌以咏之，匏以宣之，瓦以赞之，革木以节之，物得其常曰乐极，极之所集曰声，声应相保曰和，细大不逾曰平。如是，而铸之金，磨之石，系之丝木，越之匏竹，节之鼓而行之，以遂八风。于是乎气无滞阴，亦无散阳，阴阳序次，风雨时至，嘉生繁祉，人民和利，物备而乐成，上下不罢，故曰乐正。"《白虎通·社稷》："故乐者，所以崇和顺，比物饰节，节奏合以成文，所以合和父子、君臣，附亲万民也，是先王立乐之意也。"古人还认为，音乐是政治道德的一个标志，并且是最为真实、客观的一种标志。《礼记·乐

---

① 韩玉德.《韶》乐考论[J].学术月刊,1997(3).
② 刘师培.古政原始论[M].北京:中共中央党校出版社,1997:31.

记》："乐者，德之华也。金石丝竹，乐之器也。诗，言其志也；歌，咏其声也；舞，动其容也。三者本于心，然后乐器从之。是故情深而文明，气盛而化神，和顺积中而英华发外，唯乐不可以为伪。""乐者，德之华"，这实际上已内在地规定了从"以德治国"到"和谐社会"的必然逻辑。

音乐与自然之风相联系并进而与万物生长相联系，而音乐与人的喜怒哀乐之情也是相联系的。《礼记·乐记》："其爱心感者，其声和以柔"，孔颖达疏："和，调也。"虞幕听协风，与人的情感是如何"调和"起来的呢？《国语·周语上》："先时五日，瞽告有协风至，王即斋宫，百官御事，各即其斋三日……""瞽"为乐官的职衔名，舜帝的父亲名"瞽瞍"，也是一个乐官。在瞽告知协风到来之前五日，王与百官就要进行斋戒并举行隆重的礼仪；在仪式进行当中，伴有相应的音乐，庄严肃穆的仪式相伴优美动听的音乐，有利于驱除人们心头的杂念，形成统一的思想感情，进而形成和谐有序的局面。因此，如果说舜帝的祖先从虞幕到瞽瞍所重视的是音乐与"协风"亦即与农业生产的关系，到了舜帝这里所重视的则是"乐教"与人格培养、与和谐的政治局面的关系。《吕氏春秋·察传》："夔于是正六律，和五声，以通八风，而天下大服。"这里的"八风"显然不是指自然之中的协风，而是指四面八方的民风民情；夔通过音乐教化来宣扬舜帝的德行和德治理念，于是使"天下大服"，实现了和谐如一的天下大同。

作为乐教的具体内容，当然不仅仅是《韶乐》，《六列》《六英》等其他曲目也应该是乐教的内容。但《韶乐》在乐教中一定起着决定性的作用，这首先是因为《韶乐》具有崇高的地位。《隋书·音乐志》载：周代的宫廷中有专门的音乐机构——大司乐，乐师达1400多人，所演奏的为"六朝大乐"——黄帝之《大卷》、尧帝之《大咸》、舜帝之《大韶》、禹帝之《大夏》、商代之《大濩》、周代之《大武》。秦汉之后，其他"五朝大乐"均未见流传，唯有《大韶》经秦、汉到曹魏，一直被当作国家大典用乐。因此，韶乐是中国宫廷音乐中等级最高、运用最久的雅乐，由它所产生的思想道德典范和文化艺术形式，一直影响着中国的古代文明，韶乐因而被誉为"中华第一乐章"。其次，韶乐达到了尽善尽美的艺术高度。《论语·述而》载："子在齐闻《韶》，三月不知肉味。"孔子还由衷地赞叹："《韶》尽美矣，又尽善也。"正如刘师培所说的"以声感人，莫善于乐"，再加上《韶乐》的崇高地位和尽善尽美的艺术高度，"其感人也深，其移风易俗也速"，其对人的感化教育更可收到事半功倍的效果，所以才会有"天下大服"的和谐局面。

　　舜帝南巡是为了"德服三苗"，他随身带着典乐之官夔，一路南巡一路演奏韶乐，正是为配合德化南国服务的。清同治《湘乡县志》载：舜帝南巡到湖南湘乡一带，突然被手执武器的苗民包围，危急之下，虞舜命人奏起韶乐，优美的乐曲使得苗民自动地放下武器而跳起舞来，一场战争于是被化解。《吕氏春秋·尚德》载："三苗不服，禹请攻之。舜曰：'以德可也。'行德三年，而三苗服。"结合历史文献和民间传说以及南方的韶山、韶州、韶关等地名来看，《韶乐》在舜帝"乐教"过程中所发挥的作用，的确是不容忽视的。

　　"乐教"之所以能使"天下大服"，最为重要的原因就在于它能够培养"中和之美"的人格。《尚书·舜典》所说的"直而温，宽而栗，刚而无虐，简而无傲"，就是这种"中和"人格。

　　首先是气质的和谐。宋人陈经《尚书详解》云："将教人以中和之德而必导人以中和之乐。人之气质有刚柔缓急之不同，舜命夔教胄子，使导达其气质一归于中和。直宽刚简，四者气质之自然，直而教之温，则不失之直情径行好评以为直，宽而教之栗，则不失之纵放，刚而教之无虐，则不至于暴，简而教之无傲，则不至于忽，此德之中和也。"在日常生活中可以看到，有的人总是活泼好动，反应灵活；有的人总是安静稳重，反应迟缓；有的人不论做什么事总显得急躁；有的人总是那么细腻深刻。这些特点，与气质相关，具有先天性。而人格的培养就是要去除那些先天的不足，辅之以后天的良好修养；这种修养，不是统一的标准，而是在各不相同的原有气质之上施以不同的教育，最后才形成"和而不同"的中和人格。

　　其次是情感的和谐，也就是孔子所说的"哀而不淫，乐而不伤"。《中庸》："喜、怒、哀、乐之未发，谓之中。发而皆中节，谓之和。"何谓"中节"？它是获得"和"或是引向"和"的一种状态，也可以理解为实现善与价值的一种关系。因此，"中节"也可以理解为"中和"，它要求人们在表达其自身的情感和思想时，应该保持其"适宜"的度，既不能"过"也不能"不及"。按照《中庸》的观点，人的内在本性源于自身内在生命力的原始本原，即天。所以，和谐情感相对于和谐行为而言是基础，是最初的和谐。"中"在这里也可以理解为人的内心之"中"，它提醒人们要认识深埋在人性中的那些本原性的东西，用弗洛伊德的理论来解释或可称之为"潜意识"，因为它们能产生情感和思想。这也就意味着，同人格的内涵一样，情感也有先天与后天之别。人首先是自然人，然后才是社会化的人。人由自然人向社会化的人的过渡，就要学习社会的道德规范。道德最初或多或少是外在于个人的，是社会强加给个人或作为风俗习惯灌输给个人的。道德的这种社会制约力要想有效地发挥作用，就必须内化为个人的要求，个人把道德当作一种生活需要，一种自己的东西，形成一种道德自觉。有了这种自觉，原来存在于内心深处的先天性情感一旦抒发出来，就可以被后天修养得来的道德自然而然地过滤，这也就是"中节"。因此，"中节"之后的中和之美，在情感表现上既是"适宜"的，也是包含道德力量的。

其三是心态的和谐，也就是《中庸》所说的"素其位，尽其性"。《中庸》："唯天下至诚，为能尽其性。能尽其性，则能尽人之性；能尽人之性，则能尽物之性；能尽物之性，则可以赞天地之化育；可以赞天地之化育，则可以与天地参矣。"所谓"尽其性"，就是充分地显现自然本性，人与物都有这种自然本性，而且是相通的，因而人只要能"尽其性"，就可以与"天地参"。人如何才能做到"尽其性"？其前提是树立"素位而行"的生活态度："君子素其位而行，不愿乎其外。素富贵，行乎富贵；素贫贱，行乎贫贱；素夷狄，行乎夷狄；素患难，行乎患难。……上不怨天，下不尤人。"（《中庸》）"素"是指平易、平常，"素位而行"也就是用平易、平常之心来对待自己所处的地位，从实际出发，做自己本来该做的事情。富贵者应该以富济贫，贫贱者应该安贫乐道……在上位的人不能欺凌于下，在下位的人也不必攀缘于上，各人都要严正地要求自己而不必求于他人，做到不怨天不尤人，这就是真实自然的人生。有人说，做人的态度应该做到得之坦然，失之泰然，争之必然，一切归之于自然而然。面对人生中的一切，均可做到自然而然，其心境也就平和了，精神也就自由了，也就达到了孔子所说的"从心所欲而不逾矩"的境界。

孔子认为人格培养有一个过程："兴于诗，立于礼，成于乐。"即人格培养的最终完成是在于"乐"。"乐"在文化价值上主要是取其"和"。"和"是一种美，是一种最高的人生境界，更是一种"大德"。汉代陆贾的《新语·无为篇》说："君子尚宽舒以苞身，行中和以统远。民畏其威而从其化，怀其德而归其境……渐渍于道德，被服于中和之所致也。"这是就个人的感召力而言，"中和"的道德力量显然是至高无上的；而就整个社会的作用而言，其作用则更大："致中和，天地位焉，万物育焉。"可见，

"和"是至大至高的"德",亦是最完美的人格,而这种完美人格又是通过"乐教"来培养的。由此可见,"乐教"在人格培养中发挥着决定性的作用。正因为有了人格的和谐,所以才有社会的和谐、天下的和谐。

"乐教"用今天的术语来说就是"美育",以"乐教"作为人格培养的手段,也正是今天的审美教育所应该继承的传统。马克思在《1844年经济学哲学手稿》中曾指出"人的类特性恰恰就是自由的自觉的活动",而这种"自由自觉"的体现是"人也按照美的规律来建造",这也就是人与动物的根本区别。从根本上讲,人的生存是一种审美生存,"人的自由全面发展"也就是在审美状态下全面发展。现代意义上的审美教育,就是充分运用审美的巨大感染力来陶冶人的心灵,启迪人的智慧,愉悦人的身心,塑造完美的人格,从而促进人的全面发展。因此,"人也按照美的规律来建造",既是指"按照美的规律来建造"世界,也是指"按照美的规律来建造"人自身。这可以理解为广义的美育。

"美育"这一概念的明确提出与自觉的理论探讨肇始于现代西方,是针对人性的"异化"而提出的。从广义上说,异化从属于变化,是事物变化临界质变的一种特殊形式,如自然的人化和人的物化就是当今世界两种最基本的异化形式。通常意义上所讲的异化,指的是限制和扼杀人的某些本性,使人变得不完整;同时又适应物的要求和需要,突出和放大人的某些本性,充分释放其功能,发挥其作用,使之占据主导地位,从而使人逐步丧失其精神独立自主性的一种作用和过程。应该说,这里的解释是具有鲜明的时代特征的,它适用于现代社会的大机器生产状况,当人被庞大的机器所征服而成为机器的附庸时,人的精神独立自主性自然也就丧失了。大机器生产正是人的理性的产物,当人类力图用理性来征服自然时,便找到了一个最好的物质中介——大机器。然而,大机器征服自然的力量越显强大,人类自身的力量就越见渺小,人依附于机器的程度也就越加严重——这可以说是人类的理性被放大膨胀之后所产生的严重后果。如果说现代社会的机械化使人变成了机器人,人退化为机器的一部分;后现代社会的信息化则使人变成了信息人,人像电脑一样,只成为信息的载体。原以为信息化时代的全自动化生产可以除机械化生产之弊,将人们从附属于机器的屈辱地位中解放出来,化被动为主动,找回人的主体性,没承想信息的泛滥又给人类带来了更为严重的危害。在信息爆炸的时代,霸权的传媒将海量的信息抛给受众，虽说也给人们提供了更多的知识和更多的娱乐，但同时也让人们更加浮躁、更加游移不定。因为信息量太多，人们根本无法全面解读；信息变化也太快，面对花样翻新潮水般汹涌而至的信息，人们不仅无暇思考，甚至来不及做出选择便被信息大潮裹挟而去。这样一来，就养成了人们的思维惰性，既然无暇思考，于是就根本不思考；既然来不及选择，于是就干脆不选择。因此，人们在成为机器附庸的同时，又成为信息的奴隶，人性的异化更为严重。

中国正在快速地追赶西方发达国家，经济迅猛发展，东方巨人开始了举世瞩目的经济腾飞，这对于综合国力的提高、人民生活的大大改善具有重大的作用。但另一方面，物质生产与精神生产之间也出现了很大反差，物质生产飞速发展而精神生活的相对贫困，在一定程度上造成了人们的心理异化与扭曲。拜金主义的泛滥，某些人不择手段地捞钱、捞物、捞官，拼命追求物质享受与感官刺激；电影、电视等大众文化传媒也越来越趋于感官化、快餐化、消费化。这种带有某些"后工业文明"特点的消费、享乐正在日益严重地销蚀着中国人的精神与理性，人性异化的严重性甚或超过了西方发达国家。

达尔文针对西方及自己的教训曾得出一个结论：要想使自己的智力和道德心得到健康的发展和保持，必须从儿童时代起就重视美育的训练。美育并不是专指某种艺术技巧的教育，归根结底是培养人的一种有机的、整体的反应方式的教育。在审美活动中，主体之所以感到审美愉快，是因为把握到了一种具有节奏性、平衡性和有机统一性的完整形式，这种形式积淀了人的情感和理想，具有特定的社会内容，所以会同时作用于人的感知、想象、情感、理性等诸种心理能力，使它们处于一种极其自由、和谐的状态。在这种自由的氛围中，各种能力就像是做了一场富有意义的演习。它们既能共存，又能相互配合；每一种能力都得到了最大限度的发挥，但又兼顾到整体，以不损害整体的有机统一为限。这样一种整体反应方式的训练正是造就一个完美人格的基础训练。而乐教"将教人以中和之德而必导人以中和之乐"，正是在这种"中和"的过程中，人性可以得到完整的修复，从而为人的全面发展提供条件。这正是《韶乐》和乐教的现实意义。

第五章 百世文宗

柳宗元与愚溪结下了不解之缘。愚溪是一条让文人梦里寻思、醉里慨叹的生命之溪，是一条被历代永州百姓视若圣水的文化之溪。"山不在高，有仙则名；水不在深，有龙则灵。"刘禹锡与柳宗元是最好的朋友，用刘禹锡这句哲理名言来形容愚溪，的确是再恰当不过。愚溪原本是条名不见经传的小溪，因为有了一代文宗柳宗元的吟咏与描摹，于是，愚溪便不再是一条简单意义上的自然小溪，而是日渐演变成一条蕴含深厚历史文化的人文之溪，其汩汩而流的就如那泉涌而出的文思，在潇湘大地上静静地流淌……

一、"愚溪"文论

(一) 愚溪之名的由来

愚溪的最早得名,应该源于唐元和五年(810)柳宗元迁居河西之后,这在柳宗元《愚溪诗序》中说得很清楚:

愚溪诗序 ①

灌水②之阳,有溪焉,东流入于潇水。或曰:冉氏尝居也,故姓是溪为"冉溪"。或曰:可以染也,名之以其能,故谓之"染溪"。予以愚触罪,谪潇水上。爱是溪,入二三里,得其尤绝者家焉。古有愚公谷③,今予家是溪,而名莫能定,土之居者,犹龂龂然④,不可以不更也,故更之为"愚溪"。

愚溪之上,买小丘为"愚丘"。自愚丘东北行六十步,得泉焉,

---

① 愚溪:永州西南近郊的一条小溪。柳宗元曾作有《八愚诗》,本文是《八愚诗》的序,当作于元和五年(810),诗已亡佚。
② 灌水:潇水的支流。
③ 愚公谷:在现在山东淄博北面。
④ 龂(yín)然:争辩的样子。

又买居之为"愚泉"。愚泉凡六穴，皆出山下平地，盖上出也，合流屈曲而南，为"愚沟"。遂负土累石，塞其隘为"愚池"。愚池之东为"愚堂"，其南为"愚亭"。池之中为"愚岛"。嘉木异石错置①，皆山水之奇者，以予故，咸以愚辱焉。

夫水，智者乐也②。今是溪独见辱于愚，何哉？盖其流甚下，不可以溉灌。又峻急多坻石，大舟不可入也。幽邃浅狭，蛟龙不屑，不能兴云雨。无以利世，而适类于予，然则虽辱而愚之可也。宁武子"邦无道则愚"③，智而为愚者也；颜子"终日不违如愚"④，睿而为愚者也。皆不得为真愚。今予遭有道而违于理，悖于事，故凡为愚者，莫我若也夫。然则天下莫能争是溪，予得专而名焉。

溪虽莫利于世，而善鉴万类⑤，清莹秀澈，锵鸣金石⑥，能使愚者喜笑眷慕，乐而不能去也。予虽不合于俗，亦颇以文墨自慰，漱涤万物，牢笼⑦百态，而无所避之。以愚辞歌愚溪，则茫然而不违，昏然而同归。超鸿蒙⑧，混希夷⑨，寂寥而莫我知也。于是作《八愚诗》，纪于溪石上。

很显然，柳宗元在自己的所居之地，不仅伴有愚溪，更有愚丘、愚泉、愚沟、愚池、愚堂、愚亭、愚岛相环绕，这就是千古"八愚"。

---

① 错置：交错布置，以求变化。
② 夫水，智者乐也：语出《论语·雍也》："知（智）者乐水，仁者乐山。"乐，爱好、喜爱。
③ 宁武子"邦无道则愚"：语出《论语·公冶长》："宁武子邦有道则知，邦无道则愚。其知可及也，其愚不可及也。"宁武子，名俞，谥武，春秋时卫国大夫。
④ 颜子"终日不违如愚"：语出《论语·为政》："吾与回言，终日不违如愚。退而省其私，亦足以发。回也不愚。"颜子，指颜回。违，指提出不同意见。
⑤ 善鉴万类：善于照彻万物。鉴，照。万类，万物。
⑥ 锵鸣金石：这里是说水流发出金石般悦耳的声音。
⑦ 牢笼：包罗。
⑧ 超鸿蒙：超越天地尘世。鸿蒙，指宇宙形成以前的混沌状态。
⑨ 混希夷：指与自然混同，物我不分。希夷，虚寂玄妙的境界。语出《老子》："视之不见名曰夷，听之不闻名曰希，搏之不得名曰微。此三者，不可致诘，故混而为一。"这是道家所指的一种形神俱忘、空虚无我的境界。

无论冉溪或染溪,皆为中性词,不含贬义。愚溪之"愚",则明显地带有贬义。也许是当地人对柳宗元以"愚"名溪表示了不满,柳宗元便又写了一篇《愚溪对》,给予更深入的说明:

愚溪对

柳子名"愚溪"而居。五日,溪之神夜见梦曰:"子何辱予,使予为愚耶?有其实者,名固从之,今予固若是耶?予闻闽有水,生毒雾厉气,中之者,温屯呕泄;藏石走濑①,连舻述解②;有鱼焉,锯齿锋尾而兽蹄,是食人,必断而跃之,乃仰噬焉。故其名曰'恶溪'。而海有水,散涣而无力,不能负芥,投之则萎靡垫没,及底而后止,故其名曰'弱水'。秦有水,掎汨泥淖,挠混沙砾,视之分寸,眙若睨壁③,浅深险易,昧昧不觌,乃合清渭,以自彰秽迹,故其名曰'浊泾'。雍之西有水,幽险若漆,不知其所出,故其名曰'黑水'。夫恶、弱,六极也;浊、黑,贱名也。彼得之而不辞,穷万世而不变者,有其实也。今予甚清与美,为子所喜,而又功可以及圃畦,力可以载万舟,朝夕者济焉。子幸择而居予,而辱以无实之名以为'愚',卒不见德而肆其诬,岂终不可革耶?"

柳子对曰:"汝诚无其实,然以吾之愚而独好汝,汝恶得避是名耶!且汝不见'贪泉'乎?有饮而南者,见交趾宝货之多,光溢于目,思以两手左右攫而怀之,岂泉之实耶?过而往贪焉犹以为名,今汝独招愚者居焉,久留而不去,虽欲革其名不可得矣。夫明王之时,知者用,愚者伏。用者宜迹,伏者宜远。今汝之托也,远王都三千余里,仄僻回隐,蒸郁之与曹,螺蜂之与居,唯触罪摈辱、愚陋、黜伏者,日侵侵以游汝,闯闯以守汝。欲为智乎?胡不呼今之聪明皎厉握天子有司之柄以生于天下者,使一经于汝,而唯

---

① 濑:从沙石上流过的急水。
② 连舻述解:《柳宗元集》里作"连舻縻解"。舻,指船前头的刺棹处。连舻,言船之多。
③ 眙(chì):直视,瞪。睨:斜着眼睛看。

我独处？汝既不能得彼而见获于我，是则汝之实也。当汝为愚而犹以为诬，宁有说耶？"

曰："是则然矣。敢问子之愚何如而可以及我？"柳子曰："汝欲穷我之愚说耶？虽极汝之所往，不足以申吾喙；涸汝之所流，不足以濡吾翰。姑示子其略：吾茫洋乎无知，冰雪之交，众裘我绤；溽暑之铄①，众从之风，而我从之火。吾荡而趋，不知太行之异乎九衢，以败吾车；吾放而游，不知吕梁之异乎安流，以没吾舟。吾足蹈坎井，头抵木石，冲冒榛棘，僵仆虺蜴②，而不知怵惕。何丧何得，进不为盈，退不为抑，荒凉昏默，卒不自克。此其大凡者也。愿以是污汝可乎？"

是于溪神深思而叹曰："嘻，有余矣！是及我也。"因俯而羞，仰而吁，涕泣交流，举手而辞。一晦一明，觉而莫知所之。遂书其对。

很显然，柳宗元在《愚溪对》中所要进一步申述的，就是自己"愚钝"行为的"大凡"："吾茫洋乎无知，冰雪之交，众裘我绤；溽暑之铄，众从之风，而我从之火。吾荡而趋，不知太行之异乎九衢，以败吾车；吾放而游，不知吕梁之异乎安流，以没吾舟。吾足蹈坎井，头抵木石，冲冒榛棘，僵仆虺蜴，而不知怵惕。何丧何得，进不为盈，退不为抑，荒凉昏默，卒不自克。"不难看出，柳宗元举了很多例子来说明自己的"愚"，而这些例子都是虚构的，并非真正的事实。既然事实是虚构的，那么，由这些事例所体现出来的"愚"，当然也就不是真正的愚；柳宗元借此所要表达的无非就是自己的与众不同，或者说，柳宗元是借"愚"来表达自己与众不同的思想和行为。

与《愚溪对》相得益彰的，柳宗元还有一篇《乞巧文》。"乞巧"，本是一种民间风俗。在民间传说中，织女是十分聪明的仙女。每年七月初七，她与牛郎在河汉鹊桥相会，地上的凡女们便趁此机会献出瓜果糕点，乞求织女赐给自己一双灵巧的手。

柳宗元的《乞巧文》，先是描写了七夕乞巧的生动场景：香气扑鼻的糕

---

① 溽暑：指盛夏气候潮湿闷热。
② 虺(huǐ)：古书上说的一种毒蛇。蜴(yì)：蜥蜴。

饼，交错陈列的瓜果，虔诚叩拜的女人……似乎是受到感染，柳宗元也弯腰行礼，竟要学女人"乞巧"，他向织女诉说，自己处处不如"巧夫"：不会应酬献媚，不会厚颜无耻，不会做骈四丽六的美文……他希望织女能使自己开窍：学会献媚，学会圆滑。然而，织女却不让他开窍，说，这一切你宁可受辱也不屑去做，那么，就应该坚定信心，照原来的做下去。听了织女的点拨，柳宗元便决心"抱拙终身"。"乞巧"不仅未乞得"巧"，未觅得"智"，反而更抱定了"拙"，守定了"愚"，这异乎寻常的结局，倒绝妙地揭示了柳宗元一生的素常志向：他既是一个执着理想，不避艰危的求索者，也是一个性不谐俗、特立独行而又注重"益世利民"的实践者。

（二）"愚"论之文学思想

作为一个优秀的作家，柳宗元对文学创作有着很深的直接体验，他从自己的创作实践中总结出来的创作理论，就更有科学性和实用性。在创作论系统中，他提出了立诚、博采、讽喻三条原则。

他首先强调的是作家的品德修养："文以行为本，在先诚其中。"（《报袁君秀才避师名书》）

在柳宗元看来，"文"与"行"是紧紧地联系在一起的。所谓"行"，就是品行、品德。柳宗元和韩愈共同发起的唐代古文运动，因为强调益世利民，所以对作家的品德修养要求甚高，无论柳宗元或韩愈，均是如此。他们认为：作家的品德修养是根本的东西，文章是作家品德的反映；品德的高低好坏，决定文章的高低好坏；而文章的高低好坏，又决定着社会效果的高低好坏。因此，要救世风必须先正文风，要正文风又必须先立人品。这也就是柳宗元之所以强调"文以行为本，在先诚其中"的原因，这里的"诚"，主要是要求作家在进行创作时必须抱定诚实的态度、表达真实的感情；同时，在内容的反映上，也应该是真实的。柳宗元强调"诚"，这也是批判骈文的有力武器。在此之前，还没有谁把作家的人品提到这样的高度，特别是骈文作家，更不注意品德的修养。这大致是肇始于梁代的简文帝萧纲，他公然提出"立身先须谨慎，文章且须放荡"（《戒当阳公大心书》），把人品和文品完全割裂开来，否定了人品在创作中的作用。萧纲既提倡放荡之说，又大量创作放荡之文，再加上他的地位之尊，影响力尤著，因而助长了齐梁文坛的淫风。到了中唐,这股文风仍然猖獗,柳宗元的人品要求,其现实意义在于:既救文风于根本,也挽世风于久颓,真可谓一剂益世利民的良药。

  当然,品德修养还不是立诚的全部内容,在创作过程中,柳宗元还提出了"凡为文,以神志为主"(《与杨京兆凭书》)的要求。"神志",就是精神状态,也可以说是创作态度,柳宗元在《答韦中立论师道书》中曾提到自己写文章时,不敢存有轻率之心、怠惰之意、昏瞆之念、骄矜之气,因为怕写出来的文章浮滑而不稳当、松散而不严谨、晦涩而庞杂、傲慢而无礼。一个享有盛名的作家,创作态度仍如此端正严肃,这也可以证明柳宗元自己的"诚":他是说到做到,决不妄言的。

  其次是题材选择要"漱涤万物,牢笼百态"。

  作家加强了品德修养,再加上健康的精神状态,端正的创作态度,其心境就可以做到"清莹秀澈""善鉴万类",带着这种心境进入创作过程,就可以广纳素材,做到"漱涤万物,牢笼百态"。

  柳宗元在《愚溪诗序》中说自己"虽不合于俗,亦颇以文墨自慰,漱涤万物,牢笼百态,而无所避之"。这里所谈的首先是积累素材和选择题材方面的经验,积累要尽量的广,对自然"万物",人间"百态",均应"无可避之"地包容接纳,因为这关涉到创作基础是否丰厚的问题,有了素材,还必须"漱涤",才能"牢笼"。"漱涤"是去芜存菁,"牢笼"是兼收并蓄,这两者是相互联系的整体,即先去芜存菁,然后才兼收并蓄:前者是素材转化为题材,进入创作领域的桥梁,后者是保证题材、风格多样性的基础。因此,两者都不能忽视。此外,对自然"万物"和人间"百态"的采录,这又牵涉到一个创作源泉的问题,即他自己的创作是从现实生活中去找材料的,而不是靠前人的作品去"点铁成金"。他能成为文学大家,与他广纳天下之"材"而为我所用是分不开的。他的文章,大至日月星辰,小至草木虫鱼;上至朝政纷争,下至民间琐事;远至古代圣贤,近至当今豪俊——事无巨细,物无大小,皆可汇集笔端,可以说,在反映生活面的广且细方面,无论柳宗元之前或之后,均无人能过其右。

  其三是写作技巧方面要博采众长,"旁推交通"。

  当然,柳宗元对前人的作品也是很重视的,这主要是从借鉴写作技巧方面去考虑的。写作技巧自然是愈丰富愈好,因此,柳宗元提倡"博采",

以便"旁推交通而以为之文"。

在博采众长的问题上,柳宗元在《答韦中立论师道书》中曾提出"本"与"参"的经验。"本"就是从内容上借鉴前人经验,他认为应该"本之"的有《尚书》《诗经》《春秋》《易经》等;"参",就是从形式上借鉴前人的经验,他认为应该"参"之的有《穀梁传》《孟子》《荀子》《庄子》《老子》《国语》《离骚》《史记》等。而就具体的技巧而言,则应该各取所长:取《尚书》之叙事的质直,《诗经》之感情的恒久,《礼记》之行事的适宜,《春秋》之论断的简明,《易经》之变化流动,这样写出来的文章,才会合于道,然后,再从《穀梁传》中学习磨砺文章的气势,从《孟子》《荀子》中学习文章的畅达而有条理,从《庄子》《老子》中学习文思的恣肆无涯,从《国语》中学习表达的别有奇趣,从《离骚》中学习行文之幽深微妙,从《史记》中学习文字的高峻雅洁。最后再"旁推交通"即融会贯通,消化吸收而变为自己的东西,就能自铸伟辞、自成一家。柳宗元的这些经验,可谓全面、具体又实用。

最后是关于文学与学术的差别在于"导扬讽喻"。

从以上的分析中可以看出,柳宗元的创作论,虽已接触到文学创作的实质,但还不是仅就文学而言的,而是论文章——包括学术著作和文学作品。那么,学术著作与文学作品有什么不同呢?柳宗元认为文学的不同处就在于"导扬讽喻"。

在《杨评事文集后序》中他曾说:"文有二道:辞令褒贬,本乎著述者也;导扬讽喻,本乎比兴者也。"即文章的作用有两种:一是"辞令褒贬",作者直接做出是与非的评判,明确表示肯定否定的态度;一是"导扬讽喻",作者借用比兴的手法,以艺术形象为中介,从而间接地诱导和激发人们的思想感情。他还认为这两类作品均有不同的渊源和要求:"著述"源出于《尚书》《周易》《春秋》等,以论述政治、哲学、历史为本,要求结构完整、内容充实、语言准确、说理周备,才便于作为文献保存。"比兴"源于上古的歌谣、殷周的风雅,以比喻寄托、联想为本,要求文采绚丽、音节动听、语言流畅、意境优美,才便于流传唱诵。这些论述,可以说已从根本上揭示了学术著作与文学创作的区别,接触到文学创作中的形象思维问题。因为"比兴"就是要借具体的"物象"来表达抽象的情志,其实质也就是形象思维。柳宗元很善于运用文学的特点来抒发自己的情志,他寄浓情于山水,寓至理于万物,创作了大量的文艺散文,如寓言、游记、杂文等体裁，均在他的手中臻于成熟，从而开辟了中国散文发展的新阶段，树起了中国散文史上的一座高峰，而且是至今仍然无人超越的高峰。这既是他创作上的丰收，也是他理论上的丰收。

（三）"愚"论之民本思想

柳宗元的散文创作成就，是至今无人能够超越的高峰；柳宗元的民本思想，则是几千年传统社会中无人能够超越的高峰。

中国儒学的发展，到了柳宗元这里有一个明显的变化，那就是重视孟子而轻视周公。在唐代，周公和孔子并列为圣人，当时的通常说法是"尧舜周孔之道"。但柳宗元却把周公去掉转而推崇孟子，变为"尧舜孔孟之道"。柳宗元贬黜周公，是因为周公所制的周礼在唐代已经失去其现实意义，故而没有再尊崇周公的必要。但柳宗元却十分推崇孟子，他曾对青年人说，求道的要紧处是"先读六经，次《论语》，孟轲书皆经言"（《报袁君秀才避师名书》）。他把《孟子》与《论语》并列，且认为都是"经言"，足见他对孟子的重视程度。本来，孔子之后，儒学一分为八，孟子不过八家之一；再以后，差不多与荀子齐名，但从未有过与孔子并列的殊荣。柳宗元之所以要提高孟子的地位，是因为特别推崇孟子的"民本"思想，他要用此来针砭时弊。在儒学的发展过程中，孟子的地位不断上升，直至被尊崇为"亚圣"，这既有柳宗元所领导的古文运动的功劳，也是儒学内容更新的重要标志；而这种更新，主要就是民本思想内容的更新。

柳宗元推崇孟子，他的民本思想既继承了孟子，又发展了孟子。

一是继承了孟子关于"民心"决定天下得失的观点，提出了"受命于生人之意"说。孟子的"民心"决定论本已打破夏商以来的"上天"决定论，但到了汉代的董仲舒，又倡言符命论，用自然现象中一些奇异的所谓"祥瑞之兆"来证明"君权神授"的真实性。这种"祥瑞之兆"往往是不难找到的，实在找不到也可以假造，使得不明真相的人常常信以为真，所以符命论到柳宗元的时代已经畅行了上千年。柳宗元看到了它的危害性，特意写了一篇《贞符》，对此进行驳斥："受命不于天，于其人；休符不于祥，于其仁""未有丧仁而久者也，未有恃祥而寿者也"。在柳宗元看来，国运的昌盛与长久，必须依靠仁德，没有依恃"祥瑞"而能维持不败的先例。

因此,"受命于生人之意",这才是最根本的。"生人"也就是"生民",唐代因避李世民之讳,往往改"民"为"人"。"生人之意"决定君权的"受命",这与"民心"决定天下得失的观点是一脉相承的。

二是继承了孟子关于"民意"决定政事取舍的观点,提出了"心乎生民"说。柳宗元在青年时代曾发下宏愿,声称要"致大康于民,垂不灭之声"(《答元公瑾书》)。他要在政坛上有所作为,使人民得到好处。后来身遭贬斥,政治抱负无法实现,但康民的志向始终如一。他在《寄许京兆孟容书》中说:"过不自料,勤勤勉勉,唯以中正信义为志,以兴尧舜孔孟之道,利安元元为务。不知愚陋,不可力强,其素意如此也。"他之所以不遗余力地张扬圣人之道,其最终的旨归,是为了"利安元元",为黎民百姓谋利益,使他们能过上安宁的日子。基于此,他曾写过一篇《伊尹五就桀赞》,以中国历史上的伊尹在夏桀与商汤之间屡屡摇摆、曾五次就桀为依据,解说其中的缘由是因为伊尹"欲速其功",想尽快地让黎民百姓摆脱战争的苦难,而早期的商汤却不具备快速取胜的力量。所以,柳宗元得出了石破天惊的结论:"圣人出于天下,不夏、商其心,心乎生民而已。"在夏桀与商汤之间,前者为暴君,后者为圣君;前者为残暴之旅,后者为仁义之师;支持前者则是助桀为虐,支持后者则是解民于倒悬。这其中的正与邪、对与错,已经形成了千年定论,而柳宗元却打破常规定论,认为王朝君主是姓夏还是姓商并不重要,重要的是心系于民,解民于倒悬比君权的归属更重要。在中国的传统观念中,"圣人出,黄河清",国家的治与乱系于圣君一人,因而君权的归属是最为重要的;而柳宗元却认为君权的归属不重要,这实际上也就意味着,在国家的政治事务中,民众的利益是决定一切的。这样的思想是孟子所没有的,柳宗元之前也没人这样说过,这是柳宗元对中国民本思想的重要发展。

三是借鉴了孟子的"贵民"措施,提出了"养人术"。柳宗元在《时令论》中曾提出了一个有关施政方针的指导思想:"圣人之道,不穷异以为神,不引天以为高,利于人,备于事,如斯而已矣。"在柳宗元看来,施政方针本来是很简单的,只要有利于民众的生产生活、能够完备妥当地处理各种事务就行了,大可不必用神异的东西来提高威慑力。他认为,凡施政能够与四季的生产相适应,不误农事,使民众丰衣足食、安居乐业,这才是最合理的。从这一指导思想出发,他在《非国语·大钱》中提出:"赋不以钱，而制其布帛之数，则农不害。"在《断刑论》（下）中提出："赏，务速而后有劝；罚，务速而后有惩。"赏罚之旨"是驱天下之人而从善远罚也。"从这些主张中不难看出，柳宗元的"利于人"不是一句空话，而是有具体的设想和措施的。他在柳州刺史的任上，尽管带着"十年憔悴到秦京，谁料翻为岭外行"的身心怆痛，但还是日夜操劳地为柳州人民做了不少好事，留下了许多政绩，如身体力行，组织游民开荒种地，极大地鼓舞了柳州人民的生产热情，使柳州几年之内就面貌一新；他在柳州"建学宫，崇圣教……而乔野朴陋之风一变"（《柳州县志》）。很显然，只要有机会，柳宗元一定会将自己的理论付诸实践。尤为重要的是，他找到了可贵的"养人术"："吾问养树，得养人术。传其事以为官戒。"（《种树郭橐驼传》）柳宗元从郭橐驼的养树经验中所总结出来的"养人术"就是"顺人之天，以致其性"，即遵循顺从民众生产生活的天然规律，促使其天然本性得以充分显现。联系到柳宗元在《晋问》等其他文章中的一贯主张，这种所谓的遵循顺从，就是要由官吏的"利民"转变为"民自利"，由"富民"转变为"民自富"。从历史经验中不难看到，官吏的所谓"利民"措施往往不免演变为扰民的灾难，这似乎是一个世界性的经验教训，所以西方现代的政治学家提出了"小政府，大社会"的理念，要求政府尽量少干预市场经济的运行，柳宗元的"养人术"其实也暗含了这种思想。

四是发展了孟子关于"民贵君轻"的观点，提出了"吏为民役"说。在长安为官时，柳宗元就认为官吏是人民的仆役，拿了人民的俸禄，就必须给人民以恩惠才能问心无愧。这当然是柳宗元的美好理想，而实际的情形却正好相反，他心里有不平，到永州后，当他送朋友薛存义去上任时，便直截了当地表示了自己的愤慨："凡吏于土者，若知其职乎？盖民之役，非以役民而已。凡民之食于土者，出其十一佣于吏，使司平于我也。今我受其值，怠其事者天下皆然；岂唯怠之，又从而盗之。"（《送薛存义序》）官吏是人民的仆役，而不是去奴役人民，人民纳税来雇用官吏，是要他们来保人民平安的，但那些官吏拿了人民的"纳税钱"却做出懈怠人民的事，甚至，还要窃掠人民。对这种"天下皆然"的官场黑暗，柳宗元回天无力，给新上任的朋友几句劝勉，已是他的最大努力了。

自古皆谓官吏为"父母官"，能够"爱民如子"就是"青天大老爷"了，这是天下皆以为然的定论。但柳宗元却说官为民仆，这显然是将中国的"民本"思想提升到了一个新的高度,很有一点今天所说的"公仆"意识了。在一千多年前的封建社会鼎盛时期,柳宗元就能提出这样的观念,真可算是洪钟巨响,惊世骇俗。柳宗元之后,这一观念后继乏人,中国的民本思想又恢复到"载舟覆舟"的水平,直到孙中山才反复强调官吏为"国民公仆"的观点,并将它与"民生、民权"的观念相结合,使之成为中国现代"民主"理论的先声。柳宗元的"吏为民役"说,不仅可以直追孙中山,甚至可以与今天所提倡的"公仆"意识相媲美,由此也可见出,柳宗元的"愚"论是如何的特立不群、超越千年!

常人皆重"智",柳子独钓"愚"。柳宗元的《江雪》是尽人皆知的,诗中那位寒江独钓的渔翁,人们皆说是柳宗元自身的写照。写照了什么?曰:清高孤傲。这当然也对,但不免皮相,至多,也只是揭示了柳宗元的"愚性";更深层次应是他的"愚求":或许这位渔翁倒真能探出一条新的钓鱼之路,这才是真正的柳宗元,他不会随波逐流,更不会随人所识,而往往能于寻常处发现至理、于奇异处找出常规。

"投迹山水地,放情咏《离骚》"(《游南亭夜还叙志》)。自然,柳宗元也有孤独,但那是探索者的孤独,屈原式的孤独。在山山水水之中,他在努力寻找着屈原的足迹。这足迹,引导他努力探寻新的文学领域和思想领域,帮助他取得了辉煌的文学成就和思想成就,从而使他成为跨越千年的文学巨匠与思想大家。

二、"游记"顶峰

(一)"愚溪三记"觅踪迹

愚溪之所以闻名于世,主要是因为一代文豪柳宗元曾在此居住,并留下了传颂千古的"永州八记"中的"愚溪三记"。按照柳宗元写作的时间顺序,第一记为《钴鉧潭记》:

钴𨱎潭记 [1]

　　钴𨱎潭在西山西,其始盖冉水自南奔注[2],抵山石,屈折东流,其颠委势峻[3],荡击[4]益暴,啮其涯,故旁广而中深,毕至石乃止。流沫成轮,然后徐行,其清而平者且十亩余[5],有树环焉,有泉悬焉。

　　其上有居者,以余之亟[6]游也,一旦款门[7]来告曰:"不胜官租私券之委积[8],既芟山而更居[9],愿以潭上田贸财以缓祸[10]。"予乐而如其言。则崇其台,延其槛,行其泉于高者(而)坠之潭,有声潀然[11]。尤与中秋观月为宜,于以见天之高,气之迥。孰使予乐居夷而忘故土者,非兹潭也欤?

　　柳宗元喜爱钴𨱎潭,故买下"潭上田",并"崇其台,延其槛",以便中秋观月,"以见天之高,气之迥",乃至于让他"乐居夷而忘故土者"。而关于钴𨱎潭的美究竟美在何处,柳宗元并没有具体地描述;而买"潭上田"也是被动的,说明柳宗元对钴𨱎潭的喜爱,还没有到欣喜若狂的程度。而他对钴𨱎潭西小丘的喜爱,其情形就不一样了:

---

[1] 钴𨱎:熨斗。钴𨱎潭:形状像熨斗似的水潭。也有学者认为钴𨱎是釜锅。宋范成大曾亲历永州,访其旧迹。其《骖鸾录》曰:"渡潇水即至愚溪,溪上愚亭,以祠子厚。路旁有钴𨱎潭。钴𨱎,熨斗也。潭状似之。"

[2] 奔注:急速流下貌。

[3] 颠委:指水头和水尾。《礼记·学记》:"三王之祭川也,皆先河而后海,或原也,或委也,此之谓务本。"注:"委,流所聚也。"势峻:指水势陡峭险峻。

[4] 荡击:猛烈冲击。

[5] 十亩余:《全唐文》作"十亩"。

[6] 亟:经常,多次。

[7] 款门:《府志》原文作"敛门",误。

[8] 不胜:忍受不了。官租:这里指官税。私券:指借私人的债券。委积:堆积。

[9] 芟(shān):割草。芟山:割草开山。

[10] 贸财:以物变卖换钱。缓祸:缓解目前灾难。

[11] 潀(cóng)然:形容泉落入潭中声音。《说文》:"小水入大水曰潀。"

钴鉧潭西小丘①记

得西山后八日，寻山口西北道二百步，又得钴鉧潭。西二十五步，当湍而浚者②，为鱼梁③。梁之上有丘焉，生竹树。其石之突怒偃蹇④，负土而出，争为奇状⑤者，殆不可数。其嵚然相累而下者⑥，若牛马之饮于溪；其冲然角列而上者⑦，若熊罴之登于山。丘之小，不能一亩，可以笼而有之。问其主，曰："唐氏之弃地，货而不售。"问其价，曰："止四百。"余怜而售之。李深源、元克己⑧时同游，皆大喜，出自意外。即更取器用，铲刈秽草，伐去恶木⑨，烈火而焚之。嘉木立，美竹露，奇石显。由其中以望，则山之高，云之游，溪之流，鸟兽鱼之遨游⑩，举熙熙然回巧献技⑪，以效兹丘之下。枕席而卧，则清泠之状与目谋⑫，潆潆⑬之声与耳谋⑭，悠然⑮而虚者与神谋，渊然⑯而静者与心谋。不匝旬⑰而得异地者二焉，虽古好事之士⑱，或未能至焉。

---

① 西小丘：在愚溪河畔，以奇石闻名。
② 湍而浚者：又急又深的溪流。湍(tuān)：急流的水。浚：深。
③ 鱼梁：用石筑起的堤堰，中间留有孔道，把竹制的渔具放在里面，可以捕鱼。
④ 突怒：突起挺立。偃蹇(jiǎn)：高耸貌。楚辞《离骚》："望瑶台之偃蹇兮，见有娀之佚女。"
⑤ 状：《府志》原文作"壮"，误。
⑥ 嵚(qīn)然：高险耸立的样子。相累：相互连缀。
⑦ 冲然：突起向前的姿态。角列：像兽角那样并列挺立。
⑧ 李深源、元克己：柳宗元的二位好友。
⑨ 恶木：指荆棘，不成材的树木。
⑩ 遨游：自由自在地走动或飞翔。
⑪ 熙熙然：和乐的样子。回巧献技：展现出各种各样的技巧。回，辗转反复。
⑫ 清泠：形容水十分清凉的颜色。与目谋：与眼睛相协同。
⑬ 潆潆(yíng)：溪水奔流回荡的声音。
⑭ 谋：合，协同。
⑮ 悠然：天空辽远无穷貌。
⑯ 渊然：静默貌。
⑰ 不匝旬：不满十天。匝，满。旬，十天为一旬。
⑱ 好事之士：指酷爱山水的人。

噫！以兹丘之胜，致之沣、镐、鄠、杜①，则贵游之士②争买者，日增千金而愈不可得。今弃③是州也，农夫渔父过而陋之④，贾四百，连岁不能售。而我与深源、克己独喜得之，是其果有遭⑤乎！书于石，所以贺兹丘之遭也。

买下钴鉧潭之"潭上田"还不到十天，柳宗元又买下了钴鉧潭之"西小丘"，而且这次是主动购买，因为这里的嘉木、美竹、奇石让他欣喜若狂，站在小丘举目一望，"则山之高，云之游，溪之流，鸟兽鱼之遨游"全都汇聚于眼前；躺在小丘枕席而卧，"则清冷之状与目谋，瀯瀯之声与耳谋，悠然而虚者与神谋，渊然而静者与心谋"——这可真是赏心悦目、颐神养性的好去处，哪里还能找到这样绝佳的地方呢？！

当然，能够让柳宗元欣喜若狂的地方确实不多，能够让柳宗元"心乐之"的地方还是不缺的，小丘西的小石潭就是如此：

至小丘西小石潭⑥记

从小丘西行百二十步，隔篁竹⑦，闻水声，如鸣珮环⑧，心乐

---

① 沣：沣邑，周文王的都城，在今陕西省西安市鄠邑区东。镐（hào）：镐京，周武王的都城，在今陕西东南。鄠（hù）：今陕西省西安市鄠邑区。杜：杜陵，在陕西省西安市长安区西南。这四个地方都在唐代都城长安附近，是当时比较繁华的地方。按：沣、镐、鄠、杜泛指西安城郊，唐时富豪之家多建别墅于此。

② 贵游之士：王公贵族子弟。《周礼·地官·师氏》："凡国之贵游子弟学焉。"注："贵游子弟，王公之子弟，游无官司者。"

③ 弃：被遗弃。

④ 陋之：以之为陋，看不起它。

⑤ 遭：机遇。果有遭，终于遇上了好机会。

⑥ 小石潭：在西小丘西面的愚溪下游左岸。小丘，指钴鉧潭。

⑦ 篁：竹林，泛指竹子。

⑧ 珮环：古人佩戴在身上的玉制环状饰物。珮，玉珮；环，玉环。

之。伐竹取道①，下见小潭，水尤清冽②。全石以为底，近岸，卷石底以出，为坻，为屿，为嵁，为岩③。青树翠蔓，蒙络摇缀④，参差披拂⑤。

潭中鱼可百许头，皆若空游⑥无所依。日光下澈，影布⑦石上，怡然⑧不动；俶尔远逝⑨，往来翕忽⑩，似与游者相乐。

潭西南而望，斗折蛇行⑪，明灭⑫可见。其岸势犬牙差互，不可知其源⑬。坐潭上，四面竹树环合，寂寥无人，凄神寒骨，悄怆幽邃⑭。以其境过清，不可久居⑮，乃记之而去。

同游者：吴武陵⑯，龚古⑰，余弟宗玄⑱。隶⑲而从者，崔氏二小生：曰恕己，曰奉壹。

---

① 伐竹取道：砍去杂竹，开辟出一条路来。
② 清冽(liè)：清澈。冽，通"洌"。
③ 坻(chí)：水中高地。嵁(kān)：不平的岩石，这里指悬在岸边的岩石。《集韵》："山高貌。"
④ 蒙络摇缀：藤蔓在岸边岩石上连缀下垂，遮掩笼罩，相互交织。蒙，覆盖。络，缠绕。摇缀，摇摆连缀。
⑤ 参差：长短不齐。披拂：拂动。
⑥ 空游：在空虚中游动。极言水的清澈。
⑦ 影：指鱼影。布：陈列、映射。
⑧ 怡然：静止的样子。
⑨ 俶(chù)尔：忽然动貌。《方言》卷十二："俶，动也。"
⑩ 翕(xì)忽：轻快迅速的样子。
⑪ 斗折蛇行：小溪像北斗那样曲折，溪水像蛇那样蜿蜒地流动。
⑫ 明：指水光可见。灭：指为岸遮蔽而不可见。
⑬ 其源：指潭水的源头。何焯曰："石岸差互，故水流皆作斗折蛇行之势，为岸所蔽，虽明灭可见，莫穷其源了。"
⑭ 悄怆幽邃：凄惨幽深，令人伤感。悄，凄惨。怆，忧伤。邃，深远。
⑮ 居：停留。
⑯ 吴武陵(？—834)：信州(今江西省上饶市)人，元和二年进士及第，元和三年坐事流永州。
⑰ 龚古：柳宗元在永州时友人。
⑱ 宗玄：柳宗元的堂弟。有学者认为是宗直之误写。
⑲ 隶：附属，随从。

这里的景色特别适合观鱼,那时而"怡然不动",时而"俶尔远逝"的小鱼,"似与游者相乐",但并未让柳宗元乐而忘返;相反,这"四面竹树环合,寂寥无人"的景象,让柳宗元感到了"凄神寒骨,悄怆幽邃",他不敢久留,"乃记之而去"。或许是因为柳宗元突然想起了什么悲伤的事,败坏了他的游兴。否则,同游的明明有好几人,怎么能说"寂寥无人"呢?但不管柳宗元的心境是如何变化的,他所描述的小石潭美景则被他永远定格在纸上,这样的美文美景,会让人们百读不厌。而柳宗元所描绘的景点究竟在何处?千百年来,人们一直在寻觅,而且是众说纷纭。

最早到零陵来寻找柳宗元的游踪并留下文字记载的是宋代的汪藻,其《柳子厚祠堂记》云:"绍兴十四年(1144),予来零陵,距先生三百余年。求先生遗迹,如愚溪、钴鉧潭、南涧、朝阳岩之类皆在,独龙兴寺并先生故居曰愚堂、愚亭者,已湮芜不可复识。《八愚诗》石,遍访之无有。"汪藻贬居永州12年,与柳宗元遭遇相似,同病相怜,他要寻找柳宗元《愚溪三记》的遗址,应该有大把的时间。这里,他至少确认了钴鉧潭仍在,但具体的位置没有说;西小丘和小石潭的情况没有说,但也没说"湮芜不可复识",这或许可以推论"如愚溪、钴鉧潭……之类皆在"吧。南宋的范成大,去桂林上任时曾亲历永州,并访其旧迹,还在"钴鉧潭边聊驻节"。其《骖鸾录》曰:"渡潇水即至愚溪,溪上愚亭,以祠子厚。路旁有钴鉧潭。钴鉧,熨斗也。潭状似之。"可见,范成大对钴鉧潭所在地也是持肯定态度的。

但后来的寻访者,似乎更多的是对钴鉧潭的所在遗址持否定态度,如蒋本厚《山水纪》云:"今之所纪在柳侯祠前者,非是。柳《记》云:'钴鉧潭在西山西。'又云:'得西山后八日,寻山口西北道二百步,又得钴鉧潭。'今潭在柳祠前数步,岂柳《记》所云云耶?大抵愚溪之妙,愈深入愈幽奇,桥后一带居民溷扰,宁有佳趣耶!"蒋本厚根据柳宗元"寻山口西北道二百步"的描述,认为钴鉧潭不可能离柳子庙只有"数步",因而否认钴鉧潭现在所在的位置。

徐霞客游愚溪,首先要找的也是钴鉧潭:"溪自南来,抵石东转,转处其石势尤森特,但亦溪湾一曲耳,无所谓潭也。石上刻'钴鉧潭'三大字,古甚,旁有诗,俱已泐模糊不可读。从其上流求所谓小丘、小石潭,俱无能识者。"徐霞客找到了"钴鉧潭"三个大字,而且是"古甚",说明题刻已久，可能是宋代人所刻。但他认为此处只是"溪湾一曲""无所谓潭"，因而也否认此处是钴鉧潭遗址。

在古代文人中，对愚溪遗迹考据最详的是清代钱邦芑的《游愚溪记》：

游愚溪记
钱邦芑　镇江

愚溪在永州河西。溪口有大石桥，桥作两门①。桥门之外左右皆峻石作岸，参差诡异，欹侧支互，各具奇态。棹小舟，由桥门入，两岸石坡断续，瘦削奇古。溪底皆石，而文理斜布，水行其上，深浅隐映。行数百步，即有石梁横亘其下，碍舟不得进。此溪长七十余里，若水泉泛溢，可达半溪。时春初水浅，故阻是而止。

于是舍舟，登溪南岸，入大定庵茶话。问钴鉧潭所在，僧指曰："溯溪上行二百步即是，溪北石上勒字可据。"予窃疑焉。少顷，施缓宜肩舆来。因携手过桥，从北岸西行访之。循岸皆大石，高下错置，不暇辨赏。土人引至溪边，蹑危坠深，近水有危石斜立，果勒"钴鉧潭"三大字。读柳子厚《记》："寻西山西北道二百步，又得钴鉧潭。"西山去此，尚二里之遥，况山水形势与柳文俱不合，意钴鉧潭当别有所在，或因陵谷变迁，失其故处，俗流不学，妄为附会，遂指此当之，夫岂是耶？

由溪溯洄，愈进愈奇。溪中皆平石布底。两岸卷石错出，墙立峰峙，为堪，为屿，为坻，为峦岫洞壑。若柳子所谓"牛马熊黑"，苏子所谓"虎豹虬龙"者，盖无不备矣。但求愚堂、愚亭、愚岛者，俱湮没于荒烟衰草之中。即于石上搜八愚诗，亦无复一字。因叹柳子当日刻石，本欲藉溪石以传其文，而不知此溪实因柳文而名著也，石之寿固不敌文哉？

是日，天色阴晦，不能尽穷其胜。策杖沿溪而还，访柳先生

---

① 门：这里指桥下的拱洞。

祠，瞻礼小憩。虽文采风流掩映丘壑，而剑佩尘生①，阶草没屐，令人气尽②矣！

　　登舟理棹，过弥陀庵。是时春泉乍生，潇水泛碧，石根插波③，绿潭澄映，轻桡徐进，旋荡回流，水石吞激，苔藻弄色，逐步生景，殆未可一词举矣④。

（康熙九年《永州府志》）

　　钱邦芑这篇《游愚溪记》，所记载的游踪虽然也是来去匆匆，并且否认"钴鉧潭"题刻所在地的"山水形势与柳文俱不合"，但他接下来的描述如"为堪，为屿，为坻""若柳子所谓'牛马熊罴'，苏子所谓'虎豹虬龙'"，其实又是认可了"西小丘"和"小石潭"的位置的。

　　总而言之，对柳宗元"钴鉧潭"所在的遗址，宋代人持基本肯定的态度，明清两代则大都持否定的态度。

　　关于"愚溪三记"的遗址，今人更是众说纷纭，为找到其确切位置，2010年零陵区组织一批专家进行了考古发掘，并发表了考古发掘报告。发掘报告有九千余字，这里仅录其结论部分：

愚溪"三记"之考古探寻

唐青雕　邓少年　唐森忠

　　第一位置即是钴鉧潭遗址所在地
　　……　……

　　从发掘的地层关系看：在钴鉧潭之愚溪北岸出露了明清以后的地层，而尤以清代以后的填埋土层为厚；还没有宋代以前的地层，表明在宋代以前，人们在此地是在有意无意地保存着钴鉧潭的风貌，未有填埋的现象。至少在宋代，钴鉧潭的历史原貌是保存得

---

① 剑佩尘生：形容柳子塑像的冷落。
② 气尽：心意沮丧。
③ 石根插波：形容水清见底，岸石的最底部扎在水波下都看得清清楚楚。
④ 未可一词举：不能用一言一语来概括包罗。

钴鉧潭、西小丘、小石潭位置图

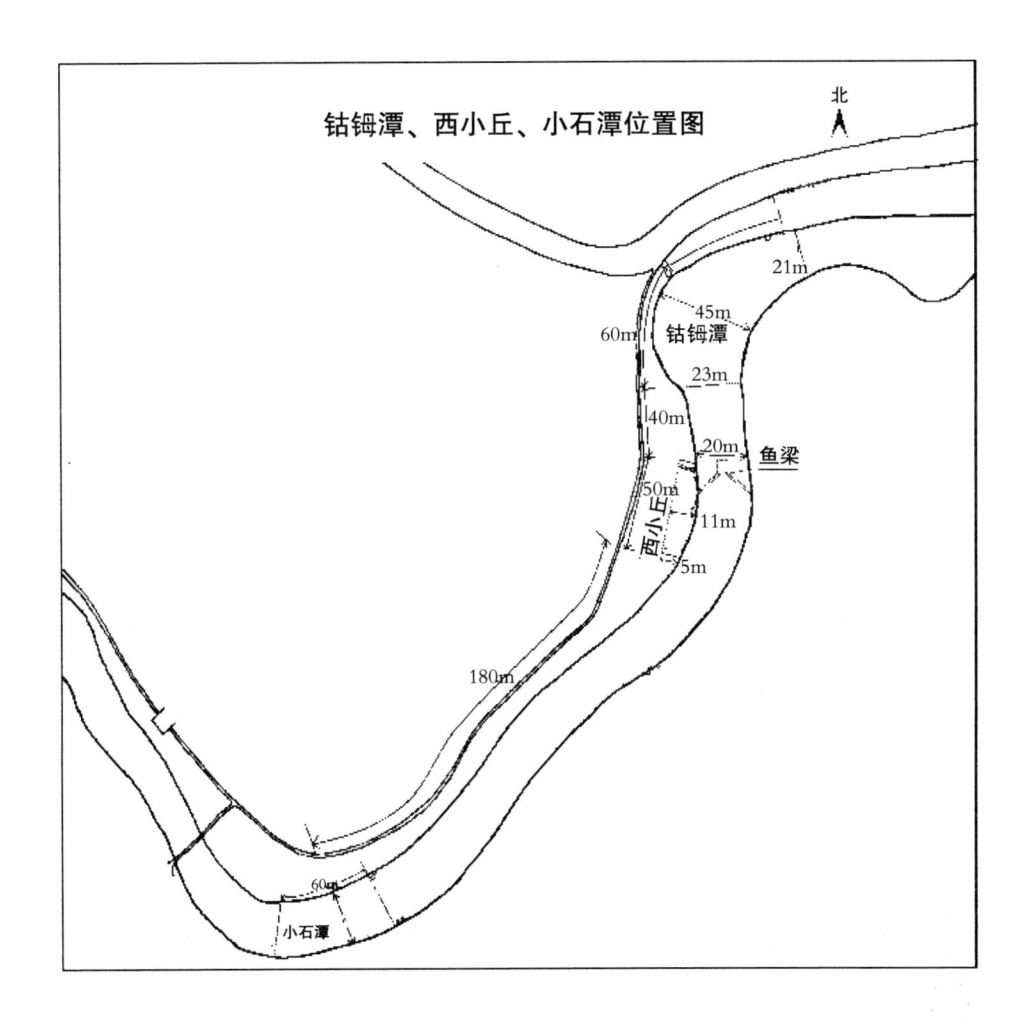

相当好的。也难怪会有人在"钴鉧潭石"处刻下"钴鉧潭"三字。此题刻虽不知何人于何时所为,但结合地层分析,可以肯定地说,此题刻至少在宋代以前了。可见,古人对于钴鉧潭遗址的寻访并不是随意而为,而是下了一番苦功夫的。

第二位置即是西小丘遗址所在地

…… ……

发掘表明:地层⑦为浅褐色土层,出土遗物证明为宋代地层;地层⑧为黄褐色土层,出土遗物证明为唐代地层。这说明,西小丘上留存有唐代的原始耕土层。有耕土就有长竹树的条件。与柳文

"梁之上有丘焉，生竹树"相合。山包之临愚溪处，出露大量白色的天然石头。小丘的耕土层之下是数不清的奇形怪状的天然石，有的山石耸立互相叠压而趋下，就像牛马在溪边饮水；有的又猛然前突，似乎较量着争向上行，就像熊罴向山上攀登。可见，柳文描述不虚。

第三位置是小石潭遗址所在地

……　……

发掘地层③为唐宋时期的褐色土层，唐宋陶瓷片和唐代碗足、酒壶、宋代青砖的发现，证明此地是人们活动的重要之地。唐代的酒壶和碗足，还说不定是人们在此一边欣赏小石潭的美景，一边饮酒赋诗、吟诗唱和而留下来的呢。更为重要的是古桥墩和古柱洞的发现，南岸的古柱洞因地层关系不清不好判别其年代，北岸的古桥墩，在唐宋时期地层③下，因而推定在宋代以前，而南岸的古柱洞又与之相对，并在同一平面高度，因而推定为同一桥的遗迹。从南岸古柱洞推断，该桥为木桥，桥宽约1.2m，应是人们过往的便桥。说明，至迟在宋代，人们观赏小石潭的美景或者为生产生活的方便，而在此地建筑了桥梁，沟通了愚溪两岸。[①]

考古发掘，对"愚溪三记"遗址位置的确定，提供了极大的帮助，这里所认定的，其实就是宋代人所确定的位置。宋代离唐代最近，宋代的诗文革新运动推崇唐代的诗文，柳宗元是宋代文人最为推崇的文学大师之一，苏轼被贬海南岛，随身仅带《陶渊明集》和《柳宗元集》，并"目为二友"。因此，三个"古甚"的"钴鉧潭"大字，绝对不是任意为之，后人不应该以自己的猜测而轻易否定。

（二）柳文游记面面观

柳宗元对后世影响最大、最脍炙人口的是他的山水游记，其创作成就达到了我国的山水游记文学体裁的顶峰，千多年来仍无人能出其右。柳宗

---

① 蔡自新.柳宗元国际学术研讨会论文集[C].长沙：湖南人民出版社，2011.

元的山水游记有他个人的深沉感慨,也有社会现实的投影;他的游记历来为人们赞誉、传诵的最重要原因在于他卓越的艺术独创性。

山水游记是包括山水记、台阁楼亭记、园林记的一种文学形式。在《柳河东全集》中,共收录山水游记28篇,其中记亭池6篇,记祀庙9篇,记山水11篇,另有《陪永州崔使君游宴南池序》《愚溪诗序》两篇,内容和形式上也可看作山水记。山水游记是柳宗元散文中的精品,也是作者悲剧人生的写照。由于人生遭遇和环境的压迫,造成心理的变异,长歌当哭,强颜为欢,聊为优游,乐而复悲。从意在宣泄悲情到艺术地表现自然,将悲情沉潜于作品之中,形成了柳氏山水游记"凄神寒骨"之美的特色。

1. 精彩的景物描绘。"永州八记"是柳宗元山水游记中的代表作,这一组游记,用清新优美的文笔,描绘幽深奇绝的永州景色,在读者面前展现出一幅幅绚丽多姿的画卷。柳宗元描绘山水景物,既善于用简洁的笔触勾勒出景物的全貌,又善于用精巧细腻的手法对局部景物进行工笔描绘。比如《钴鉧潭记》,"其清而平者且十亩,有树环焉,有泉悬焉",用十几个字勾画出钴鉧潭概貌。写冉溪流入钴鉧潭则十分详尽:"钴鉧潭在西山西,其始盖冉水自南奔注,抵山石,曲折东流。其颠委势峻,荡击益暴,齿其涯,故旁广而中深,毕至石乃止。流沫成轮,然后徐行。"把溪水的流向、形状和水势都描绘得具体而生动。《至小丘西小石潭记》《袁家渴记》等景物描写也十分出色,写鱼、写树、写石各有不同、各具特色。他还常用以动写静的手法使自然景物表现出鲜活的生命力,如写小石潭的石底,"卷石底以出",一个"卷"字写活了石头。

2. 自然山水的人格化。他在处理"物我关系"上,不仅纯客观描摹精彩绝伦,借景抒情也恰到好处,还善于情景交融,客观之景带上了作家的主观感情色彩。他在"永州八记"里,写得最多的是清泉奇石、怪树幽篁之类,这同作者高洁深邃、卓然独立的品格气质显然有内在的联系。作者在写景状物时着意渲染的是凄清悲凉冷寂的气氛,如钴鉧潭西小丘那"悠然而虚""渊然而静"的"清冷之状",小石潭的"竹树环合,寂寥无人,凄神寒骨,悄怆幽邃"的意境,更是他那抑郁忧愤情怀的物化表现。一方面是弃置蛮荒,寂寥冷落,无人赏识的永州山水,另一方面是贬逐南国、英雄末路、壮志难伸的柳宗元,彼此各自引为知己,双方相互同情支持,这样,作者的思想感情和不幸遭遇同自然景物就水乳般地交融在一起,物我化为一体，显得自然和谐，如《钴𨱔潭西小丘记》中作者游小丘的感受。而且，在情景交融的基础上，他还处处以山水自喻，在《小石城山记》中，作者以山水景物自况，慨叹小石城山之景虽美，但"列是夷狄，更千百年不得一售其伎"，实际上是抒发自己怀才不遇的深沉感慨。给山水景物打上作者自己思想品格的烙印，这是柳宗元山水游记的一大特色，这种山水景物性格化的写法是柳宗元对游记文学的一个发展。

3. 形象化的议论。这也是柳宗元山水游记的一个重要特色，比如《钴𨱔潭西小丘记》中关于小丘遭遇的议论："噫！以兹丘之胜，致之沣、镐、鄠、杜，则贵游之士争买者，日增千金而愈不可得。今弃是州也，农夫渔父，过而陋之，贾四百，连岁不能售。"这样的议论，增添了作品的深意，启人思考，令人回味。在游记中，从描绘的景物形象出发，展开生动活泼、极富启发性的议论，这是柳宗元的首创，也可以说是为游记文学的发展又辟一途。

4. 语言精练优美，不饰雕琢。柳宗元主张为文"意尽便止"，如《至小丘西小石潭记》中的描写："隔篁竹，闻水声，如鸣珮环，心乐之。伐竹取道，下见小潭，水尤清冽。"语句长短交错出现，读起来起伏变化，流畅婉转，显示出语言的音韵美。苏东坡称柳宗元"善造语""流若织文，响若操琴"，也确实是精到的点评。

游记一体，到了柳宗元的笔下更注重主观情感的宣泄，"借山水写心境"是柳宗元山水游记的一个重要特色。作者对贬谪人生的感悟，对民生疾苦的关怀，对山水美学的体悟等渗透其中，使得这些模山范水的游记有了更丰富、更深蕴的内涵。它是一面多棱镜，从不同的角度折射出柳宗元的思想修养、品格气节、人生遭际、民情关怀、审美趣味等。正因为柳宗元的山水游记具备了特有的审美品格，才得以在中国文学史上占据一席特殊的地位，同时也确立了山水游记作为独立的文学体裁在中国文学史上的地位。

（三）"横行阔视"称子厚

柳宗元与韩愈共同发起和领导了唐代古文运动，他的文章曾让多少科考士子和文学青年倾倒，红极一时；但由于政治原因，死时却是异常寂寞冷清，祭奠悼唁活动仅限于生前好友之间。刘禹锡为他写了两篇祭文：《祭柳员外文》和《重祭柳员外文》；韩愈前后三次撰文：《祭柳子厚文》《柳子厚墓志铭》和《柳州罗池庙碑》；皇甫湜写了《祭柳子厚文》；崔群写了《祭柳州员外郎》。与一代文宗的地位和辉煌的文学成就相比，几篇祭文的确是数量太少了点。

当然，祭文的数量虽少但分量却不轻，毕竟出自名家的大手笔，并且对柳宗元的文学成就给予了充分肯定。刘禹锡与柳宗元是莫逆之交，柳宗元将自己未成年的孩子和遗稿的整理两件大事都托付给了刘禹锡，可见柳宗元对刘禹锡的信任程度。刘禹锡充分肯定了柳宗元"以童子有奇名"，长而"以文章称首"的成就："吾尝评其文，雄深雅健，似司马子长，崔、蔡不足多也"，"以高文为诸生所宗"，"词翰兼奇"。韩愈的评价则更深入、全面一些，他在《柳子厚墓志铭》中说："子厚少精敏，无不通达"，"俊杰廉悍，议论证据今古，出入经史百子，踔厉风发，率常屈其座人，名声大振，一时皆慕与之交"，"为词章，泛滥停蓄，为深博无涯涘，而自肆于山水间"。尤为重要的是，韩愈不以政治地位论人，他认为："虽使子厚得所愿，为将相于一时，以彼易此，孰得孰失，必有能辨之者。"也就是说，即使柳宗元在政治上没有遭贬谪，能够"为将相于一时"，那也只是暂时的辉煌，绝对比不上他的文学成就，能够传之久远。此后的事实证明了韩愈预言的准确性，中国历史上又有几个王侯将相能像柳宗元这样熠熠生辉呢？！

柳宗元年轻时曾发下宏愿："少时陈力希公侯，许国不复为身谋。"（《冉溪》）但一生却备受打击，无法建功立业，跟"公侯"沾不上边。死后却备受殊荣，并被封为"侯"：宋徽宗崇宁三年（1104），敕封柳宗元为柳州文惠侯；宋高宗绍兴二十八年（1158），加封为文惠昭灵侯。这种"文惠侯"的敕封，当然不是因为柳宗元在政治上的功业，而是因为文化思想上的贡献，这也坐实了韩愈预言的准确性。

宋代皇帝之所以敕封柳宗元，无疑是因为受到了宋代文人的影响。北宋初年，柳宗元的文章得到了文人们的普遍认可，"韩柳文章李杜诗"成为当时文人的口头禅，柳宗元已成为对宋人影响最大的四大文豪之一，宋代诗文革新运动的先驱者们，没有一个不曾受到柳宗元的影响。最早倡导学习柳宗元的是柳开，这一方面是为了他所倡导的诗文革新运动服务，另一方面也是为了继承"祖先"的遗志,他把自己的字改为"绍先",其目的就是要表白自己要继承和发扬祖先柳宗元的事业,以宣传柳宗元为己任,将柳宗元发起的古文运动推向新的高峰。他一生都在收集整理柳宗元的作品,可惜到死也未见到柳宗元的全部作品。接续其余绪的穆修,一生奔走呼号,提倡诗文革新,几乎穷尽毕生精力搜集柳宗元文集,终于找到了刘禹锡编辑整理的 45 卷本柳宗元文集,在宋仁宗天圣元年(1024)刊刻出版了《唐柳先生集》。这是我国第一部柳宗元文集刻本,此后的二百多年,宋代共出现了 7 个不同的版本,前后有近百人为柳宗元文集做注,其中不乏文坛巨擘,如苏轼、王安石、曾巩等。这说明了宋代文人对柳宗元的重视程度。

宋代文人对柳宗元的重视,还可以从他们精到的评论中看出来。苏轼特别推崇柳宗元,在被贬海南儋州的日子里,别的书籍都没带,只有陶渊明集和柳宗元集"常置左右,目为二友";还将韩柳的文章作为最好的范文推荐给自己的晚辈学习:"宜熟读前后汉文和韩柳文。"(《与元老侄孙》)对柳宗元的诗,更有独到的点评:"所贵乎枯淡者,谓其外枯而中膏,似淡而实美,渊明、子厚之流是也"(《东坡题跋》卷二);并认为柳诗是"发纤浓于简古,寄至味于淡泊"(《书黄子思诗集后》)。苏轼的评论,历来被认为是对柳诗特征最精到的概括。再如晏殊对韩愈和柳宗元的比较:"退之扶导圣教,划除异端,是其所长,若其祖述坟典,宪章骚雅,上传三古,下笼百氏,横行阔视缀述之场者,子厚一人而已。"(《扪虱新话》卷九)严羽认为"唐人惟子厚深得骚学"(《沧浪诗话》)。这些评论充分肯定了柳宗元与众不同的独特价值。

柳宗元在宋代的影响深广,但宋代文人对柳宗元的评价可说是毁誉参半:肯定其文学成就,否定其政治革新。到了明代,人们逐渐淡化了他参与永贞革新的问题,更多地从文学家的角度来评价柳宗元,因而褒扬的意见成为主流。明初的文坛领袖宋濂,首倡宗法唐宋,承唐宋古文运动之余绪,将司马迁、班固、韩愈、柳宗元、欧阳修和苏轼等人并列,肯定了柳宗元在文学史上的地位。明洪武年间,朱伯贤编辑刻印了《唐宋六家文衡》,柳宗元入选;明中叶唐宋派领袖茅坤编印了《唐宋八大家文钞》。从此,唐代的韩愈和柳宗元,与宋代的欧阳修、苏轼、苏洵、苏辙、王安石、曾巩并称"唐宋八大家",随即掀起了一次学习、宣传和普及柳宗元散文的高潮,也从此确立了柳宗元等"八大家"在中国散文史上的正宗地位。

明清两代对柳宗元的评价更加全面、深入而细腻,明代的茅坤从"法度""气格""骨力"等方面对柳宗元的文学创作进行了全面而深入的评析,并特别指出了生活与创作的交互作用:柳宗元"与山川两相遇,非子厚之困且久,不能以搜岩穴之奇;非岩穴之怪且幽,无以发子厚之文";还认为《小石城山记》是"借石之瑰玮,以吐胸中之气"(《柳柳州文钞》卷七)。茅坤的评析,将柳宗元的研究引向了一个新的高度,人们开始重视作家经历与文体、技巧及山水游记的创作特色等相互关系的问题。如清代的金圣叹认为柳子散文"笔笔眼前小景,笔笔天外奇情"(《古文评注补正》卷三)。焦循更是认为柳子散文是"唐宋以来,一人而已"(《雕菰集》)。清末民初的学者林纾,认为柳宗元是"振拔于文坛,独有千古,谓得非人杰哉",并高度评价"《黄溪》一记,为柳州集中第一得意之笔,虽合荆、关、董、巨大家,不能描而肖也"(《韩柳文研究法》)。荆浩、关仝、董源、巨然是唐宋之际山水画四大名家,合他们四人之力竟然不及"《黄溪》一记",可见林纾对柳子散文创作成就的评价之高。总之,艺术评价是明清两代柳宗元研究的主调,亦即艺术价值是柳子散文影响明清两代的主流。

新中国成立之后,对柳宗元的评价更是提到了前所未有的高度,而且不仅是对他的文学创作,对他的政治革新也同样给予了高度的评价,如侯外庐主编的《中国思想史》(1959年版)认为"二王、刘、柳是反对宦官专横,反对当权的官僚大族而进行的革新派",柳宗元"在中国唯物主义史上的贡献和地位,不仅超过了荀子,而且也超过了王充和范缜",而且"开启了宋代王安石、明代王艮、方以智以唯物主义哲学而直接参与大规模的政治斗争的先河"。章士钊的《柳文指要》,不仅全面地肯定了柳宗元,还把尊柳之势推到了前所未有的高度。"文革"时"评法批儒",所有儒家人物都被"批倒批臭",唯有柳宗元被认定为法家代表人物而一人独尊。到了20世纪80年代,对柳宗元的研究和评价回归正常轨道,研究人员和研究队伍如雨后春笋,研究论文和研究著作更是汗牛充栋,还逐渐形成了三大研究基地:柳宗元生活了十年的湖南永州、生活了四年的广西柳州和柳宗元的故乡山西永济。这三个地方,都成立了自己的研究机构,团结了一批学者,各自出版了一批研究成果,还每年轮流主办一次国际性柳宗元学术研讨会。特别是永州,从20世纪80年代《零陵师专学报》就开辟了"柳宗元研究专栏",到现在的《湖南科技学院学报》,一直坚持了30多年,团结了一批海内外学者,发表了数百篇研究论文。随着"柳宗元研究"栏目的社会声誉日益提升,带动了刊物质量和整体水平的提高,"柳宗元研究"专栏在全国高等学校文科学报研究会第三届评优活动中被评为"百种特色栏目",《湖南科技学院学报》也被评为"全国百强学报"。

现在,柳宗元的影响不仅在中国,而且韩国、日本都有研究队伍,出版了一批有影响的著作,中国台湾如罗联添的《柳宗元事迹暨资料类编》、段醒民的《柳子厚家世考述》、丁秀慧的《柳河东诗系年集释》等;日本如清水茂的《日本留下来的两种柳宗元集版本》、笕文生的《日本研究柳宗元概述》等。

三、"宗师"魅力

(一)"愚溪"之名永流传

柳宗元所更改的愚溪之名,不仅被愚溪之神所接受,也为当地百姓所接受。但时间过去六百年之后,到了明代初年,有人觉得不妥,要将愚溪更名为"文溪"。首先提出这一动议的,是明初永州府教授胡琏,且看他的《文溪记》:

文溪记

胡　琏①

予闻柳子愚溪之名传于四方久矣!洪武庚申(1380)春,领职

---

① 胡琏:字汝器。生平籍贯不详。明洪武十二年(1380)任永州府教授,曾参与编纂府志。

到永典泮教①。二月花朝②，同斯文一二侣，载酒追游溪下，维舟柳阴，遂登岸。二里，寻至子厚旧居。若愚堂、愚亭，尽为草莱，惟溪流一碧，鱼鸟上下，溪口石桥尚存。舴艋③互映，灯火夕辉。溪临潇泷④，下接西涧，上通灌阳⑤，居民百余家。附瞰江城楼阁，乃黄叶渡舟子送人，行旅农樵，络驿何绝？予乃返舟泝江，举酒，更其名曰："文溪"。夜有溪神赴梦称谢而去。予之乐，岂非仿李白游汉阳郎官湖之取名也欤？

溯考溪迹，旧云"冉氏之溪"，柳子以谪官至永，更曰"愚溪"，何啻六百余年矣！古零陵山水遍有题咏，此尝命人搜访岩洞碑碣，古文可摩挲而见。予之爱于柳子者，文也。奚可以溪之清蒙"愚"之辱乎？司马⑥德行廉隅⑦，当以⑧溪同清，以文同久。承我皇明文德诞治⑨，会太守虞中顺、同知王奉议、知县曹恭等官，修刊《图志》，兴举古之盛典，予不敏，遂以《文溪》一集附于版。极知僭逾，尚希善邦之人，永为记云。时洪武十六年（1383）十月小雪即⑩，教授胡琏汝器记。

（明洪武《永州府志》）

胡琏于明洪武年间任永州府学教授，是主管府级官学的教官，也是洪武《永州府志》的主要编撰者。他喜欢柳宗元的文章，也推崇柳宗元的德行；认为柳宗

---

① 泮教：泮（pàn），古代学官。《说文·水部》："泮，诸侯乡射之宫，西南为水，东北为墙。"后世府州县所设学官也称泮。泮教，指到泮官担任教职，亦称主泮。

② 花朝：阴历二月十五日，旧俗以为百花生日，故名。

③ 舴艋（zé měng）：小船。王念孙疏证："《玉篇》：'舴艋'，小船也。小舟谓之舴艋，小蝗谓之蚱蜢，义相近也。"

④ 潇泷：潇水的急滩。

⑤ 灌阳：这里非指广西灌阳县，而是指柳宗元《愚溪诗序》所谓"灌水之阳"。灌水，潇水的一条支流，在今永州市零陵区境内。阳，水之北面。

⑥ 司马：指柳宗元。因柳宗元贬为永州司马。

⑦ 廉隅：本义指堂室角落，引申为棱角，喻人品端方不苟。

⑧ 以：通"与"。下文"以文同久"的"以"字，同一用法。

⑨ 诞治：犹言"大治"。

⑩ 即：当作"既"。

元的德行与溪水同清,而此溪又将与柳宗元的文章同久,故而认为以"愚溪"命名不妥,于是要将它更名为"文溪"。胡琏的这一想法,得到了同人的支持,首先是知府虞自铭的赞赏,他在胡琏的《文溪记》后面,特意附了《又记》:

又记

虞自铭

洪武庚申(1380)四月,余奉上命来守是郡。览其山川地理之美丽,人物风俗之淳朴,殊胜于他邦者何?考其《郡志》,山有九嶷,舜陵在焉;湘山并所①,佛子住焉;水有潇湘,古今称焉;昔前太守召信臣、龙伯高、柳拱辰,皆敦厚廉洁之士,游宦于斯,故能然也。

又闻廉溪莲池、柳子愚溪,二夫子谈笑论文之地,惜乎不得一日之暇游玩题咏其中,但驻目遐观,每怀遗风于前守,慕道学于先贤,契吾意者几希矣。是岁夏五月,郡庠教授胡汝器氏改"愚溪"之名曰"文溪",未敢专命②,来请予言之。余曰:"异哉!先生之请也。夫山川地理,自古圣贤□□□恶之名,悉直书之,其可更乎?先生欲□□□有故焉,愿闻其说。"于是乎具告溪名之实。此溪旧名"冉溪",柳子谪官至永,更名"愚溪"。且溪之水,渊渊不知之源,潺潺不息之流,有何□□□而改,溪将终受"愚"之辱矣。吾听其说,乃□□□"善之说也。有何不可哉?"遂许之。

钦惟乃今圣天子启文明之盛代,举武运之清时,礼乐率服于藩夷,文德来□□远近。各府、州、县建学立师,分科设教,使天下之民出类拔萃,变愚懵为聪达,迁过□□□□一事一物,未有不被其泽焉。今之□□□□久矣,先生改之为"文",不亦善乎?不亦宜乎?中顺大夫、永州知府、四明③虞自铭记。

---

① 并所:疑当作"示所"。示所,指佛燕坐示灭之所。

② 专命:擅自取名。专,独,擅。

③ 四明:浙江旧宁波府的别称,因四明山而得名。四明山在浙江宁波市西南,自天台山发脉而绵亘于奉化、慈溪、余姚、上虞、嵊州诸县境。相传群峰之间,上有方石,四面如窗,中通日月星辰之光,故名四明山。

(明洪武《永州府志》。按：方框"□"为原府志中不能识读的文字)

很显然，知府虞自铭之所以赞同胡琏改"愚溪"为"文溪"，主要是基于当时现实的需要，与"今圣天子启文明之盛代"相一致，为"文德教化"的政治服务，这也正是知府的职责所在。还有本地士人胡鉴，也赞成更名，他的想法则又不一样：

文溪记
郡人胡鉴

余自丱角①读柳子厚更"冉溪"为"愚溪"，溪之神以为辱，乃托梦于柳子，谓以无实之名而肆其诬。且枚举世之恶溪、弱水、浊泾、黑水之类，彼皆有其实，故得其名。而溪之神以其溪之功可以灌畦圃而利物，力可以载舟楫而济人，胡乃见辱于"愚"，而意有革焉。于是柳子反覆②以理引喻，溪之神无□□□。溪之更是名也，而溪之流自若，益见其清莹秀彻，锵鸣金石，能使人之居是溪者，嬉笑眷慕，乐而不肯舍去，始今六百有余年矣。而愚溪之名未始有革也。

洪武庚申（1380）秋，永郡博士汝器胡氏一日以《文溪之记》示余。余读其文，乃知柳子之愚溪而更是名。余与之论曰："夫唐之以文章□于世者，惟韩子、柳子二人而已。柳子□□之名得无意乎？且其愚丘、愚泉，凡有八愚，□得以更其名乎？嗟夫！宁武子'邦无道则愚'，智为愚者也，颜子'终日不违如愚'，睿而为愚者也，皆不得为真愚。而溪之神又岂以溪名愚为辱哉？夫道之显者，谓之文，今文溪是名，虽则取悦于溪之神，吾恐夫□□□其实而莫能称其名，又安得不以□□□而以为耻，适足以虚□。先生之更是溪之名，柳子之有知，又安得不以吾辈为佞妄而见让也哉？"先

---

① 丱(guàn)角：古代儿童束发为两角。这里指孩童时期。
② 反覆：指正反、问答两方面。

生曰:"不然!方今圣天子在位,以文教治天下,设立学校,作养人材,虽愚者可使之明,其为人才者,又岂不关乎山川之秀,地灵之所产也?若以是溪为愚者,吾恐为士子者皆得以是溪之愚为籍口,而不加勉学之功,此吾所以更是溪之名,非徒取悦于溪之神,正所以勉进后学之意也。使柳子有知,又安得不以吾言为然?若然,则名之以'文'者,宜也!"遂书以为说。

(明洪武《永州府志》。按:方框"□"为原府志中不能识读的文字)

胡鉴是零陵县学训导,是主管县级官学的教官,也参与了洪武《永州府志》的编撰。他之所以赞同给愚溪更名,是因为"恐为士子者皆得以是溪之愚为藉口,而不加勉学之功",所以希望通过以"文溪"之名来"勉进后学之意"。作为零陵本地人,又主管官学,因职责所在,"勉进后学"自然是最要紧的。

上述三人从现实需要出发,要将"愚溪"更名为"文溪",出发点是好的,但都误解了柳宗元的"愚"意。柳宗元说"宁武子'邦无道则愚',智为愚者也,颜子'终日不违如愚',睿而为愚者也,皆不得为真愚",而他自己所标举的"愚",则更是融"智"与"睿"为一体,而且是大智大睿之"愚",是超越千古之"愚"。时至今日,柳宗元之"愚",仍可成为烛照圆滑"巧夫"之灯、引导"益世利民"之光。诚如是,后人误解柳宗元的少,理解柳宗元的多,所以"文溪"之名没有流行,"愚溪"之名则盛行了千年。

(二)"八愚"遗址耐寻觅

柳宗元所居住的地方有丘、泉、沟、池、堂、亭、岛共七愚,再加上愚溪即为"八愚"。柳宗元还为每一"愚"写过一首诗,可惜诗已不存,只传下《诗序》。这里,与"愚溪三记"最大的不同是:"三记"是自然之景的发现,"八愚"则主要是人文之景的建造。人工建造的景物更加容易荒废,所以柳宗元才去世三年,他的好友刘禹锡就听到了不好的消息:"柳子没三年,有僧游零陵,告余曰:'愚溪无复曩时矣!'一闻僧言,悲不能自胜。"(刘禹锡《伤愚溪》诗序)"曩时"即指旧时,才过三年愚溪已经不是旧时的模样,这当然不是指自然之溪的愚溪,而是指柳宗元所建造的

"八愚"之愚溪。因此，当三百年后汪藻再来寻访"愚堂、愚亭者，已湮芜不可复识"，就连《八愚诗》石"，也"遍访之无有"。明末清初，本地人陈正谊也寻访过八愚遗址，结果是一无所获，留下一首《携柳记寻八愚旧迹不得》诗，其诗云："十年溪上意，怀抱何殷殷。如此山川秀，自传冰雪文。小桥横野色，乱石带寒云。我欲采高隐，遗踪不可闻。"山川景色依旧在，冰雪文章更流行，但当年的高洁隐士不仅了无踪迹，连居住过的地方也是"遗踪"全无。这是陈正谊的遗憾，更是来此凭吊柳宗元的所有人的遗憾。

为弥补这一遗憾，后人一直在努力寻找八愚遗址的准确位置。

毕竟，愚溪两岸山峦夹峙，地面不宽；"入二三里，得其尤绝者家焉"，路途也不远。根据柳宗元诗文所描述的线索来寻找八愚遗址，也没有太多可供选择的地方。因此，今人所指认的八愚遗址，主要就是两个地点：

1. 愚溪北岸说，即今柳子街120~126号处。这主要是居住在柳子街的张绪伯的观点。他依据柳宗元文章的提示，认为愚堂应是在其风景最佳的钴鉧潭边。因为他在文章中多次提到钴鉧潭："孰使予乐居夷而忘故土者？非兹潭也欤！"（《钴鉧潭记》）"由冉溪西南水行十里，山水之可取者五，莫若钴鉧潭。"（《袁家渴记》）这说明柳宗元对钴鉧潭的钟爱之深足以使其"爱是溪"而居之为家。再说，柳宗元于元和四年（809）已购买了钴鉧潭边的一位土居人的田园和房舍。《钴鉧潭记》中有这样的记述："其上有居者，以余之亟游也，一旦款门来告曰，不胜官租私券之委积，既芟山而更居，愿以潭上田贸财以缓祸。予乐而如其言。则崇其台，延其槛，行其泉于高者而坠之潭，有声潨然。""崇其台，延其槛"显然是对其屋宇房舍的改造。尤为重要的是，这里有古老的"十五亭"，张绪伯认为"十五亭"就是"愚亭"的别称，因为"愚"字是十五笔（横折和横折钩均看成是两笔），而且在十五亭的旁边还有愚泉、愚沟、愚池、愚岛等遗址；他还发现了愚堂的基石、柳宗元题写八愚诗的"溪石"，"更令人惊奇的是，柳宗元当年亲自种植的石榴树还存活着"[1]。这一观点，得到了一些学者的支持，如柴焕波发表了《永州山水千古颂，柳子遗迹何处寻》一文，很赞同这一观点[2]。零陵区曾

---

[1] 张绪伯.永州八愚寻考及其他[J].成都：四川师范学院学报（哲学社会科学版），1989(2).

[2] 柴焕波.永州山水千古颂，柳子遗迹何处寻[N].中国文物报，2013-05-10(006).

根据张的观点对愚泉、愚沟、愚岛、愚亭等景点进行了恢复，还在此处立了一块"愚溪诗序碑"，试图提醒游人此处就是"八愚遗址"。

但这一观点有一个致命的缺陷就是：八愚遗址应该是在愚溪的南岸而不是北岸。对此，柳宗元自己说得很清楚："方筑愚溪东南为室，耕野田，圃堂下，以咏至理，吾有足乐也。"（《与杨诲之书》）所以，绝大多数的专家学者都不赞同这一观点；近年来零陵区也已将"愚溪诗序碑"撤除，说明也不认同这一观点。

2. 愚溪南岸说，即今吕家冲所在地。这主要是陈雁谷的观点，他考据的理由如下：

> 柳宗元从黄叶渡（今大西门渡口）过潇水，沿着溪水东岸步行二三里的地方，是吕家冲（今零陵区河西东岳宫地段）。柳宗元把溪水更名为"愚溪"是吕家坝湾一湾溪水。"愚溪之上，置小丘为愚丘"（《愚溪诗序》）。愚丘的东面是吕姓世世代代生息繁衍的吕家垣，在吕家垣西面一片郁郁葱葱傍山依水的"尤绝者"地，叫愚丘，柳宗元即在愚丘筑室定居。"自愚丘东北行六十步，得泉焉，又买居之为愚泉"（同上）。愚泉于1985年大搞农田水利建设时，当地人民凿石开发为鱼塘。愚泉原系一片长冬瓜形的低洼石板盆地，盆地南面堤坡下约两米处，有五六个泉眼，从泥沙中冒出清冽的泉水，泉水向北合流朝盆地中心流去，这合流的水沟，柳文叫愚沟。由于盆地是锅底型，中心地势最低，再北地势渐高，泉水北流被阻，便沿着西堤向西南较低的出水口流出盆地，注入愚溪，这就是柳文所说："愚泉凡六穴，皆出山下平地，盖上出也。合流屈曲而南"（同上）。柳文所说的愚池，即盆地中心地势最低处，"负土累石，塞其隘为愚池"（同上）。池中一马鞍形石，今屹然露出鱼塘水面，是为愚岛。愚池之东为愚堂，其南为愚亭。综上考察，柳宗元所谓溪、丘、泉、沟、池、岛、堂、亭等八愚一一呈现。①

八愚的关键是"愚泉"，"愚泉凡六穴"，汩汩地"上出"冒水，这应

---

① 陈雁谷.柳宗元与愚溪[J].零陵师范高等专科学校学报，2001(2).

该是一股很大的泉水；而且，沟、池、堂、亭等都容易荒废，泉水是很难荒废的。在愚溪周边，确实很难找到能够这样对应的泉水，所以陈雁谷的考据，很快得到绝大多数人的认可，几乎成为定论。陈雁谷还有一个较有说服力的旁证，那就是刘禹锡《伤愚溪》诗中提到的"木奴千树属邻家""柳门竹巷依依在"。"木奴"就是柑橘，邻家有柑橘千株或许有点夸张，但至少有一片柑橘林，这当然是"僧游零陵"之后告诉他的；同时，这里还有一片竹林，所以才有"柳门竹巷依依在"的描述。综合这些因素，确实也只有吕家冲可以具备这样的条件。

（三）愚溪怀古代相传

柳宗元之后，来愚溪寻访柳宗元足迹、凭吊柳宗元故址的文人墨客络绎不绝，留下诸多怀柳诗词，这里选一些较有代表性的诗作给予简单介绍。

最先写愚溪并怀念柳宗元的诗，是刘禹锡的《伤愚溪》三首：

伤愚溪三首（并序）

故人柳子厚之谪永州，得胜地，结茅树蔬①，为沼沚②，为台榭，目曰愚溪。柳子没三年，有僧游零陵，告余曰："愚溪无复曩时矣③！"一闻僧言，悲不能自胜④，遂以所闻为七言以寄恨。

其一

溪水悠悠春自来，草堂无主燕飞回⑤。
隔帘唯见中庭草，一树山榴依旧开⑥。

---

① 结茅树蔬：建造茅屋，种植蔬菜。
② 为：筑造。沼：小池塘。沚（zhǐ）：水中的小洲。
③ 无复曩（nǎng）时：不如过去。曩，从前的，过去的。
④ 胜（shēng）：禁得起。
⑤ 草堂无主：指柳宗元已去世。
⑥ 山榴：山石榴，又名杜鹃花、映山红。

其二

草圣数行留坏壁①，木奴千树属邻家②。
唯见里门通德榜③，残阳寂寞出樵车④。

其三

柳门竹巷依依在，野草青苔日日多。
纵有邻人解吹笛⑤，山阳旧侣更谁过⑥。

刘禹锡是柳宗元生前挚友，为其刊印《柳河东先生集》传诸后世。刘禹锡的《伤愚溪三首》，写出了柳宗元愚溪故居的变化状况，也淋漓尽致地表述了诗人怀念故旧的伤感。

到了宋代，写愚溪的诗作便如雨后春笋，最为流行的当是欧阳修的《咏零陵》：

画图曾识零陵郡，今日方知画不如。
城郭恰临潇水上，山川犹是柳侯余。
驿亭幽绝堪垂钓，岩石虚明可读书。
欲买愚溪三亩地，手拈茅栋竟移居。

欧阳修先写零陵的山水之美，而且有"垂钓""读书"绝佳去处，使得

---

① 草圣：东汉张芝擅草书，人称"草圣"。此处指柳宗元的墨迹，柳宗元是书法家，擅章草。
② 木奴：柑橘树的别称。
③ 里门通德榜：东汉孔融为北海相，十分敬仰郑玄，命高密县为他专门设郑公乡，并将里巷的大门修得很高，使得较高的车马也能通过，号为通德门。此喻指柳宗元故居里门。
④ 樵车：柴车。
⑤ 吹笛：据《晋书·向秀传》载：嵇康被司马昭杀害，其好友向秀为了悼念嵇康，"经山阳之旧居"，"邻人有吹笛者，发声寥亮"，向秀"追想曩者游宴之好，感音而叹"，写了一篇《思旧赋》，以表示对嵇康的深切怀念和沉痛哀悼。
⑥ 山阳：汉代县名，在今太行山之南。东汉建安二十五年（220），曹丕废汉献帝为山阳公，即在此地。

他竟不免神往柳宗元的生活："欲买愚溪三亩地，手拈茅栋竟移居。"诗题虽是《咏零陵》，但落脚点却在写愚溪。

南宋"中兴四诗人"之一的范成大，写了两首愚溪诗。这里选录其一《愚溪在零陵城对岸，渡江而至，溪甚狭，一石涧耳，盖众山之水，流出湘中》：

> 一水弯环罗带阔，千古零陵擅风月。
> 取名如许安得愚，因病成妍却奇绝。
> 至今镜净不可唾，犹恐先生遗翰墨。
> 泽及溪流不庇身，付与后来商巧拙。
> 我欲扁舟穷石涧，春涨未生寒濑咽。
> 纷红骇绿四山空，惟有风篁韵骚屑。
> 清溪东去客西征，钴鉧潭边聊驻节。
> 何时随汝下潇湘，归路三千橹伊轧。

乾道七年（1171），范成大以集英殿修撰出知静江府（广西桂林）兼广西经略安抚使，开启了他人生中所谓"南宅交广"之行。乾道八年（1172）腊月七日，范成大从家乡吴郡（苏州）出发，南经湖州、余杭，至富阳而入富春江，随后经桐庐、兰溪入衢江，又经信州（上饶）、贵溪、余干而到南昌，再入赣江。乾道九年（1173），范成大入赣江支流袁水，过袁州（宜春）、萍乡进入湖南境内。然后泛湘江南下，至衡山，并陆行经永州、全州。三月十日，范成大入桂林。此诗就是范成大陆行过永州时所作，所以诗中说"清溪东去客西征，钴鉧潭边聊驻节"。愚溪向东注入潇水并掉头北去，而他却还要西去南下，离京城和他的家乡苏州越来越远。当时钴鉧潭边的"十五亭"应该是官府的驿站，负责接待往来官员，所以诗中说"钴鉧潭边聊驻节"。

宋代还有两首直接以《愚溪》命名的诗值得一读，先看陈与义的《愚溪》：

> 小阁当乔木，清溪抱竹林。
> 寒声日暮起，客思雨中深。
> 行李妨幽事，栏杆试独临。
> 终焉游子意，非复昔人心。

陈与义是南北宋之交的著名诗人。他的诗歌创作以金兵入侵中原为界限，分为前后两个时期。前期表现个人生活情趣的流连光景之作，词句明净，诗风明快，很少用典，清新可喜，以《墨梅》诗受到徽宗的赏识。陈与义是河南洛阳人，其家乡被金兵占领。南迁之后，因国破家亡，颠沛流离，经历了与杜甫在安史之乱时颇为相似的遭遇，对杜甫有了更深刻的认识，诗风有了改变，转学杜甫。他不像江西派诗人那样，只从句律用字着手学杜甫，而是把自己的遭遇与国家的命运融合在一起，题材广泛，感时伤事，写了不少寄托遥思的诗篇，趋向沉郁悲壮，雄阔慷慨，成为南宋学习杜甫最有成就的诗人之一。此诗末两句"终焉游子意，非复昔人心"，点出了自己因国破家亡、客居他乡与柳宗元因被贬谪、客居他乡的不同心境，让人感觉到更为沉重的"客思雨中深"，体现了陈与义沉郁悲壮的风格特点。

永州本地诗人乐雷发的《愚溪》五言绝句则写得清新自然：

独坐弹丝桐，爱此溪流曲。
仍似柳侯诗，山青水云绿。

理宗宝祐元年（1253），乐雷发的门人姚勉登科，上疏让第给乐雷发。理宗召见乐雷发亲试。金銮殿上，理宗问以"学、术，才、智，选、举，教、养"八事，乐雷发"条对切直"，留下了著名的"廷对八策"。"文章天子"宋理宗大悦，当即赐以"特科状元"，赐田八百亩，敕建状元楼一座，授翰林馆职。时值元兵大举进攻西北，乐雷发作《乌乌歌》《车攻赋》等，抒发抗元的壮志，指斥权臣昏庸，因而不得重用。乐雷发对腐朽的南宋政权十分绝望，于宝祐四年（1256）愤然称病回乡，隐居九嶷，寄情山水，用诗词抒发自己的爱国热情。此诗所表达的就是乐雷发寄情山水，惬意于隐居生活的情怀，与柳宗元《溪居》的情感相一致，所以诗中说"仍似柳侯诗，山青水云绿"。在这里，乐雷发既无范成大的惆怅，更无陈与义的沉痛，而是满心的愉悦——这是另一种情怀，是作为隐士热爱山水田园生活的爱国情怀。

元代陈孚的《咏永州》，最后也提到了愚溪，但表达了与众不同的看法：

> 烧痕惨淡带昏鸦,数尽寒梅未见花。
> 回雁峰南三百里,捕蛇说里数千家。
> 澄江绕郭闻渔唱,怪石堆庭见吏衙。
> 昔日愚溪何自苦,永州犹未是天涯。

在陈孚看来,这里有诸多山水异景,也有普通百姓人家,还有怪石堆里的吏衙——永州府衙所在地名"万石山",可见"怪石"之多——这么多人居住在这里都不觉得苦,柳宗元居住在愚溪这种清幽之地,怎么就觉得自己很苦呢?更何况,永州还不是最偏僻的天涯海角。陈孚之所以有这种观点,其原因有二:其一,他出使过安南(今越南),到过最偏僻的地方,相比较而言,永州自然算不得偏僻之地;其二,陈孚是台州临海人,这在元代属第四等级的"南人",纵有千般才华也得不到重用,他受压抑的程度应该远远超过柳宗元。因此,柳宗元被贬所遭受的那点苦,在陈孚眼里根本就算不上苦。

明代正德年间,永州知府曹来旬作《游愚溪》诗,并刻碑立于柳子庙,诗碑至今犹存。其诗云:

> 出城西渡湘江岸,愚溪远落青天半。
> 重山叠水郁迢迢,嘉禾奇葩纷绚烂。
> 揩目四顾尽清幽,古今应作南土冠。
> 我问溪名何为愚?共说先生有词翰。
> 试取遗篇次第看,抚卷不觉发长叹。
> 先生直道世不容,官谪司马退陬窜。
> 潇湘十载苦淹留,山水娱情度宵旰。
> 有才无用自谓愚,托名愚溪博一粲。
> 顾尔先生犹谓愚,矧予斗筲何足算。
> 愚与不愚俱莫论,而今愚溪复予伴。
> 可易愚溪名予斋,老守一愚乐衍衍。

此诗直抒胸襟,写得很直白,不仅认可了柳子之"愚",而且自己也要学柳宗元,坚守柳子之"愚":"可易愚溪名予斋,老守一愚乐衍衍。"柳宗元若九泉之下有知，一定会将曹来旬引为知己的。

清康熙年间的永州同知刘作霖的《愚溪》，其情感表达与曹来旬颇为相似：

> 永州有愚溪，柳子多遗迹。
> 当年纵游观，岂不感迁谪？
> 谁知千载下，凭吊多英杰！
> 文章固奇隽，高致亦清越。
> 纪石"八愚"诗，字刻俱消没。
> 寻诗过幽深，怀念成狂癖。
> 潇湘渔歌起，欸乃山水碧。
> 千载溯风流，恍惚公来接。

"文章固奇隽，高致亦清越"，刘作霖不仅高度评价柳子的文章，更是高度评价柳子的人品；尤其是怀念柳宗元竟成"狂癖"，乃至于出现"千载溯风流，恍惚公来接"的幻觉。如果说曹来旬是柳宗元的隔世知己，刘作霖则是柳宗元的千年"粉丝"。

清嘉庆时潇湘柳村居士王日照的《愚溪怀古》诗碑，现立于柳子庙内，读来亦颇有意趣。诗云：

> 泉陵山水幽且邃，先生自抱烟霞思。
> 钴鉧潭前秋水清，此溪尤足成高寄。
> 当年冉姓居成村，凭公改作愚溪地。
> 不美其称辱以愚，先生于此有深意。
> 怀才被谤远枫宸，十载淹留成八记。
> 教民爱士风俗淳，政绩至今称弗置。
> 朝游溪上浑忘情，暮坐溪头聊肆志，
> 一官鞄系几何年，一代文章万古传。
> 山水得名从此始，非公谁与破荒烟？

这小小的愚溪，随着柳子的"一代文章万古传"，愚溪山水也从此得以驰名天下，并引来无数名贤为之感慨不已，这确实有赖柳子的"破荒烟"

之功。

到了现代，游愚溪、写愚溪的诗词仍然不绝如缕，且看杨金砖的《秋夜游愚溪》：

> 愚溪桥下荡鳞波，三五月光斜映河。
> 绿柳垂垂拂浅水，微风阵阵乱残荷。
> 西山岭野蛩鸣静，潇水河旁渔咏歌。
> 举步欲从寻路去，忽惊寒露侵衫罗。

虽然不能说此诗的意境是如何高远，但作为眼前之景的描摹，却也写得错落有致，颇有韵味，平仄韵律也算谨严，如果能在意境上再提升一下，就很有点唐风意味了。

作为一代文学宗师的柳宗元，其影响力不仅可以跨越千载，还可以跨越万里，对全世界华文文学产生影响。20世纪80年代，日本全国汉语教育学会会长、樱美林大学文学部长石川忠久教授，带领日本汉诗爱好者一行28人来永州寻访柳宗元遗迹，参观柳宗元纪念馆柳子庙时，石川忠久挥毫题诗留念：

> 潇湘夜雨半晴时，策杖踏泥黄叶西。
> 公去一千二百载，我来万里立愚溪。

此诗很能说明柳宗元的影响力：可以穿越数千年的时间、跨越数万里的空间，将他的影响延续、播撒开来，这是百世宗师的永久魅力，也是愚溪的永久魅力。

第六章　理学鼻祖

　　潇湘文脉的三大顶峰：千古文祖舜帝、百世文宗柳宗元、理学鼻祖周敦颐。前二者均为"外来户"，从北方黄河中下游地区来到潇湘大地，带来了中原地区的先进文化，为潇湘文脉注入了新鲜血液，激活了新的生命力。周敦颐则是土生土长的潇湘人，如果说舜帝和柳宗元带来了北方文化并进而影响了潇湘文脉的源与流，周敦颐所开创的理学传统则形成了一种逆向的影响力：从潇湘大地影响到长江流域并进而影响到中原。周敦颐所开创的理学，曾经影响了中国近千年，时至今日，其"诚学"和"廉学"影响力似乎更有现实意义。

一、《爱莲》风范

周敦颐，字茂叔，谥元，学者尊称濂溪先生、周濂溪、周元公、周子。出生于道州营道县营乐里，今永州道县清塘镇楼田村，世称濂溪故里。北宋中期真宗、仁宗、英宗、神宗时期在世。历任江西分宁县主簿、南安军司理参军，湖南桂阳县令，江西南昌县令，四川合州判官，江西虔州通判，湖南永州通判摄邵州知州，湖南郴州知府，累官至尚书虞部郎中、广南东路转运判官提点刑狱，晚年任江西南康军知军。

（一）《爱莲说》：倡扬君子风范

北宋嘉祐八年，周敦颐在虔州与沈希颜、钱拓共游雩都罗岩（今江西省赣州市于都县），作《爱莲说》，刻丁石壁。宋本《周元周先生濂溪集》文后载有题跋："舂陵周惇实撰，四明沈希颜书，太原王搏篆额，嘉祐八年五月十五日，江东钱拓上石。"南宋淳熙六年，朱熹知南康军，曾将《爱莲说》刻石竖碑于濂溪书堂。南宋祝穆《方舆胜览》卷十七"南康军"记载："爱莲堂：周茂叔尝守是邦，后人作是堂于郡圃，朱元晦书'爱莲'二字。"《爱莲说》短小精悍，全文如下：

爱莲说

水陆草木之花，可爱者甚蕃①。晋陶渊明独爱菊。自李唐来，

---

① 蕃：滋生众多。

世人甚爱牡丹。予独爱莲之出淤泥而不染，濯清涟而不妖，中通外直，不蔓不枝，香远益清，亭亭净植，可远观而不可亵玩①焉。

予谓菊，花之隐逸者也；牡丹，花之富贵者也；莲，花之君子者也。噫！菊之爱，陶后鲜有闻。莲之爱，同予者何人？牡丹之爱，宜乎众矣！

这篇仅有119字的短文，按照现在的标准，只能算是一篇小品。但文章不仅说莲，而且说菊说牡丹；不仅说宋，而且说晋说唐，极尽概括，字字精练。其中说莲（别称荷花），接连写出三句警语，有一波三折、一唱三叹的气韵。"说"之文体，大抵以景物说义理，此文寄意君子之志，尤见得其义理中一派正大气象。此所谓言简而意繁，语约而情丰，写抒情散文能达此境界者，可以说前无古人后无来者。

文章一开头即高度概括，给全文确定了基调："水陆草木之花，可爱者甚蕃。"大自然之中，"繁花似锦"，不可尽举，但无非"水陆草木"之类，仅四字便已概括殆尽。而"可爱者甚蕃"，正为下文的选择做好了铺垫。

"晋陶渊明独爱菊。自李唐来，世人甚爱牡丹。"这里的选择，既有历史的变化，也有个人"独爱"与世人"共爱"的差别；但作者只写爱花的"变化"和差别，并不分析其原因。这大致是因为周敦颐不想探究其原因，因为喜爱什么样的花，各人有选择的自由，无须探究其原因。

而写到自己的"爱莲"，则直抒其原因："予独爱莲之出淤泥而不染，濯清涟而不妖。"这两句，不仅直抒原因，而且直取本质。莲花的外在特征是妩媚妖冶，这也能博得众人之爱；但周敦颐所爱的首先是"出淤泥而不染，濯清涟而不妖"，这是总括莲花的生命形态，是最具本质特征的生命形态。此二句，成为古今述写莲花的典范佳句，颇使后人有"眼前有景道不得，崔颢题诗在上头"之感，更有屈原"举世皆浊我独清，众人皆醉我独醒"之意。

接下来的四句就不仅仅是直取莲花的本质，更是盛赞似莲花般的君子人格："中通外直，不蔓不枝，香远益清，亭亭净植。"此四句的意蕴，显

---

① 亵：轻慢，不尊重。

然与《中庸》的"君子和而不流,中立而不倚"相通。后人赞赏周敦颐所描述的莲花品质时,注重的往往是"出淤泥而不染,濯清涟而不妖",而忽略了"中通外直,亭亭净植"。其实,后者才是作者的重点所在,也是作者一生所要追求的人格目标。元代虞集《四爱题咏》说:"'不蔓不枝'者,纯一不杂之谓也。'亭亭净植'者,中立不倚之谓也。"元代吴澄《香远亭记》说:"曰'中通',曰'外直',德之备于己者也。曰'出淤泥而不染',曰'濯清涟而不妖',德之不变于人者也。"很显然,"德之备于己"是基础,自己在人格的修养上首先要做到"纯一不杂""中立不倚",才有可能做到不被环境污染"不变于人"。南宋袁甫《白鹿书院君子堂记》甚至说:"先生之学,通贯天地万物,而独爱一莲,何哉?莲亦太极也。中通外直,亭亭净植,太极之妙具于是矣。"由此而论,"中通外直"还是周子一切学术的出发点了。

"可远观而不可亵玩"则是对君子人格的进一步强化:君子洁身自好,如冰如玉,有一股凛然正气、浩然豪气,不是随意可以侵犯的。

简而言之,"中通外直"也就是"中立""中节",是周敦颐所坚守和提倡的做人原则,与尧舜的"正大光明"之德、屈原的"伏清白以死直"是一脉相承的,所以才是"天下之达道也,圣人之事也"。事实也是如此,周敦颐一生为官清廉,尽心竭力,深得民心;为人光明磊落,正直无畏。周敦颐在南安任司理参军时,有一狱囚法不当死,但转运使王逵却决意杀之,众官虽觉不当,但都不敢出面说话,惟周敦颐据理力争,王逵不听,他便要弃官而去,气愤地说:"如此尚可仕乎?杀人以媚人,吾不为也。"(《宋史·道学一》本传)在他的感染下,王逵最终放弃了原来的意图。这就是周敦颐为人做事"中通外直"的具体表现。"莲之爱,同予者何人?"周敦颐的设问,正是希望形成一种共有的人格秉性,以确立一种群体认同的文化特质。

《爱莲说》在中国历史上和现代社会均产生了广泛的影响。在今天初中语文课本里选了《爱莲说》,其教学目标规定:"学习莲花的高洁品格,培养'出淤泥而不染'的良好道德情操。"有的中学语文老师备课教案中写道"出淤泥而不染,濯清涟而不妖",象征高洁、质朴,比喻君子既不同流合污,又不孤高自许。"中通外直,不蔓不枝",象征正直,比喻君子通达事理,行为方正。"亭亭净植,可远观而不可亵玩焉",象征清高,比喻君子志洁行廉，又有端庄的仪态。而学生的选择答案以及读后感则有："在污浊的社会中洁身自好""不做追名逐利的小人""切勿追求超前享受""做改革开放浪潮中的莲花""做新时代的莲花""要学莲花，莫做牡丹"等等。立意虽好，但却误解了周子原意。

比较而言，中国台湾国文教学对《爱莲说》的理解不似大陆这般思维绝对化。爱莲很好，爱菊花、爱牡丹，也不错。在中国传统观念中，原本有"君子四爱"之说，即陶渊明爱菊、林和靖爱梅、黄山谷爱兰、周茂叔爱莲，又有梅、兰、竹、菊"四君子"之说。中国台湾国文教案中的考题，也多是比较题，而不是选择题。比如说梅：不屈不挠、幸福吉祥；兰：不矫饰的心、高贵美人；竹：虚心、正直；菊：清静、高洁；牡丹：壮丽、富贵。给学生的思考题如：陶渊明《五柳先生传》与《爱莲说》二文的主旨有何相同之处？"四君子"平行并列，各有所宜，各有所爱，不存在截然的对立。

我们还可以参照张潮《幽梦影》的说法，"梅令人高，兰令人幽，菊令人野，莲令人淡，春海棠令人艳，牡丹令人豪，蕉与竹令人韵，秋海棠令人媚，松令人逸，桐令人清，柳令人感"，一气排比出许多花色品种，使人各取其宜，有"一人知己，可以不恨"之感。这样的教学方针比较个性化，提倡兼容并包，人各有志，而不是一爱上莲花，就排斥其他。这就提醒读者，《爱莲说》中的"花之君子"并非站在"小人"的对立面上而言。《中庸》引用《诗经》的诗句说"鸢飞鱼跃"，濂溪先生曾经说"窗前草不除"。天地万物都是天理之自然流行，都有自己的合理性。南宋袁甫《马实夫君子堂记》云："昔濂溪先生爱莲有说，而于他花不能无贬焉。余曰：四时之变不同，而草木之花随之。兰菊固各有时，胡可以一律齐哉？独莲也，当流金铄石之时，有潇洒出尘之韵，是则尤可贵耳。至于时，则与他花等，未可以彼议此。"因此，作为一代儒学宗师，如果认为他是用莲花来否定牡丹，显然有违大师的胸襟。

（二）君子风范之内涵：清廉与有为

进一步分析《爱莲说》的寓意，主要有两层：一是清廉，二是有为。

"清廉"之意无须多说，周敦颐无论是生前或身后，都有"至廉""清尚"之名。黄庭坚《濂溪诗序》云："廉于取名而锐于求志，薄于徼福而厚于得民，菲于奉身而燕及茕嫠，陋于希世而尚友千古""闻茂叔之风，犹足律贪，则此溪之水配茂叔以永久，所得多矣"。自古至今，学习莲花的高洁品格，培养良好的道德情操，都会选编《爱莲说》。其中"出淤泥而不染"一语尤被视为清廉的象征写法。这说明"清廉"之意已经广泛地深入人心。

重点需要说明的是"有为"。朱子说："濂溪在当时，人见其政事精绝，则以为宦业过人；见其有山林之志，则以为襟袖洒落，有仙风道气，无有知其学者。惟程太中独知之。"前者谓练达政事，指一种务实治世的能力；后者谓道家隐逸之风。前者是有为，后者是无为。那么，《爱莲说》中表露出来的，究竟是有为还是无为？

事实上，周敦颐在生之时，与朋友之间谈论得最多的，是"仕"与"隐"亦即"有为"与"无为"的话题。潘兴嗣《濂溪先生墓志铭》："君笃气义，以名节自砺……尝过浔阳，爱庐山，因筑室溪上，名之曰濂溪书堂。每从容为予言：'可止可仕，古人无所必。束发为学，将有以设施，可泽于斯民者。必不得已，止未晚也。此濂溪者，异时与子相从于其上，歌咏先王之道，足矣。'"可见，"泽于斯民"，才是周敦颐所努力追求的，即使退隐濂溪，也要通过"歌咏先王之道"来影响世人。显而易见，周敦颐所追求的是"仕"而有为、"隐"亦有为。

由此反观《爱莲说》，文中莲花、菊花、牡丹三者的对比，指出了二二对比取舍的路径：一是取莲（君子）而舍菊（隐逸）；二是取莲（君子）而舍牡丹（富贵）。牡丹的象征最为明朗，富贵对众人的影响是最大的，也是最庸俗的，因而是众人最为关注的；相对而言，菊花、隐逸的意图则被掩盖起来了，而莲与菊的取舍，却是作者更深层的隐忧所在。

牡丹（富贵）不等于贪污，并且为官本就不能贪污，既然为官，"是否可以贪污"这个问题根本无须讨论。莲花、菊花、牡丹三者应是平行的好尚取舍关系，三种选择之间，是心志问题，不是法律问题。无论古今，廉洁都是需要的，贪污都是违法的。因此，《爱莲说》的主旨，是讨论清廉与有为，不是廉洁与贪污的问题。

读书人学而优则仕，最纠结的其实是仕与隐的问题。在古代，读书人真正需要考虑的问题是"穷达"。到底是"穷而独善其身"，还是"达而兼善天下"；换言之，到底是积极地出仕进取，还是不得已"退而求其次"。

面对这个问题,几乎所有的读书人都要思考,而且总是有人犹豫不决。

钱穆曾说:"北宋理学开山有四巨擘:周敦颐濂溪、张载横渠、程颢明道、程颐伊川兄弟。此四人皆仕途沉沦,不居显职,在朝中之日浅,并未在治道实绩上有大表现。"周敦颐从30岁走向官场,到55岁退职,整整25个年头,其职位一直在州、县两级地方官的岗位上徘徊。他终生流连官场,而又常有隐遁之意,其中的辗转取舍、隐忍含蓄,确实会令人难以捉摸。但他于徘徊之际,始终坚持官守,直到去世的前一年,毕竟有为占据着主导。

明代胡广《濂溪遗爱亭诗序》说:"周子岂真爱莲哉?特爱夫君子之人,而有以取于莲也。故曰'同予爱者何人',盖深有望于将来者乎!"期望"将来者"能成为"君子","君子当自强不息",既要清廉,也要有为。"居庙堂之高,则忧其民;处江湖之远,则忧其君",进退皆"忧",其实质也就是进退"有为",这才是真儒家。因此,周敦颐的取舍是双重的:与富贵相对的取向是安贫而清廉,与隐逸相对的取向是进退皆有为。由此可见,《爱莲说》的思想主题也是双重的:安贫而清廉,进退皆有为。

(三)君子内涵之拓展:守拙与安顺

与《爱莲说》相类似,能体现周敦颐君子风范的作品,还有一篇《拙赋》。周敦颐素来惜墨如金,这篇《拙赋》更是超级短文。全文如下:

> 或谓予曰:"人谓子拙。"予曰:"巧,窃所耻也,且患世多巧者。"喜而赋之,曰:
>
> "巧者言,拙者默;巧者劳,拙者逸;巧者贼,拙者德;巧者凶,拙者吉。呜呼!天下拙,刑政彻。上安下顺,风清弊绝。"

这篇赋不计标点符号只有40字,加上序25字,总共65字,短得不能再短。但这篇短文,却是体现周敦颐人格魅力的重要文章。

文章一开头,周敦颐就提出一个问题,即有人认为他笨拙,或者说迂腐。他为什么提出这样的问题?北宋治平二年(1065),周敦颐由虔州(今江西省赣州市)通判平调为永州通判。翌年二月上旬,周敦颐到任。永州与道州相邻。道州故里的乡亲，都想前来看望周敦颐。最先到永州看望周敦颐的，是其同父异母兄长周砺之子仲章。闲谈中，仲章对周敦颐说，叔叔现在身为永州通判，家里一些堂兄堂弟都想请您高抬贵手，给他们一官半职。对此，他严肃地表示不行。仲章住了几天后，要返回营道。为堵住乡亲的求官求职欲望，周敦颐特地写了一首《任所寄乡关故旧》诗："老子生来骨性寒，宦情不改旧儒酸。停杯厌饮香醪味，举箸常餐淡菜盘。事冗不知精力倦，官清赢得梦魂安。故人欲问吾何况，为道春陵只一般。"在这首诗里，周敦颐的态度不仅明确而且生硬。仲章回去以后，将周敦颐的诗给乡亲们传阅，从而打消了他们的求官念头。周敦颐这样做，给当时的官场带来一阵清风，但也遭到不少非议。有的人认为周敦颐只知道洁身自好，不谙人情世故，太过拙笨。这篇《拙赋》，实际上就是对这些非议的正面回答。其目的，就是要崇拙而去巧，颂拙而耻巧，形成一种"上安下顺、风清弊绝"的局面。

在提出问题后，周敦颐非常明确地亮出了自己的立场与观点：自己以巧为耻，而且担忧现在的"巧者"太多了。在现实社会生活中，巧与拙都有其两重性。一方面，巧代表了聪明能干，如巧手、巧匠、巧妇、巧干等；另一方面，巧也代表虚伪，不诚实，如巧言令色、花言巧语、巧舌如簧等。拙，也具有两重性。一方面，拙代表了真诚谦虚，实事求是，如拙诚相见、拙见、拙作、拙笔等。另一方面，拙也代表愚蠢，如拙劣、拙讷等。在这篇短文里，周敦颐所指的巧，是其虚伪、不诚实的一面；所指的拙，则是真诚谦虚、实事求是的一面。

在亮明自己立场观点的基础上，周敦颐从四个方面，将"巧者"与"拙者"进行了全方位的对比。在言语上，巧者花言巧语，千方百计吸引人们的眼球；而拙者忠厚老实，无须多言，信守"沉默是金"。在行为上，巧者煞费苦心，投机钻营，活得很累；而拙者没有私心杂念，处世泰然，用不着阿谀逢迎，活得自在、坦然。在道德上，巧者损人利己，损公肥私，是地地道道的"贼者"；而拙者正大光明，严于律己，是社会所推崇的"德者"。在最终结果上，巧者因多行不义必自毙，必然蹈入凶险之境；而拙者无欲则刚，问心无愧，自然呈现吉祥之态。无疑，周敦颐是"守拙"的；也正因为他的"守拙"，奠定了他在中国历史和文化史上千古永恒的人格魅力。

由于这篇短文意义重大，后人为纪念周敦颐，在永州通判厅的后面建立"拙堂",将《拙赋》刻于堂中石碑之上。后来,大学问家胡安国之侄胡寅任永州知府时,读了这篇《拙赋》,拍案叫绝,不仅认为做人要"拙",而且为政也要"拙"。于是,他将"拙堂"改为"康功堂",并赋诗一首:"政拙催科永陵守,实赖贤僚相可否。邦人复嗣海沂歌,仓廪虽空闾里有。貔貅未饱军须急,赤子如鱼釜中泣。若知王业在农桑,国势何劳忧岌岌。"诗中永陵即永州。在胡寅看来,如果为政也能"守拙",何愁农桑不富,国势不安?!宋代何平仲《题周茂叔〈拙赋〉》云:"伪者劳其心,关机有时阙。诚者任其真,安知拙为拙。舍伪以存诚,何须俟词说。"守拙也就是去伪存真,诚实做人,不要"机关算尽太聪明,反误了卿卿性命"。正面、反面,道理说起来很简单,真正做到很难。

二、"诚学"高峰

"诚"在中国思想史上有着丰富的内涵,可以从政治、道德、哲学等不同层次进行解释;而且,无论是理论内涵或实践价值,都有一个发展演变的过程。从舜帝所提倡的"诚允",作为政治公信原则,运用于国家治理,到孔孟提倡的"诚信",扩展为伦理道德律则,用于规范全社会的言行,再到《中庸》所提倡的"诚性",上升到哲学层面作为"成己成物"的普遍法则,最后到周敦颐所论定的"诚几",提升到哲学本体论的高度,作为万物本源的不二定则和万物运行的普遍定律,将"诚"之内涵和价值推向了最高峰。

(一) 舜帝之"诚允":政治公信原则

从现有的历史文献来看,在谈到尧舜时代的治国理念时,尚未直接使用"诚"的概念,但有一字与"诚"相通,而且使用率较高,那就是"允"。如《论语·尧曰》:"天之历数在尔躬,允执其中。"《尚书·舜典》:"命汝作纳言,夙夜出纳朕命,惟允。"《尚书·大禹谟》:"人心惟危,道心惟微，惟精惟一，允执厥中。"这里的"允"是会意字，从甲骨文的字形来看，上为"以"，下为"儿"（人）；"以"是信任，用人不疑、用人不二就是"允"。所以《说文》云："允，信也。"司马迁在复述《尚书·舜典》的上述内容时，干脆改"允"为"信"："舜曰：'龙，朕畏忌谗说殄伪，振惊朕众，命汝为纳言，夙夜出入朕命，惟信。'"（《史记·五帝本纪》）

"允"与"信"相通，与"诚"也是相通的，《尔雅》云："允，信也；允，诚也。"《说文》亦云："信，诚也。"因此，"允""信""诚"字义相通，可以互训，在一定范围内也可以互换，由"允"所组合的一些词语，其含义也可以相同，如"允元"，指值得信任的仁厚之人；"允直"，指诚实正直之人；"允忠"，指忠诚忠信之人。

在《尚书》中，"纳言惟允"与"允执厥中"是相互配合的治国理念。"纳言惟允"是前提，它要求以诚信的态度，广开言路、广纳贤才，实现政治清明，提高政府及官员的公信度。《孔传》解释"纳言"云："纳言，喉舌之官。听下言纳于上，受上言宣于下，必以信。"《正义》则云："'从早至夜出纳我之教命，惟以诚信'，每事皆信则谗言自绝，命龙使勉之。"这里的重点是解释"惟允"，其中包含了三重可信度：首先是舜帝自己所说的话要诚实可信，其次是百官百姓的话要真实可信，其三是中间环节的上传下达更要属实可信。三者要做到"可信"，关键是政治开明："月正元日，舜格于文祖，询于四岳，辟四门，明四目，达四聪。"（《尚书·舜典》）《孔传》曰："谋政治于四岳，开辟四方之门未开者，广致众贤。广视听于四方，使天下无壅塞。"正是因为有了"广视听于四方"做基础，百姓才会说真话，才能保证龙的传达"属实"；如果只是听信龙一人的上传下达，就势必会造成言路"壅塞"，从而失"信"于民。

政治清明，不仅要取"信"于民，甚至要取"信"于罪犯。《尚书·舜典》："皋陶……汝作士，五刑有服，五服三就，五流有宅，五宅三居。惟明克允。"《正义》："'克允'谓受罪者信服。故王肃云'惟明其罪，能使之信服'，是信施于彼也。但彼人信，由皋陶有信。""惟明克允"也就是要求对待罪犯公平公正，让他们信服。如《尚书·吕刑》谈执法："惟良折狱，罔非在中。"谈判案："民之乱（治）也，罔不中听狱之两辞，无或私家于狱之两辞。"执法在"中"，判案也在"中"，都是要求公正、不徇私情。在这里，"允执厥中"是目的，也就是将"中"的原则——公平公正落实到生活细节的真实上。

要真正做到广开言路，还要摆正君与民包括官与民的位置："帝曰：俞！允若兹，嘉言罔攸伏，野无遗贤，万邦咸宁。稽于众，舍己从人，不虐无告，不费困穷，惟帝时克"，"无稽之言勿听，弗询之谋勿庸。可爱非君？可畏非民？众非元后何戴？后非众罔与守邦"（《尚书·大禹谟》）。这里的要点是如何做到"舍己从人"，其前提是如何认识君与民的关系：是"爱君"还是"畏民"？心存"畏民"之念，才有可能舍弃私念而依从众人。

与广开言路相联系的是政务公开，这与所谓的"中旗"相关。据刘节考证，"中旗"是一种制度，而且由来已久："《吕氏春秋·谕大篇》：'舜欲旗古今而不成。'所谓'旗古今'，就是说把古今的事都写在中旗上。《国语·楚语》灵王引用史老的话：'余左执鬼中，右执行殇宫，凡百箴谏，吾尽闻之矣！'"[①] "鬼中"应为"归中"，《说文》云："人所归为鬼。"《释言》亦谓："鬼之为言归也。""归中"是说将"百箴谏"的话全都"归纳"到"中"上，这是舜帝"旗古今"的实现。舜帝当时之所以"不成"，可能是因为文字尚不成熟，而"旗"太小，"古今事"太多，写不下。

舜帝之所以要把古今事写在中旗上，是因为中旗在古代社会具有特殊的意义："中者最初为氏族社会中之徽帜，《周礼·司常》所谓'各画其象焉，官府各象其事，州里各象其名，家各象其号'，显为皇古图腾制度之孑遗"，"盖古者有大事，聚众于旷地，先建中焉，群众望见中而趋附，群众来自四方，则建中之地为中央矣。列众为陈，建中之酋长或贵族，恒居中央，而群众左之右之望见中之所在，即知为中央矣。然则中本徽帜，而所立之地，恒为中央，遂引申为中央之义，因更引申为一切之中"。[②] 中旗是众"望"所归之处，古今大事写在旗上，就可以让群众"望"而明了。这是舜帝意欲推行的"旗教"或者说是"政务公开"，与命龙作"纳言"的指导思想是一致的。二者的区别只是在于：中旗"公示"的是以事实为"信"，龙所"出纳"的是以言语为"信"。因此，"中"与"允""信""诚"也是相通的。

---

① 刘节.中国史学史稿[M].郑州：中州书画社，1982：12—13.
② 唐兰.殷墟文字记[M].北京：中华书局，1981：53—54.

(二) 孔孟之"诚信": 伦理道德律则

在儒家的经典中,最早对"诚"进行论述的是《孟子》。《孟子·离娄上》说:"是故诚者,天之道也;思诚者,人之道也。至诚而不动者,未之有也,不诚未有能动者也。"在孟子看来,"诚"是自然(天道)和人类社会(人道)运行的最高道德律则。《荀子》则认为"诚"既是养心修身的根本原则,也是大自然运行变化的规律,《荀子·不苟》说:"君子养心莫善于诚,至诚则无它事矣","变化代兴,谓之天德……夫此有常以至诚者也"。《孟子》之前的《论语》,虽然没有提到"诚",但多处提到了"信",因为二者的含义相同,所以讲"信"的地方也可以当作"诚"来解释。

孔子很重视"信",他说:"人而无信,不知其可也。大车无輗,小车无軏,其何以行之哉?"(《论语·为政》)在曾子的"三省"中,也有一条是"与朋友交而不信乎"?子夏也说:"与朋友交言而有信,虽曰未学,吾必谓之学矣。"(《论语·学而》)从孔子及其门人的语言中可以看出,所谓"信",首先就是待人接物的表现。人与人之间,是以言语和行为来交往的,口里怎样说,行动上就怎样做,这就是诚实的态度;这一刻怎样说,下一刻一定要兑现,这就是诚信的品质。这些,都是做人的道德律则。子贡曾经问孔子:"何如斯可谓之士?"孔子认为"士"可分为三个等次:其一是"行己有耻,使于四方,不辱君命";其二是"宗族称孝,乡党称弟";其三是"言必信,行必果,硁硁然小人哉"(《论语·子路》)。第一等次的士人是干大事的官员;第二等次的士人道德修养好,至少在他所生活的圈子里是小有名气的;第三等次的则是普通人,"硁硁"是谦虚而坚正之貌,"小人"既指人品低下之人,也指地位低微之人,这里是指后者,意思是说,即使地位低微,也应该谦虚而坚正地做到"言必信,行必果"。由此可见,"言而有信"是对所有人的基本要求,所以孔子又说:"始吾于人也,听其言而信其行;今吾于人也,听其言而观其行。"(《论语·公冶长》)这是强调在待人接物中要言行一致,心口如一,绝不能欺骗人。

不欺人是诚信的第一要义。但欺人者在欺骗人的同时,往往也是在自我欺骗。所以诚信的要义除了"不欺人"之外,也包含有"不自欺"的意思。《论语》中有个例子,有一次孔子病得很重,子路便带着门人充当孔子的

"家臣",意思是万一孔子死了,丧礼可以风光一些。而其实,当时的孔子已经去位,并没有家臣。孔子知道后说:"由之行诈也。无臣而为有臣,吾谁欺?欺天乎?"(《子罕》)像这种不"诚"的行为,用来欺骗别人没什么意义,只是要抬高一下自己的身价,给自己的脸面增增光,说到底,是一种"欺天"亦即自欺欺人的行为。这种行为虽然无损于他人,但同样是一种不"诚"的行为,所以孔子不允许这样做。

要做到"言而有信"就必须"守信",这是"诚"的基本要义之一,但如果把"守信"当作一种教条来理解,那就走向了"诚"的反面。例如《左传》中的锄麑,他接受暴君晋灵公之命去刺杀赵宣子,但他发现赵宣子其实是一个值得尊敬的正派人,于是便放弃了刺杀任务。但他又觉得"弃君之命,不信",为了守信,便只好自杀了(《左传·宣公二年》)。这种自杀,对于社会公德的维护并无太大的意义,主要是为了维护自己守信的名声,所以,从根本上说,也是一种自欺欺人的做法。

相对于舜帝所提倡的"诚允",孔、孟所倡扬的"诚信",首先在理论内涵上有了拓展,即从治国理念扩展为伦理道德理念;其次是在实践上有了更宽广的范围,即从政治生活领域扩大到全社会、从官员扩大到全民。但有一点则又是相通的,那就是重视实践性,只是侧重点有所不同,前者是重视国家管理的政治实践,后者是重视个人修养的道德实践。而将二者紧密地结合起来并使之成为一个完整的实践过程的,则是《大学》的"三纲八目":"古之欲明明德于天下者,先治其国;欲治其国者,先齐其家;欲齐其家者,先修其身;欲修其身者,先正其心;欲正其心者,先诚其意;欲诚其意者,先致其知;致知在格物。物格而后知至;知至而后意诚;意诚而后心正;心正而后身修;身修而后家齐;家齐而后国治;国治而后天下平。自天子以至于庶人,壹是皆以修身为本。其本乱而未治者否矣。其所厚者薄,而其所薄者厚,未之有也!"在"三纲八目"的实践过程中,是有着严格的逻辑递进关系的,而"正心、诚意"则处于中间的核心环节,缺失了这两个环节,整个逻辑链条便无法接续,整个实践过程便无法完成,其结果就是天下大治无法实现,社会陷入混乱。可见"正心、诚意"的重要性。

在《中庸》里,也有相类似的逻辑递进关系,同样把"诚"摆在基础的、关键的地位:"在下位不获乎上,民不可得而治矣。获乎上有道:不信乎朋友，不获乎上矣。信乎朋友有道：不顺乎亲，不信乎朋友矣。顺乎亲有道：反诸身不诚，不顺乎亲矣。诚身有道：不明乎善，不诚乎身矣。"（《中庸第二十二章》）这里，从获乎上、信乎朋友、顺乎亲到诚乎身、明乎善，同《大学》的"三纲八目"一样，显然是有着逻辑递进关系的，而"信"与"诚"则表现在不同的层次上。获得皇上（或上司）及朋友的信任，这需要通过外在的行为表现来证实，而"明乎善"与"明明德"的含义相同，是"诚乎身"的思想前提，"诚"正是"善"的内化，通过对"善"的理解和把握，使之融入人的心灵，内化为人的思想道德品质，然后再外化为道德行动，从孝顺父母开始，再到获得朋友、皇上（或上司）的信任，从而治理好民众，这也就是修齐治平的思维路径。

（三）《中庸》之"诚性"：成己成物法则

当然，"诚"之内涵也不仅仅局限于伦理道德领域，《中庸》一书，更多的是从哲学层面来阐发的。《中庸》开篇即说："天命之谓性，率性之谓道，修道之谓教。"那么，性、道、教与诚是什么关系呢？

首先，尽性是诚："唯天下至诚，为能尽其性。能尽其性，则能尽人之性；能尽人之性，则能尽物之性；能尽物之性，则可以赞天地之化育；可以赞天地之化育，则可以与天地参矣。"（《中庸》）也就是说，只要能尽其性，就是至诚；有了至诚，就能先尽人之性，再尽物之性。因此，不管是人性还是物性，都是与诚相通的，而且是最高的诚——至诚。或者也可以说，"尽性"就是"诚性"，是毫不掩饰、毫无虚假之"天性"。

其次，天道是诚："诚者，天之道也。"（《中庸》）什么是天道？《中庸》说："天地之道，可一言而尽也：其为物不二，则其生物不测。""不二"就是"专一"，"专一"就是"诚"。天道之诚表现在生物成物上，就是指自然之天及其运行规律。《论语·阳货》说："天何言哉？四时行焉，百物生焉，天何言哉？""天"并无言语，一年四季的运行、自然万物的生长，都是无声无息、自然而然的，所以"天"所起的作用，用今天的话来说就是自然规律的作用；"天道之诚"也就是自然规律运行的专一不二。

再次，教是明诚："自明诚，谓之教。诚则明矣，明则诚矣。"（《中庸》）"明诚"的含义与"明明德"一致，指通过自己的学习修炼能够明白、把握"诚"的内涵,这就是"教"。由此可见,"教"主要是指自我教育,而别人对自己的教育或自己对别人的教育都是通过道德行为来进行感化的,而不是仅凭言语来教训人,这就是中国文化一直所重视的"身教重于言教"。所以,天道之诚是不言而生物,人道之诚首先在"自明",然后再推己及人:不言而使别人"明"。

"明诚"是"教",这还只是停留在"修道"之"修"的层次;那么,如何更进一步,进入"道"的层次:做到"率性"而为?《中庸》提出了一个"素位而行"的办法:"君子素其位而行,不愿乎其外。素富贵,行乎富贵;素贫贱,行乎贫贱;素夷狄,行乎夷狄;素患难,行乎患难。君子无入而不自得焉。在上位不陵下,在下位不援上,正己而不求于人,则无怨。上不怨天,下不尤人。故君子居易以俟命,小人行险以侥幸。"(《中庸第十三章》)这里的一个关键词是"素"。《说文》云:"素,白致缯也。"即"素"的原始本义是指本色的生帛,引申为"本质、本性",如《淮南子·俶真》:"是故虚无者道之舍,平易者道之素。"高诱注:"素,性也。"也就是说,"平易"即是"道之素",也就是道的本质、本性,而"率性之谓道",所谓"率性"也就是以"平易""平常"的生活态度来对待自己所处的地位,这就是"素位而行":从自己所处的实际地位出发,做自己本来该做的事情。富贵者应该以富济贫,贫贱者应该安贫乐道……在上位的人不能欺凌于下,在下位的人也不必攀缘于上,各人都要严正地要求自己而不必求于他人,做到既不怨天,也不尤人,到了这一步,也就能够做到"君子居易以俟命"了。"居易",是说要居在平易安定之处,"俟命"是说要等待机会,而不能铤而走险。能够做到这一切,不管其地位低微与否,都可以成为君子,这也就是"自明诚"的最终实现。

因此,"诚者,天之道也;诚之者,人之道也"。(《中庸》) 人要"明诚",使自己尽量地接近天道之诚,就应该率性而为、素位而行,用平易、平常之心来对待现实人生,这才是"诚"的本质所在。

那么,"诚"是如何成物的?《中庸》说:"故至诚无息。不息则久,久则征,征则悠远,悠远则博厚,博厚则高明。博厚,所以载物也;高明,所以覆物也;悠久,所以成物也。博厚配地,高明配天,悠久无疆。如此者,不见而章,不动而变,无为而成。天地之道,可一言而尽也。"朱熹的《四书集注·中庸章句集注》说:"天地之道可一言而尽,不过曰诚而已;不二，所以诚也。""不二"就是"专一"，就是只有公心而无私心，这是天地之心亦即道心与人心的差别；正因为无私心杂念的干扰，所以能经久不息地运行，就在这经久不息的运行中，天地万物自然而然地便化生出来了："诚则形，形则著，著则明，明则动，动则变，变则化。惟天下至诚能化"，"惟天下至诚，为能经纶天下之大经，立天下之大本，知天地之化育"。（《中庸》）用哲学的眼光来看，这里所说的"诚"至少包含三层意思：其一，"诚"是一种客观存在，它确定事物的真实性，所谓"形、著、明"，都是客观真实的确证——不管是有形之物还是无形之物；其二，"诚"是在运动变化中生成万物的，它确定了客观事物发展变化的规律性；其三，"诚"能经纶天下，让人们知天地之化育，也就是说，客观事物及其规律的专一不二特性，是可以被人们所掌握并用来治理天下的。正因为"诚"有这样的价值和意义，所以有志于国家治理的人就必须懂得"诚之为贵"。这主要是从"成物"的角度来看待"诚"对于"成己"的借鉴意义。

"至诚不息"，如果能"惟精惟一"地正心诚意，就一定能够致广大而辨精微，察兴亡而知祸福，最终实现治国平天下的社会理想，这是"成己"的最高境界。

（四）周子之"诚几"：万物本源定则

中国的诚学思想，到了周敦颐这里发展到了一个新的高度，有人将它总结为两"论"结合：即"把本体论与生成论结合起来，从事物的'万殊'论证道体的'理一'，进一步构建形上学系统"[①]。笔者认为，"本体论"无疑是对的，但"生成论"的表述不准确，更简单一点，应该说是"体""用"论结合。周敦颐《通书》全篇所论证的核心就是"诚"，内容无非两个方面：一为诚之"体"，二为诚之"用"。

关于诚之"体"，周敦颐将它提升到了"万物本源"的地位："诚者，圣人之本。大哉乾元，万物资始，诚之源也。乾道变化，各正性命，诚斯立焉，纯粹至善者也。故曰：一阴一阳之谓道，继之者善也，成之者性也。

[①] 郑熊.从无极到诚——略论周敦颐本体思想的演变[J].孔子研究.2012(1).

元亨，诚之通；利贞，诚之复。大哉《易》也，性命之源乎"（《通书·诚上第一》）；"诚，五常之本，百行之源也。"（《通书·诚下第二》）"本"与"源"，在这里可以分开解释，也可以合为整体解释。分开解释，"本"指本体，它是一个独立的存在，而且是先于万事万物而存在的，朱熹认为"诚即所谓太极也"，并命名为"实理"，大致相当于老庄所说的"道"、柏拉图所说的"理念"，与马克思所说的"规律"也有相通之处；"源"指始源，是万物生成的起点和动力，即万物从它开始，也由它所推动。合为整体解释，"本"也指根本，"根本"也是"根源"，所谓"五常之本，百行之源"，其"文"互见，其"义"可以互训，"本"是"源"，"源"也是"本"，二者的含义可以合一。之所以要进行这种辨析，是为了说明"本源"与"体用"的共通性。

周敦颐之所以要将"诚"提升到万物本源的高度，无疑是为了确立"诚"的重要性，所谓"不诚无物"。要想"有物"，必先"立诚"："乾道变化，各正性命，诚斯立焉，纯粹至善者也"。朱熹解释说："天所赋为命，物所受为性。""命"是"天所赋"，所以是不可改变、不可移易的，这是"命"的同一性，也就是"理一"。"性"是"物受天命"的表现，表现可以各不相同，所以性各有异，这是"分殊"。但不管是同一性还是相异性，都是一种真实的存在，不掺杂任何虚妄的成分，所以是"纯粹至善"的。这里似乎有一个孰先孰后的问题需要辨明：是先有"乾道变化"而后"诚斯立"？其实，"立"可以作"见"理解，"诚"作为本体论的存在，是看不见摸不着的东西，只有当它运行于具体的事务之中的时候，才可以"立"起来让我们感受到，所以"诚斯立"不是从无到有，而是从隐到显。"乾道变化"还是以"诚"为本源的，周敦颐在这里所论述的还是"诚"之体的问题，但"乾道变化"又暗含了"诚"之用。

关于诚之"用"，周敦颐既关注了客观的诚之用，更关注了主观的诚之用。"乾道"因"诚"的推动，自然而然地产生"变化"，这就是客观的诚之用。这种"用"，不需要人为的干预，所以周敦颐说"诚则无事"（《诚下第二》），"诚无为"（《诚几德第三》），乃至于要求"君子慎动"（《慎动第五》）。排除了人为的干扰，"诚"的客观之用才能更好地发挥功效，这与"客观规律"的作用相类似。

诚之"用"，更多地要受到人的主观因素的影响，因而周敦颐提出了

"几善恶"的观点。关于"几善恶"的内涵，朱熹解释说："几者，动之微，善恶之所由分也。盖动于人心之微，则天理故当发见，而人欲亦已萌乎其间矣。""几"，可以理解为"动机""意念"。动机有善恶之分，意念有天理、人欲之别，"君子乾乾不息于诚，然必惩忿窒欲、迁善改过而后至"（《乾损益动第三十一》）。朱熹说："乾乾不息者，体也；去恶进善者，用也。无体则用无以行，无用则体无所措。"这是最典型的体用结合，因为有了"惩忿窒欲、迁善改过"的前提要求，所以是主观的诚之用。"用"，自然是为了齐家、治国："治天下有本，身之谓也；治天下有则，家之谓也。本必端，端本，诚心而已矣。则必善，善则，和亲而已矣"，"是治天下观于家，治家观身而已矣。身端，心诚之谓也。诚心，复其不善之动而已矣。不善之动，妄也；妄复，则无妄矣；无妄，则诚矣。故《无妄》次《复》，而曰'先王以茂对时育万物'，深哉！"（《家人睽复无妄第三十二》）从道德实践的思维路径说，周敦颐的思路与《大学》的"三纲八目"相一致，但周敦颐更强调了"诚意"的重要性。从诚之"体"来说，"诚"为万物之本。从诚之"用"来说，"诚"是修身之本，也是齐家、治国、平天下之本。所以清乾隆皇帝说："治统源于道统，学不正则道不明。有宋周程张朱诸子，于天人性命大本大原之所在，与夫用功节目之详，得孔孟心传，而于理欲公私义理之界辨之甚明。循之则为君子，悖之则为小人。为国家者，由之则治，失之则乱。"① 君子小人之别"本"于诚，国家治乱之别同样"本"于诚，"诚"之用可谓大矣！

从政治理念到道德理念再到哲学理念，"诚"之理论内涵不断扩展，诚学思想不断地丰富，特别是周敦颐"诚几"理念的提出，将政治、道德、哲学三者统一起来，将主观与客观统一起来，不仅开创了宋明理学一脉，也矗立了中国诚学思想的一座高峰。尤为重要的是，作为一种注重社会应用的理论，周敦颐将"乾道变化"与"诚"之"体用"结合起来，使得"诚"之实践价值上升到了与中国哲学的最高范畴——"道"之"体用"的同样高度。因此，随着理论内涵的不断拓展，"诚"之实践价值也在不断地提升。同时，这种优质的传统文化资源，很值得今天深入挖掘和借鉴。

---

① 唐之享.重刊宋版《元公周先生濂溪集》序[G].长沙:岳麓书社,2006:1.

三、"理学"始源

周敦颐对中国文化的最大贡献不在文学而在哲学,他开创了宋明理学"一脉",因而被尊之为"理学鼻祖"。而确立其理学地位的同样是一篇短文《太极图说》。

(一)理学之肇始:《太极图说》探宇宙本原

朱熹为了指导自己的学生读书,使他们在茫茫学海中不致偏颇,于宋孝宗淳熙二年夏天,邀请吕祖谦在寒泉坞相见,共读北宋五子之书,用了十天时间编纂出一部言行录,题名《近思录》。起于"道体",终于"圣贤气象",共14卷622条。朱子说:"义理精微,《近思录》详之。"又说:"四子,《六经》之阶梯;《近思录》,四子之阶梯。"《近思录》编成后,影响极大,陈荣捷认为,"《近思录》除儒道经书之外,注释比任何一书为多……笔记讲说无数"。《近思录》第一卷第一篇便是周敦颐《太极图说》的全文。因此钱穆说:"后人治宋代理学,无不首读《近思录》,而后濂溪在有宋一代理学家中之地位,遂以确定。"

周敦颐一生留下两篇义理著作给后人,一篇《太极图说》,一篇《通书》。《太极图说》探求义理的精微,《通书》阐发学说的体系。《太极图说》全文:

> 无极而太极。太极动而生阳,动极而静,静而生阴,静极复动。一动一静,互为其根。分阴分阳,两仪立焉。阳变阴合,而生水火木金土,五气顺布,四时行焉。五行一阴阳也,阴阳一太极也,太极本无极也。五行之生也,各一其性。无极之真,二五之精,妙合而凝。乾道成男,坤道成女。二气交感,化生万物,万物生生而变化无穷焉。惟人也得其秀而最灵。形既生矣,神发知矣,五性感动而善恶分,万事出矣。圣人定之以中正仁义,而主静,立

人极焉。故圣人与天地合其德，日月合其明，四时合其序，鬼神合其吉凶。君子修之吉，小人悖之凶。故曰："立天之道，曰阴与阳。立地之道，曰柔与刚。立人之道，曰仁与义。"又曰："原始反终，故知死生之说。"大哉易也，斯其至矣！

全文仅三百余字，学者研究了上千年，至今仍然不能说已经研究透彻，因为其内容丰富而深奥。

首先，《太极图说》承续《易经》，探讨天地万物的本原。

天地万物，林林总总，其各自的根据何在？其生存的合法性何在？《易经》认为，天地万物不仅各有其存在的合法性，而且还都是有次序、有规律、合乎理性、相互关联地存在着。或者说，宇宙是一个整体，万事万物都因一大关联而存在。《易经·系辞上传》云："易有太极，是生两仪，两仪生四象，四象生八卦。""两仪"是阴阳，"四象"是四季，"八卦"是八方，天地万物如此展开呈现，而它的本原就是"太极"。没有本原，就没有秩序和规律，无法关联、统合为一个整体。所以，这个世界需要寻找它的本原。古往今来，世界上最优秀的民族都曾探寻宇宙本原，由此产生出一个最有尊严的学科——哲学。"形而上者谓之道，形而下者谓之器"，中国古代称之为"形上学"。

《易经》是以"太极"作为开端的。"太极"明明白白是存在的，所以是"有"，它是万事万物最初和最终的整体。但是，"太极"不是具体的一物，它只是万事万物的一大关联，所以又是"无"。就人类的生理感官而言，我们每天一睁开眼，看见的、听见的、触摸到的，无一不是特殊的个体，但我们的大脑可以把这些具体事物抽象出来，称身边的同胞为人类，周围的绿色为植物，野外的生命为动物。而先民很早就知道有某一种东西，生理感官看不见、听不见、触摸不到，但却无处不在、无时不在，这就是"道"。我们必须用"有"和"无"两个概念来观察"道"：称之为"有"，是为了表明宇宙万物的整体性；称之为"无"，是为了表明宇宙万物的关联性。所以，道学的核心是"有无之学"。这个世界，假如只有"有"，就只是无数的互相侵扰的个体，自生自灭，毫无意义。有了"无"，才有"五常"，才有"道德"，才有"良能良知"，才有"诚明"，才有"善"，万事万物才具有意义。

"极"是房屋的栋梁,"太极"就是大极、至极,就是宇宙的至高至远的顶端。"太极"就是宇宙的本原,而宇宙本原至高至远,无所不包,无所不有。因此,也不必有区分、有彼此,正所谓"大象无形,道隐无名"。所以,朱子称"太极"作"无形""无方所顿放""无限""无名""无以加""一画亦未有""无声臭之可言"。

周敦颐的《太极图说》,其重点在"无极"。《太极图说》借助《易经》阐发宇宙的本原,从太极到阴阳到五行到万物,它将阴阳的系统和五行的系统结合起来,因而较《易经》更加细致、更加复杂,这是一个很大的变化。但是,《太极图说》的关键还不在这里,而在于它在中国儒学史、中国哲学史上,第一次提出了"无极"的概念。也可以说,《太极图说》是弥补了易学的一个空白。

《易经》与《太极图说》的结构对应如下:

《易经》:太极–两仪–四象–八卦

《太极图说》:无极–太极–阴阳五行万物

朱熹对周敦颐的这一创见大为赞许,认为是"亘古亘今颠扑不破"的"灼见","真得千圣以来不传之秘"。朱子说:"不言'无极',则'太极'同于一物,而不足为万化之根;不言'太极',则'无极'沦于空寂,而不能为万化之根。只此一句,便见其下语精密,微妙无穷。而向下所说许多道理,条贯脉络,井井不乱,只今便在目前,而亘古亘今颠扑不破。"

《太极图说》最特殊之处,尤在于"无极而太极"一语中的"而"字。也可以说,这一个"而"字乃是《太极图说》关键中的关键。"无极而太极","而"是连词,表示递进关系,有"到"的意思,却比"到"字更柔缓,意谓"无极"然后是"太极"。"而"又表示转折关系,意谓"无极"而又是"太极"。总之,"无极""太极"是两个不同的观察角度,是出于我们思维的需要,而其实"道"只是一个,所以"无极"就是"太极","太极"也是"无极"。是一个本体两个称谓,如同一个人有"名"与"字","名字"为二其实为一。亦一亦二,亦分亦合,通过一个"而"字,"无极""太极"就像一个圆圈般的转动起来,直到万物化生。

《太极图说》创出的"无极"一语,可谓石破天惊,乃是儒家"形上学"历史上的一个里程碑。儒家形上学至此,便将《易经》中单一的"太极"概念,发展成为由"无极"和"太极"共同构成的一对概念了。换言之,他是将《易经》的阴阳之学，转换为宋儒的有无之学了。只此而言，周敦颐的贡献超过了汉唐的董仲舒、韩愈等许多人，而直承伏羲、文王、孔子三圣。

(二) 继统与开新：创"圣贤不传"新道统

理学作为一个学派，其纲领性文献是《宋史·道学传》。《宋史·道学传序》云："文王、周公既没，孔子有德无位……孔子没，曾子独得其传，传之子思，以及孟子，孟子没而无传……千有余载，至宋中叶，周敦颐出于舂陵，乃得圣贤不传之学，作《太极图说》《通书》。"在两宋之时，程珦父子、潘兴嗣、蒲宗孟、度正、黄庭坚、朱子、吕祖谦、魏了翁、胡宏、张栻等人，都对濂溪先生的学术思想加以推崇，特别是朱子编纂《伊洛渊源录》和《近思录》，突出周濂溪、程颢、程颐、邵雍、张载五人，即"北宋五子"，创建了理学道统。这一认识集中体现在《宋史·道学传》中。

学者对于儒家道统的梳理，最早开始于孟子，他从尧舜至汤五百年，由汤至文王五百年，由文王至孔子五百年，均世世有人继其统，孟子自己，则以孔子的后继人自居。孟子之所以要定出这一道统，自然是为了给自己的政治主张制造历史根据。他认为，先王之道就是以仁政平治天下，人们只要继承尧舜等先王的仁政道统，即可"王天下"，使天下"定于一"。

汉代董仲舒力倡"天不变，道亦不变"，以奉天法古为旗帜。《汉书·艺文志》亦云："儒家者流，游文于六经之中，留意于仁义之际，祖述尧舜，宪章文武，宗师仲尼。"

历史上提倡道统最有力的是韩愈，他以保卫先王的道统为己任，针对佛教的"法统说"，运用正统的儒学，力辟佛老之道，明确而系统地构造了一个儒家道统："斯道也，何道也？曰：斯吾所谓道也，非向所谓老与佛之道也。尧以是传之舜，舜以是传之禹，禹以是传之汤，汤以是传之文、武、周公；文武、周公传之孔子，孔子传之孟轲。轲之死，不得其传焉。"（《原道》）韩愈认为，孟轲之后之所以先王之道不传，乃因于邪说谬论的侵扰，于是他要拨乱反正，争取儒家的正统地位，以排斥佛老。他发起并领导古文运动，提倡文道结合，文以明道，就政治目的来说，也就是要宣扬"二帝三王群圣人之道"，捍卫儒家的"正道"。韩愈的道统说，在中国文化史上的影响极为深远，以后的思想家、文学家莫不以此自重，以此自励。

宋代理学的兴起，本是继汉唐儒学之后，但在道统的接续上，却跨越千年而起，直承孟子，形成了一个新形态。仅就操作层面而言，两宋理学的建立过程，首先是由朱子对濂溪先生的推崇而实现的。而濂溪先生之所以被推崇为"理学鼻祖"，是因为具备如下条件：

第一，恰好为宋初先驱长辈。众所周知，在宋儒诸老先生中，濂溪先生既非最早，也非大宗，"大抵近世诸公知濂溪甚浅"，"即濂溪二子，亦失其家学之传"（钱穆《朱子学提纲》）。但若以辈分而论，濂溪先生在"北宋五子"之中确实年长一辈，使得自"初祖"以至朱子，恰好有一个时间的间隙和连续，形成了明显的"道统链"。

第二，恰好为二程之师。濂溪先生是否为二程传道之师，自当世乃至后世学者多表怀疑。根据《程氏遗书》所载，二程只称周濂溪为茂叔而不称先生，平生绝口不提《太极图说》。但濂溪先生确实曾为二程之师，即便未"传道"，但"授业、解惑"不可否认。

第三，恰好著有《易通书》。宋代新儒家学者在当世少有显达，退居治学，往往以先秦诸子为范而著书立说。濂溪先生的著作虽单薄，《太极图说》仅三百余字，《通书》三千余字，且在当世亦不知名。如钱穆所说："北宋理学开山有四巨擘……论其著作，濂溪分量特少，独有《易通书》与《太极图说》，一是短篇，一是小书，据朱子考订，《太极图说》亦当附《易通书》，非单独为篇，是则濂溪著书仅有《易通书》一种。"（钱穆《朱子学提纲》）但《通书》毕竟是一部完整的著作，文字虽少但内涵丰富，且创见迭出，从而使得阐释者可以有多重发现、多重解释，并由此确立了《通书》的学术地位。

第四，学术纯而不杂。宋代学者强调"醇儒"，二程之所以称道张载的《西铭》，是因为《西铭》"之言极醇无杂，秦汉以来学者所未到"，"子厚之文醇然无出此文也，自《孟子》后盖未见此书"。朱子极力推崇《太极图说》的"不杂"："《太极》之旨……绝无毫发可疑""《西铭》《太极》诸说，亦皆积数十年之功，无一字出私意……不著毫发意见夹杂"。而他们对韩愈的《原道》"语固多病"也多有指责，这也是宋代学者述道统时跨越汉唐而直追孔孟的原因。

基于上述原因，两宋新儒家所建立的"道统"就形成了一个全新的建构：

先秦道统：

尧→舜→禹→汤→文→武→周公……孔子；

两宋道统：

　　孔子→曾子→子思→孟子……周子→二程子→朱子。

　　叶采曾为《近思录》卷十四"总论圣贤"做题注云："此卷论圣贤相传之统，而诸子附焉。断自唐尧虞舜禹汤文武周公，道统相传，至于孔子。孔子传之颜曾，曾子传之子思，子思传之孟子，遂无传焉。楚有荀卿，汉有毛苌、董仲舒、扬雄、诸葛亮，隋有王通，唐有韩愈，虽未能传斯道之统，然其立言立事，有补于世教，皆所当考也。迨于宋朝，人文再辟，则周子唱之，二程张子推广之，而圣学复明，道统复续，故备著之。"钱穆也有类似观点："韩愈《原道》，始明为儒家创传统，由尧、舜以及于孟子。下及北宋初期，言儒学传统，大率举孔子、孟、荀以下及于董仲舒、扬雄、王通、韩愈。惟第二期宋学，即所谓理学诸儒，则颇已超越董、扬、王、韩，并于荀卿亦多不满。朱子承之，始确然摆脱荀卿、董、扬以下，而以周、张、二程直接孟子。第二期宋学，即所谓理学者，亦始确然占得新儒学中之正统地位。"（钱穆《朱子学术述评》）

　　其实，儒学的发展是应时而变，在不同的时代呈现为不同的形态。夏商周三代是一形态，晚周是一形态。由秦以降，《四库全书总目提要·经部总叙》说："自汉京以后垂二千年，儒者沿波，学凡六变。……要其归宿，则不过汉学、宋学两家互为胜负。"晚周孔孟之后，汉儒承秦火余烬，故有古文经学，以收拾残篇，而倡实事求是，又有今文经学，录口耳之传而为书，亦以保存文献为急，而倡微言大义。此在汉代亦情势所逼，不得已而为之。唐代儒家以南朝之典章，合于北朝之经术，一统之下，不唯汇纂《五经正义》，亦且汇纂《唐六典》《唐律疏义》《大唐开元礼》《通典》《郡县图志》，皆集大成。此在唐代亦为情势所逼而为。宋代儒家承五代之丧乱，内则佛道二教相逼，外则辽金蒙古四夷相迫，又去古已远，取法周官而不得，即取法汉制、唐制亦不可能，故专注于反躬内心，言理、言道、言心、言性，反而凌越汉唐而上之，而卒于传三代四代尧舜禹汤文武之道。此在宋代同样为情势所逼，不得已而为之。

（三）千古圣贤：追往世而鉴来者

中国文化传统的主脉，如果从人的主体性上进行界定，可称之为圣贤文化，所谓"道统"，也就是历代圣贤所传主流文化的脉络与系统。对中国的文人而言，从道德修养和文化贡献上进行划分，可区别为圣人、贤人、士人三个次第；这三个次第也是有志者一生为之努力奋斗的目标，这也就是周敦颐所说的"士希贤，贤希圣，圣希天"。而周敦颐自己就是由士入贤、由贤入圣，最终成为一代圣人。

士人、贤人常有而圣人不常有，自上古以来，真正可以称为圣人的，先秦只有尧、舜、禹、汤、文、武、周公、孔、孟。先秦以后，像汉代大儒董仲舒、扬雄，隋代大儒王通，唐代大儒韩愈，也只能称为贤人，而不是圣人。所以《宋史·道学传序》又说："两汉而下，儒者之论大道，察焉而弗精，语焉而弗详，异端邪说起而乘之，几至大坏。"此后直到两宋，才又产生出几位圣人，这就是周濂溪、二程子、朱子。所以，濂溪先生在我国古代的圣人中，从孔子算起是第三位，从孔孟以后算起是第一位。

那么，何为圣人？《说文》云："圣，通也。"《白虎通·圣人》云："圣者，通也，道也，声也。道无所不通，明无所不照，闻声知情，与天地合德、日月合明、四时合序、鬼神合吉凶。"《论衡·宣汉》云："能致太平者，圣人也。"张载云："为天地立心，为生民立命，为往圣继绝学，为万世开太平。"简而言之，能在三个方面做出特有的贡献就是圣人：其一是通，通达万物；其二是继，继往圣之绝学；其三是平，为天下致太平。而通达万物的关键是通心，亦即"为天地立心"。天地本无心，圣人出而天心见，参赞万物，穷神知化，所以《孟子·尽心下》云："大而化之谓圣。""天心"又是何心？《尚书·大禹谟》载："人心惟危，道心惟微；惟精惟一，允执厥中。"这是舜帝将帝位禅让给大禹时所传授的"十六字心传"，其要领就是告诉大禹要特别注意防"人心"而振"道心"。这里的"道心"也就是"天心"。关于"人心惟危，道心惟微"，朱熹在《中庸章句集注·序》中解释说："盖尝论之：心之虚灵知觉，一而已矣，而以为有人心、道心之异者，则以其或生于形气之私，或原于性命之正，而所以为知觉者不同，是以或危殆而不安，或微妙而难见耳。然人莫不有是形，故虽上智，不能无人心；亦莫不有是性，故虽下愚，不能无道心。二者杂于方寸之间，而不知所以治之，则危者愈危，微者愈微，而天理之公卒无以胜夫人欲之私矣。"即是说，人心是"人欲之私"，所以"惟危"；道心是"天理之公"，所以"惟微"。因此，提倡"天理之公"，阐发"道心"之"微"，就成为"道学""理学"的根本任务。

"道学"之名，自古所无；"理学"之名，也是自古所无。"道学""理学""心学"等名称，都是两宋大儒针对当时价值观念中出现的问题、为适应时代的变化而重新提出的命题，这是真正的创兴。能够真正创兴，并能给一个时代带来思想光明的人，亦即能够"道济天下"的人就是"圣人"。周濂溪、二程、朱子就是这样的圣人，而周濂溪又位居理学之首，是宋代新儒学开山的人，所以其思想地位较二程、朱子更高。

两宋理学兴起的社会背景，是五代的道德沦丧、鲜廉寡耻。欧阳修《新五代史·冯道传序》云："不廉则无所不取，不耻则无所不为。"社会动荡，导致人们只剩下本能欲望，而丧失了人之为人的基本底线："灭天理而穷人欲。""灭天理而穷人欲"原本是《礼记·乐记》里的一句警告。《乐记》说，人类身上有纯净的天性，也有物质的欲望。如果好恶没有节制，无所不为，就是人化于物，天理泯灭。可见"灭天理而穷人欲"的根本原因，是人化于物。人类的物质欲望无限膨胀，"强者胁弱，众者暴寡，智者诈愚，勇者苦怯，疾病不养，老幼孤独不得其所"，于是导致天下大乱。所以宋儒振起，提出要遵循天道、天理，节制人欲。

宋代新儒学认为"人欲横流"是社会文明的大敌，说"人于天理昏者，是只为嗜欲乱着他"。人类生存当然需要物质基础，但物质需求一定要有限度。弟子问："'饥食渴饮，冬裘夏葛'，何以谓之天职？"朱子说："这是天教我如此，饥便食，渴便饮，只得顺他。穷口腹之欲，便不是！盖天只教我饥则食，渴则饮，何曾教我穷口腹之欲？"总之，社会的有序、万物的平衡是天理，个人的私欲绝非天理。

宋代新儒学高举天理之公大旗，而深以人欲横流为戒备，这既为追往世之经验，也为警来者之借鉴。比如提出治国之要在得民："古之时得丘民则得天下，后世以兵制民，以财聚众，聚财者能守，保民者为迂。"而得民之要在教化："民有欲心，见利而动，苟不知教，而迫于饥寒，虽刑杀日施，其能胜亿兆利欲之心乎？圣人则知所以止之之道，不尚威刑，而修政教。使之有农桑之业，知廉耻之道。"教化之要在使"天理之公"深入人心，克制"人欲之私"："古之时，公卿大夫而下，位各称其德，士修其学，农工商贾勤其事而所享有限，故皆有定志，而天下之心可一。后世自庶士至于公卿日志于尊荣，农工商贾日志于富侈，亿兆之心交骛于利，天下纷然，如之何其可一也？欲其不乱难矣！"天下太平的根本，在于治乱之道；治乱之道的根本在于安定人心，亦即求得"道心"——天理之公与"人心"——人欲之私之间的平衡。这也是鉴古烁今的永恒真理。濂溪先生体悟、发现了人类社会这一最普遍、最根本的真理，故而提出以"守拙"的心志来克制人的欲望，以"爱莲"的风范来提升人的境界，以"诚几"的思想修养来纯洁人的动机——诚如是，则人心安定，天下太平。只要人类社会的"天理之公"与"人欲之私"这一对矛盾存在，周濂溪的理论就不会失去其现实价值，因而他的名字和理论就会不断地被后人提起：

朱子盛赞道："濂溪之学，精悫深密""《太极》之旨，周子立象于前，为说于后，互相发明，平正洞达，绝无毫发可疑"。

《宋史·道学传》称道濂溪先生："明天理之根源，究万物之终始""其言约而道大，文质而义精，得孔孟之本源，大有功于学者也"。

黄百家说："孔孟而后，汉儒止有传经之学，性道微言之绝久矣！元公崛起，二程嗣之，又复横渠诸大儒辈出，圣学大昌。"(《宋元学案》)

贺瑞麟说："孔孟而后千有余年，圣人之道不传。道非不传也，以无传道之人耳。汉四百年得一董子，唐三百年得一韩子，皆不足与传斯道。至宋周子出，而始续其统，后世无异词焉。"(《周子全书序》)

王闿运说："吾道南来，原是濂溪一脉；大江东去，无非湘水余波。"濂溪先生距我们已有千年，当时的时代背景和社会问题已成过去。但"人化于物"乃至于物欲横流的状况似乎有过之而无不及。因而今天重读濂溪先生的经典，更是倍感其思想深邃，洞察人心，让人产生强烈的思想共鸣——这就是濂溪风范产生的永久魅力！

XIA PIAN

潇湘文脉源与流

下篇

烟波浩渺

第七章　诗韵翻新

潇湘文脉自舜帝《南风歌》发轫，流传数千年，延之现代，伴随着社会的巨大变革，文学亦发生剧变，不仅文风大变、内容大变，体裁之变尤为特出；而在体裁之变中，诗歌更为剧烈，在新诗创作铺天盖地的同时，旧体诗则宛若游丝，在夹缝中求生存。但旧体诗通过内容翻新，也不乏名篇佳作，虽然在数量上难与新诗抗衡，但在质量上绝不逊色，本章拟分别予以介绍。

一、新世新诗

从五四运动到中华人民共和国成立，潇湘大地留下来的诗词作品不多，主要有李达、陶铸、周策纵等人的作品。李达（1890—1966），今冷水滩蔡家铺人，他在长期的革命生涯中留有大量诗文。陶铸（1908—1969），祁阳县人，曾长期担任中国共产党高级领导职务，著有《陶铸诗词选》。周策纵（1916—2007），祁阳县大云市竹山湾人，出版有新诗集《海燕》和《海外新诗钞》，还翻译了印度诗人泰戈尔的诗集《萤》《失群的鸟》等作品。外地人写永州的诗作有徐桢立（1890—1955）的《九嶷木石吟》（1941年石印本）一卷。

中华人民共和国成立后，潇湘大地的诗词创作，主要是从20世纪70年代开始的，到80年代则进入一个新的阶段。从1978年到1990年，永州在省内外有一定影响的新诗作者主要有李长廷、李隆汉、吕定禄、蒋三立、黄爱平、张国权、易先根、唐善军、周龙江、荷洁、毛梦溪、汤松波、吴茂盛等，其中李长廷、李隆汉的成就最大，尤其是李隆汉的歌词创作在全国频频获奖，影响不小。

李长廷自20世纪70年代初开始发表新诗作品，至1990年，在全国及省级报刊发表新诗百余首，其中30余首入选多种选本或获奖。主要作品有组诗《春节第一天》（《湘江文艺》1973年1期）、《庆丰年》（《工农兵文艺》1977年3期，选入人民出版社《脚印》诗集）、《隧洞里吹来春天的风》（《诗刊》1977年3期，选入诗集《脚印》）、《和樟木山对话》（《诗刊》1977年5期，选入诗集《脚印》）、组诗《杨梅树，有生命的碑》（《诗刊》1977年7期，选入天津人民出版社诗集《第一面军旗》）、叙事长诗《姐妹鸟》（《解放军文艺》1979年12期）、《闹洞房》（《羊城晚报》1982年2月11日）。代表作是组诗《井冈杜鹃红》(《解放军文艺》1978年3期)、收入《解放军文艺出版社1951—1979诗歌选》《湖南省1949—1979诗歌选》，获湖南省1982年首届文学艺术创作奖。

李隆汉自20世纪70年代初期开始从事歌词创作，至1990年在全国各级报刊电台发表歌词400余首，其中有40余首经人谱曲后在全国各地获奖。

吕定禄先后在《广西文学》《湖南文学》《文学报》《人民文学》等报刊发表新诗20余首，代表作为《山村的小女孩》(《人民文学》1988年11期)、《我想唱一支歌》(入选《湖南新时期十年优秀作品选·儿童文学卷》)。

周龙江先后在《湖南文学》《湖南日报》《女青年》《人民文学》等发表诗作近20首，代表作为《给青年伐木队（外一首）》(《湖南日报》1986年8月13日)、《山村的女孩子》（与江雨合作，《人民文学》1988年11期)。

中学生毛梦溪、荷洁、吴茂盛三人分别在《诗刊》《小小作家》《学语文》《第二课堂》《中国青年报》等发表诗作数十首，在全国少年诗人中名列前茅，已引起文坛关注。

另有张国权先后在《西藏日报》《江西日报》《青海青年报》《宁夏日报》《广西日报》等全国各地报刊发表诗作数十首；唐善军在《湖南日报》《云南群众文艺》《法制日报》等刊物发表诗作数百首，有诗选入中国林业出版社《森林诗集》和黑龙江文艺出版社《黑色的微笑诗集》；易先根、汤松波也分别在全国各级报刊发表诗作数十首。

出版诗词集的有：毛梦溪《无语也夕阳》，唐朝阔《晚情晓韵》，杨建平《潇湘涛声——杨建平诗词选编》，唐之享《岁月诗痕》，彭庵酩《问觉堂吟草》《逸兴寄潇湘》，杨金砖《孤独的守望》《寂寥的籁响》，陶自强《沧桑吟草》，柴画（原名蒋桂华）《镀金的天空》，陈晓泉《蓝色的依恋》，易先根《潇湘恋歌》，林岚《花季少年》《花季心雨》，易小兵《南方树》和《湘妃吟》，文紫湘《忽远忽近》，张国权《流动的和弦》，李鼎荣《水》，方志兰《感悟红尘》，宋远平《菊花，迟到的绽放》，谢华《梦里相思一夜雨》，桑显瑛《潇水谣》《禁不住的呐喊》，李祥红《沧桑瑶山》，欧阳竹梅《天问》，乐家茂《乐家茂诗选》，伍大华《独饮花香》《不要来生》，钟瑶《一根湿火柴》，吴茂盛《无尘的歌唱》《独旅》《到达或者出发》，高求志《石燕诗魂》，康怀宇《秋水》，一番《白是一种重》。

永州各个县区的诗词创作，成果也颇为丰富。

在冷水滩，王敦权出版有诗文集《岁月之韵》和《岁月之河》。王一武在《湖南文学》《年轻人》《星星诗刊》等省内外报刊发表了大量的诗歌作品，其中《抢渡的男孩》获年轻人杂志社三等奖，《往事》《山村》获星星诗刊佳作奖和新苗奖。周扬武创作格律诗词千余首，出版有《董子诗词选》。

祁阳县诗词协会主办了一种内部刊物《浯溪诗词》，每年出一期或两期，每期发表诗作的超过百人，不仅团结了一大批诗人，也培养了一批新人，其中的骨干成员有伍锡学、唐盛明、冯国喜、桂芝、蒋炼、周明礼、唐际绍、黄承先、陈朝晖、方向、蒋民主、颜静等，其中多人还出版有诗词专集。还有一部集体成果《祁阳当代诗赋集成》，由伍锡学、黄承先主编，中华诗词出版社 2014 年出版，收录 1949 至 2013 年祁阳人或长期在祁阳工作的人的作品，共有 190 位诗人的 1849 首诗作，40 位作者的 78 篇辞赋，作者的阵容颇为可观，有党和国家领导人陶铸，现代中国十大女词人之一的李祁，有将军、士兵、教授、学生，也有干部、医生、工人、农民，还有企业家、个体经营者、农民工等，社会各个阶层的人员应有尽有，颇能代表 60 多年来祁阳在诗词歌赋方面的创作成就。

道县出版诗集的有：廖奇才古典诗词集《濂溪吟草》《且介迁集》《紫竹斋吟稿》；何洁新诗集《山里果》《何洁诗选》；蒋铸德诗集《寻梦》；彭式政古典诗词集《彭式政诗词》。还有阳小生的童谣《我是环保宣传员》《今天我值日》获湖南省宣传部文明办、团省委、省妇联、教育厅、省作协联合征文二、三等奖；黄新姿的童谣《抢茶籽》获湖南省宣传部文明办、团省委、省妇联、教育厅、省作协联合征文二等奖。

宁远肖锋（笔名萧峰）出版有诗集《萧峰诗词作品选》，他的诗歌《一捧散沙》获第二届"中华情"诗歌散文联赛金奖，诗歌《致分手的恋人》获第七届"炎黄杯"当代诗书画印艺术大赛银奖，《如果我是海》获第三届"中华情"诗歌散文联赛金奖。黎成钢主编出版了《宁远诗词作品选》。

新田出版诗词集的有：肖建民《韧之诗声》，欧阳工《桑隅集》，黄思文《西峰吟草》，何一飞《开花的石头》，宋远平《菊花，迟到的绽放》，谢华《梦里相思一夜雨》。还有贺华健获得了四项诗歌奖：《那冰，那雪，那些高速公路人》获重庆征文比赛二等奖，《郏县，词的渡口》《三苏祠里的沉默》获平顶山"三苏杯"全国诗歌大赛优秀奖，《祥和新村上空的一只鸽子》获全国"新农村杯"诗词大赛优秀奖,《龙泉,提一片青瓷梦回故乡》获"佳和杯"放歌龙泉全国文学大奖赛优秀奖。何效迅诗作《瑶乡行》入选《建国50周年湖南诗词卷》。

江永邓英的《金缕曲》荣获湖南省关心下一代工作委员会、中国未来研究会教育分会举办的《心中的太阳——纪念毛泽东诞辰100周年》诗文大赛特等奖;余玉明的词作《沁园春》获全国诗词大赛三等奖,另有小说《奇女救夫》荣获第三届"新世纪之声"《共和国颂歌》征文二等奖。蒋贤祥的词作《水调歌头·一代伟人毛泽东》荣获2003年国际孔子文化节征文大赛金奖,并被《新世纪作家》评为2002—2003年度"全国十佳诗词家"。何国情的诗歌《访友》获第五届全国新田园诗词大赛三等奖。

金洞管理区虽然人口不多,但诗词创作亦有可观,陈元生《春景》入编《天籁之音——第九届天籁杯中华诗词大赛优秀作品集》并获金奖,《好客的瑶山人》入编当代艺术家《诗词楹联作品精选集》。雷绪文《赋金洞林区》(三首)、奉晶凤《金洞赞》入编《中兴颂》一书。李长文出版诗歌散文集《财富宝典》。

二、古诗新韵

在潇湘大地,有一批人仍然在坚守着古体诗词创作的阵地,这一批人生活在现代,但一般都有较深厚的传统文化和古体诗词的功底,因而其作品在形式上虽用古体,但内容上往往能翻出新韵。先看陶铸的《潇湘》:

> 潇湘二水汇清湘,何事诗人易断肠。
> 九嶷云飞衣变彩,洞庭波涌道成康。
> 愚溪迹存高客志,芝山书在喜僧狂。
> 芙蓉国里朝晖遍,又见零陵草木香。

诗题是《潇湘》,诗人一开始便交代潇湘二水交汇之处:清湘。清湘原为县名，五代时期，因湘源县境内湘水清澈，遂改湘源县为清湘县，治所在今广西全州县西，历代为全州、全州路治所在地。明洪武九年（1376）撤销清湘县，其地并入全州，"清湘"作为县名随之消失。陶铸在此处当为借代，意为"在湘水清澈之处二水相汇"，因为潇湘二水的交汇处在零陵县，"零陵"之名自秦始皇设零陵县开始，一直沿用至今。第二句作为一个反问句，显然是表现诗人与众不同的情感，表明此诗中不会有"易断肠"的愁绪。"九嶷云飞衣变彩，洞庭波涌道成康"两句，则是化用毛泽东《七律·答友人》中的"九嶷山上白云飞""红霞万朵百重衣""洞庭波涌连天雪"等诗句，其意境虽不及原诗阔达高远，但较原诗更写实，更接近于现实的真实性。因此，这两句实际上是借用湖南（广义潇湘）一南一北、一山一水两个最典型的自然景观，以寄寓诗人对现实的感慨。五、六两句则是怀古，诗人视柳宗元为"高客"，因为他毕竟是外来客；对怀素的书法则更是喜爱，因为陶铸也曾练过书法。第七句同样是化用毛泽东的"芙蓉国里尽朝晖"；第八句借用唐代刘禹锡《潇湘神》中的诗句"零陵香草露中秋"，但反其意而用之，与刘禹锡所表达的情感迥然有别——"九嶷云物至今愁"，这就是刘禹锡要表达的情感，也是历代文人写"潇湘"的主导性情感。诚如是，所以陶铸才反问"何事诗人易断肠"？

当然，写潇湘之"愁"，在现代诗人中仍然不乏其人，这毕竟是数千年延续下来的一个固有传统，已经积淀为一个思维定式。且看女词人李祁的《蝶恋花》：

岁暮神飞天水际，千里潇湘，千古销魂地，忆吊湘君风雨里，深篁紫晕无穷泪。　惆怅十年心上事，树蕙滋兰，未尽平生志。莫道余生今有几，此情不断如流水。

李祁（1902—1989），女，字稚愚，祁阳潘市镇龙溪村李家大院人。出生于江苏宝山（今吴淞）外祖母家，在长沙长大。幼承家学，诗词兼善，亦工书法。曾就读于南京金陵女子大学、北京大学，1933年赴牛津大学进修英国文学，归国后历任湖南大学、浙江大学、岭南大学及台湾大学教授。1951年再赴美国，曾在加州大学、密歇根大学及加拿大温哥华城之B.C大学教授中文。退休后仍在美国密执安大学中文研究中心任职，从事文艺批评研究工作。有《中国词汇和语法的新发展》《徐霞客的黄山游记》《诗人朱熹》等英文著作近十种。1989年由中国社会科学院文学研究所"中国诗学研究丛书编委会"以其手书的《李祁诗词集》为底本，再增编1975年以后的作品，合为《海潮诗魂——李祁诗词全集》内部印行。《李祁诗词全集》首篇作于1928年，末篇至1987年，时间跨度近60年，作品数量虽然不多，精品佳作却不少。因李祁学的是外国文学，早年致力于新诗、小说创作，受到徐志摩等人的推崇。李祁的诗擅长七绝，往往以白描取胜，着眼于细微处而意蕴深广，如《忆西湖杂咏十一首》其六："山围面面晓光深，静碧楼台俯百寻。欸乃一声泛沧漪，小舟宛宛出桥阴。"其词作重性灵，以寻常语造境，得沉着深稳的词家本色。《蝶恋花》一词颇能代表李祁的创作风格。此词创作于1957年，其时任教于美国，与故乡相隔数万里，而且中国内地与美国尚未建交，诗人回不了故乡，只能是"梦回故乡"，所以作品劈头便说"岁暮神飞天水际"。岁暮年关，正是中国人阖家团圆的日子，但李祁回不了家，只能"神飞"回家，可那浩瀚的太平洋将诗人与故乡隔断，遥望水天无际，连中国内地的影子都看不见，因而对"千里潇湘，千古销魂地"的思念，只能凭借当年在风雨里"吊湘君"的记忆来自慰了，细想起来，岂能不让诗人洒下"无穷泪"?！词的下半阕是上半阕情感的继续，"惆怅十年心上事"，这无疑仍然是对"千古销魂地"的思念，作为教师，能够"树蕙滋兰"，也可聊慰平生，但毕竟是为他国培养人才，所以总感到"未尽平生志"。写作此词时，诗人已经55岁，即将步入人生暮年，所以词的最后说"莫道余生今有几，此情不断如流水"。诗人对故土的思念，不会因年龄的增长而削减，反而会越来越强烈，比如73岁时所作的《水龙吟》："莫相思、故国天涯，同一是，浮生寄"；78岁时所作的《八声甘州》："三十余年回首，问洞庭何似？""吾衰矣，此身未死，此意仍狂"；81岁时所作的《减字木兰花》："化鹤何时，云外潇湘玩竹枝。"何其强烈的故土之念，生不能回来，死后化鹤也要飞回潇湘"玩竹枝"，这确实堪称是一系列的"故园狂想曲"。

李祁的诗词创作，如果仅从作品水平和影响力而言，足可视为潇湘文脉在现当代的一座小高峰。但她毕竟一直生活在外地、外国，算不得土生土长的永州人，故而很难说是潇湘文脉的承继人。从土生土长和创作数量及质量等方面评价，唐之享、张泽槐、伍锡学三人堪称代表。

唐之享（1945— ），男，永州东安人，汉族，大学文化，1970年8月参加工作，1973年12月入党。历任零陵地区进出口公司办公室副主任，湖南省对外经济贸易厅计划处副处长，望城县副县长、县委书记，省外经委主任、党组书记；娄底地委书记，省政府副省长，省人大常委会副主任，省政府经济顾问等职。出版有诗集《岁月诗痕》，散文集《神州纪行》《这就是长沙》，学术专著《虞舜与九嶷》，集官员、作家和学者于一身。

诗集《岁月诗痕》，汇集了唐之享所创作的246首古体诗词。"情丝万缕写华章"[①]，这不仅是贯穿该诗集的主题，更是体现了唐之享"诗意栖居"的生存本质。主管湖南全省的教育工作，无疑是唐之享一生中最为浓墨重彩的华章；而谱写这一华章的万缕情丝，早在他的中小学时代就已打下了基础。

1959年9月，唐之享14岁不到，从芦洪市小学考入东安二中初中部。其时，留下了一首《灯下师影》（第1页）。此诗是《岁月诗痕》的开卷之作，读者或许可以从中读出三重意思来：其一，按照岁月经历的时序排列，这是他生平留下的第一首诗；其二，预示了他一生尊师重教的主流情感；其三，由尊师所激发，奠定了他一生所具有的强烈的事业心。不妨来分析一下《灯下师影》的内容：

> 早起晚眠育栋梁，人梯气度本轩昂。
> 寒凝纤指春秋老，铅染韶华鬓发霜。
> 只影孤灯清夜月，白头红烛绿纱窗。
> 而今潇洒英姿瘦，换得满园兰蕙香。

第一、二句是写老师的辛勤与奉献，诗中"人梯气度"的比拟十分精到，将教师的本质特征揭示得淋漓尽致。中间的"颔联"和"颈联"是描述老师的奉献过程，诗人运用了两个"流水对"，手法技巧高超，内容略显单薄。最后两句是写教师奉献所带来的社会效果，与第一、二句相对应，内容上表达非常完整。诗人借"灯下师影"的瞬间影像，描述了教师一生

[①] 唐之享.岁月诗痕[M].长沙：岳麓书社，2017：265.以下引文仅注明页码。

的奉献，诗作具有高度的概括性。无疑，此诗是经过后期润色的，因为无论是思想内容还是表现手法，都已经相当成熟。

开卷第二首写《黑板》（第2页），同样是抓住了本质特征："容颜如墨千回抹，胸次尤深万卷藏。"当然，黑板本身是藏不了万卷的，真正起作用的还是老师。所以诗人还是借黑板赞颂老师："但存方正留高节，犹衬师魂映艳阳。"末尾的笔锋一转，不仅把黑板写活了，也将教师的品格提升了。

1962年9月，诗人考入东安一中高中部，写了更是饱含深情的《寄语班主任》（第3页）：

满园桃李总萦怀，笑看新苗带露栽。
甘守清贫明素志，不辞辛苦扫尘埃。
百般手段勤攻玉，一片春霖喜育才。
但把丹心托征雁，还将热血洒灵台。

无疑，诗人所写的是自己的班主任，诗人在"题记"中说："班主任老师不仅关心同学们的学习，还十分照顾大家的生活和身体健康，让人永远铭记。"诗人的这一"铭记"，不仅永远记下了对自己班主任的感恩之情，也记下了对所有班主任乃至所有教师的感情。四十多年以后，当诗人当上湖南省副省长并主管全省教育工作的时候，便带着这种对教师的感情、对教育工作的热情投入工作，从而带来了湖南教育的兴旺。

唐之享当上副省长以后，对老师的情感不仅未减，反而越发浓烈，且看他的《园丁赞》："小小讲台代代存，一支粉笔绘乾坤。培桃育李三千树，沥血呕心五美尊"（第184页）；再看他的《教师颂》："柔丝吐尽情难了，嘉卉全经手自栽。两袖清风拂正气，一生锐意育良材。"（第205页）这样的诗作，就情感表现来说，与四十多年前的《灯下师影》《寄语班主任》一脉相承；所不同的是眼光更高，这里的"绘乾坤""育良材"自然不同于"兰蕙香""托征雁"——对园丁、教师的赞颂，不仅仅是寄寓诗人对老师的一种情感，更重要的是对教育事业的推动，这就是诗人在《园丁赞》"题记"中所说的："园丁，崇高的称号，祝您——尊敬的老师，桃李满天下，春晖遍四方。"这是祝福，更是希望，诗人的尊师情与作为管理者的事业心，在这里得到了完美的融合。

1965年8月，唐之享"告别父老乡亲赴京上学，乡亲送了一程又一程，勉励的话，殷殷叮嘱"，于是，诗人写了一首《上大学》以志纪念（第6页）：

悬梁刺股细叮咛，语重心长仔细听。
学海扬帆酬壮志，难忘乡党万般情。

可以说，对乡亲的情，对故乡的爱，诗人都一直铭记在心，不管是"学海"还是"宦海"，他都须臾未忘。年轻时，虽已脱离农业生产，但每到春耕大忙季节，诗人还是要请假回乡帮忙。1973年的《故乡春景》："栽得新秧邀我舞，农夫妙手绣尧天"（第29页）；1974年写的《故乡春耕》："带杖肩犁躬稼穑，弯腰拱背继先贤。人勤绣出山乡美，水好滋培稻麦甜。"（第32页）很显然，诗人是亲自参加了春耕生产，并带着劳动的喜悦和对丰收成果的期盼，才写下了这种清新而又奋发向上的诗作，这也正是当时年轻人所共有的感情和心态。

唐之享的家乡东安县，有着深厚的历史文化底蕴，特别是舜帝南巡在舜皇山驻跸，留下了诸多文化遗迹和民间传说，他对此极为关注。1981年秋，诗人回到家乡，写下一首《东安》："楚南宝地盛名扬，舜帝南巡满路香。……最喜巅峰频极目，月圆最忆是家乡。"（第53页）中秋月圆，月圆怀乡，这是中国文人的固有传统，唐之享自然也脱不了这一传统，所以才有"月圆最忆是家乡"的诗句。但他毕竟已经回到了家乡，所以诗中不是"怀想"，而是直接的描写："紫溪夜访依花舫，沃土晨耕种稻粮。"（第53页）无论是作为农民的儿子还是作为领导干部，"种稻粮""为稻粱谋"，才是诗人最为关心的。

"舜帝南巡满路香"，对舜文化的关注、宣传和热心研究，也是诗人不忘故乡情的突出表现。1981年就留下了这样的诗句，此后相类似的诗作便不断涌现："层峦叠翠九嶷山，虞舜德高可配天"（《谒舜陵》，第107页）；"舜帝南巡曾驻跸，古来佳话播人间"（《舜皇山》，第112页）；"三苗臣服重华德，虞舜长眠伴九嶷"（《虞舜与九嶷》，第277页）。诗人曾出版了一部学术专著，书名就是《虞舜与九嶷》，对舜文化进行了全面的研究；他曾担任湖南省舜文化研究会会长十多年，集中全省舜文化研究的力量,辑录整理并出版了鸿篇巨制《虞舜大典》一套10册,共800多万字;组织筹办全国性舜文化研究学术研讨会10余次,将舜文化研究推向了一个新的高峰;还推动湖南省舜文化研究会与世界舜裔宗亲联谊会合作,举办了"甲午年世界舜裔宗亲联谊会暨永州市社会各界祭舜大典",来自海内外十多个国家的舜帝后裔及各界群众上万人参加了祭祀,将舜文化的影响推向全国,推向世界。本世纪以来,为宣传、研究、普及舜文化不遗余力,这是他为家乡所做的突出贡献,也是故乡情的突出表现。

2012年金秋时节,已是功成名就、年近古稀的唐之享携儿孙回家省亲,那份故乡情意仍是那样浓烈:"日新月异催诗句,雨顺风调迈小康。宦海多年童不识,欣逢故友话偏长。"(《回故乡》,第280页)诗人的一生都在关注着家乡,尤为关注家乡日新月异的变化和致富奔小康的进程,这也是诗人的故乡情与民生意的结合。

2015年11月6日,是唐之享70岁生日,回顾自己70年的生命历程,他写下一首《闲坐》,表达了自己别样的心情:"知足爽心常惬意,无求处世总安宁。多读诗书神自远,闲情如水付征程。"(第321页)此诗作为《岁月诗痕》的压卷之作,既是诗人人生历程的总结,更是诗人情感表达的完善。诗人在尊师、恋乡等方面所表达出来的情感是那样浓烈,在对待自己方面却又是那样淡然,"宁静修身堪致远,自甘淡泊不张狂"(《兰》,第47页),"不计沉浮归淡泊,且挥诗笔写风流"(《悲秋》,第67页)。没有"情丝万缕"的执着追求,写不出人生的多彩"华章";不是"自甘淡泊"的思想境界,写不出自己的潇洒"风流"。这就是《岁月诗痕》的"全篇",也是唐之享的"全人"。从中映照出来的,是他的诗意栖居、审美人生。或许,从现代人普遍的物化、异化角度说,这才是他超越常人的最为成功之处。

与唐之享相类似,张泽槐也是一位官员,只是级别低一些,曾担任永州市委副秘书长多年。他是永州诗词协会会长、湖南省作家协会会员、湖南诗词协会常务理事。自20世纪70年代开始创作旧体诗,先后创作诗词1000余首(阕)。2008年由方志出版社出版了《永州地名诗》。该诗集以永州地名为诗,每个地名写诗一首(均为七绝),以反映该地名所包含的历史文化民俗等内容,共为412个地名写了412首诗。这些地名诗为湖南省民政厅地名网、永州市及各县区的网站广泛传播。2013年,由湖南地图出版社出版了诗文集《几微集》，其中选录作者散文、随笔、书评等50余篇、诗词200多首。2015年出版《越南使者咏湖湘诗文选注》。该书辑录元明清时期越南到中国进贡的使者在往返经过湖南各地时写下的诗词共1100多首，并进行了较为详尽的注释。出版以永州地方文化为研究对象的编著有《零陵要鉴》《当代永州诗词选》《永州文化丛书》（共7册）、《舜帝陵丛书》（共4册）、《舜帝陵志》等；出版个人专著有《永州史话》《古今永州》《舜帝与舜帝陵》《名人与永州》《舜帝陵诗文选注》《名人咏赞》《周敦颐探秘》等，可谓笔耕不倦，著作等身。

张泽槐不仅为永州400多个地名写了诗，也为永州的各个景点写了诗，其中影响最大的就是"永州八景诗"：

朝阳旭日

东方欲晓红霞飞，昨日金乌冉冉归。
百鸟争鸣无倦意，更闻欸乃几多回。

蘋洲春涨

夜来风雨满潇湘，千里洪波奔大江。
蘋岛沉浮人欲渡，艄公无奈总彷徨。

香零烟雨

见方石矶砥中流，潇水滔滔永不休。
烟雨晨昏天色暗，明灯一盏照无忧。

山寺晚钟

沉沉暮色寺门开，荡气钟声扑面来。
方丈趋迎犹唱喏，菩提含笑坐高台。

淡岩秋月

稀称天下是淡岩，月到中秋分外圆。

山谷当年题咏处，遍寻不见旧时颜。

愚溪眺雪

西风吹絮落千山，原野茫茫人不还。
君看江心孤艇上，渔翁静静钓悠闲。

绿天蕉影

绿天庵里醉僧狂，笔走龙蛇惊四方。
都道书家求好纸，永州蕉叶铸辉煌。

恩院风荷

淤泥不染净植身，夏日荷花香袭人。
多少士民池畔过，常思范相爱民心。

　　每一首诗，既写出了自然景象的特色，也写出了人文底蕴的深厚，只有诗人兼学者的人，才能写出这样的诗句。《朝阳旭日》前三句都是写旭日东升的景象，那一轮冉冉红日，伴随清晨百鸟的喧鸣，这本已是一幅远近、动静结合而又色彩斑斓的清晨图，而最后一句"欸乃"声，更让人浮想联翩，柳宗元笔下所描述的"渔翁"，突然出现在远方的青山绿水之中，这是历史的意象，也是现实的景色，因为有了渔翁的"参与"，诗的意境便提升到了超然物外的新境界。《蘋洲春涨》则是另一番情趣，诗人抓住 洲又称"浮洲"的特点，很是幽默了一番。《永州府志》载："潇湘合潴处，一洲障之，大不过一弓也，翠竹佳卉浮于水上，似洗一舫，高去水四五尺，当春流浩渺，二水争发，未尝浸没，浮洲以故得名。"当春来洪水暴涨， 洲似一艘大船漂浮于宽阔江面，艄公意欲驾驶它离开江心却又无从下手，初读令人着急，细想却是幽默——萍洲一直漂浮于斯不知已有几千、几万年，本不需要为它担心的，艄公的"无奈""彷徨"原不过是操闲心。

　　《香零烟雨》与《山寺晚钟》是一组对比，前者的落脚点是解决现实问题："明灯一盏照无忧。"因香零山矗立于潇水江心，这里水流湍急、常有大雾，过往船只来不及躲避，常常触礁船破。清同治癸酉（1863）年间，在乡绅黎德盛、王德榜等人的倡议下，捐资在香零山上筹建了观音阁，招纳僧人居于阁中，白天敲钟，晚上点灯，以示报警，从此这里再无触礁沉船事件的发生，这一善举，在《零陵县志》《永州府志》中多有提及。因此，观音阁中的那盏明灯，确实是在为百姓排忧解难。相反，高山寺中方丈的"趋迎""唱喏"虽然很殷勤，但却解决不了任何实际问题，坐在高台上的"菩提"之笑，是在"笑天下可笑之人"，包括"方丈"和"善男信女"，因为是否真能排忧解难，只有"菩提"才是最清楚的。

《淡岩秋月》与《绿天蕉影》是一组，这一组以议论为主，诗人直接抒发自己的情怀。在《淡岩秋月》中，诗人的议论暗含了一种无奈和惋惜之情，这里曾作为建华机械厂的一个车间，很多的碑刻被毁坏，包括黄山谷的碑刻也已找寻不见。黄山谷即黄庭坚，其诗、书、画号称"三绝"，特别是诗和书法，与苏东坡齐名，人称"苏黄"。黄山谷的草书单字结构奇险，章法富有创造性，节奏变化强烈，具有特殊的魅力，是北宋书坛的杰出代表，与苏轼成为一代书风的开拓者。后人所谓宋代书法尚意，就是针对"苏黄"追求书法的意境、情趣而言的。黄山谷与苏轼、米芾、蔡襄等还被称之为"宋四家"。可就是这样一位在中国书法史上具有特殊地位的书法名家，其书法作品也应该具有特殊的文化和艺术价值，但居然已经找寻不见，这对于深懂其价值与意义的张泽槐来说，除了惋惜和无奈，还能说什么呢！《绿天蕉影》同样是说书法，其情感表达则完全相反，如果说前一首是一种惋惜的沉重，这一首则是自豪的欢快，而且在这八首诗中是最为欢快的一首，颇有点杜甫的"漫卷诗书喜欲狂"的味道。诗人以欢快的笔调、流畅的语言一气呵成，不仅与"醉僧"的"狂态"相切合，也是自家"喜欲狂"心境的展现，或者说，是诗人跟着"狂僧"的狂态，也"自狂"了一回。怀素穷得连练字的纸张都找不到，只能用芭蕉叶做替代，却练出了一位"千古草圣"，这是"励志者"的典型，也是永州人的骄傲。如此的"辉煌"，非"真懂"怀素的诗人是写不出这样的诗作的。

《愚溪眺雪》与《恩院风荷》同样形成了一组对比：超然物外与入世为民、文学意象与历史典故形成了鲜明的对比。《愚溪眺雪》原本就是以雪景闻名，故而写雪景肯定是绕不开的话题。然而，今天的愚溪已经很难见到雪景；即使有，愚溪两岸山峦夹峙，视野闭塞，无法"远眺"，因而现实生活中的

"愚溪眺雪"是很难写出冰天雪地的"莽莽"气象的。因于此,诗人便巧妙地借用柳宗元《江雪》所描写的景象:"西风吹絮落千山,原野茫茫人不还";但在诗意上却反其意而用之:那渔翁所钓的不是"孤独",而是"悠闲"。有了这一份"悠闲",那柳宗元笔下"独钓江雪"的渔翁,便从历史的深处走向了现实,"西风吹絮落千山"的景象也不再是"周天寒彻"的寒气袭人,反而有了"瑞雪兆丰年"的喜庆气氛,这样的"诗情翻转",张泽槐似乎是信手拈来,乍读此诗时,还真是有点让人意外。因为似我辈受《江雪》的影响太深,那"千万孤独"的渔翁形象已经深深扎根在心底,很难突破其樊篱,张泽槐居然"翻"出了"悠闲",确实有点想落天外。与《愚溪眺雪》不同,《恩院风荷》所写的则纯为实景实情。在永州八景中,其他七景都是自然景色与人文景观的结合,只有这一景,纯为人文景观。所谓"恩院"即报恩院,是为祭祀范纯仁而修建的。范纯仁(1027—1101),字尧夫,谥忠宣,范仲淹次子,北宋大臣,人称"布衣宰相"。宋仁宗皇祐元年进士,累官侍御史、同知谏院。宋哲宗立,拜官给事中,元祐元年同知枢密院事,后拜相。时吕大防被贬,范纯仁认为不公,特上书说情,被诬为同罪,罢职出知随州,再贬为武安军节度副使,三贬为永州安置。在永州三年,宋徽宗立,官复文殿阁大学士,后以目疾乞归。建中靖国年间去世,追赠开府仪同三司,谥号忠宣。著有《范忠宣公集》。贬居永州期间,居住东山,与法华寺结缘,法华寺曾设祭坛祭祀范纯仁。后张栻居永州期间,在碧云池前(今永州三中院内)修建祭祀范纯仁祠堂,亦称"报恩院",碧云池中遍种荷花,于是便有了"恩院风荷"之景。范纯仁素有爱民之美誉,出任庆州知州时,秦中一带遭饥荒,他自行决定开常平仓赈济灾民,下属官员请求先上奏朝廷等待批复,范纯仁认为等到有批复时就来不及了。事后有人将此事奏报朝廷,朝廷派人来查,恰逢当年秋收粮食丰产,老百姓便自觉地将粮食送还,常平仓满如常。范纯仁冒着丢官的危险赈济灾民,故而深得百姓的爱戴。这样清廉爱民的好官,只有与"亭亭净植"的荷花相伴,才能显示其风采。"多少士民池畔过,常思范相爱民心",这是张泽槐意欲重点强调的主题,更是这一个小小的祠堂和小小的一池荷花能够流传千年而成为永州八景之一的价值所在。

张泽槐的地名诗也写得颇有特色,凭借他对永州地方历史文化的熟谙,对每一个地名都能写出其由来。比如"永州"之名的由来:

永州 ①

中原遗老避危难，辗转迁移到永山。
隋帝不忘前代事，兴州置府奉先贤。

　　一般人只知道永州之名来源于永山永水，而永山永水之名又从何而来？笔者曾查阅了明清两代的《永州府志》，皆未详加说明；还去双牌考察了"永山庙"，仅残留一个遗址，听说曾留有一方石碑，也未找见，深感遗憾。后来读到此诗，才知道"永州"之名是来源于北方的"永国"。真佩服泽槐先生，不愧为永州的"活字典"。

　　还有一些小地名，或许并无太多的历史文化意蕴，但张泽槐却可以发掘出它的意蕴来。比如"水口山"：

水口山 ②

柴君山麓汇清流，狭地相衔锁水头。
蓄势奔腾三万里，经泷历泊阅春秋。

　　水口山本是一个普通而又常见的名字，全国以水口山命名的地方不知有多少，在永州市零陵区也只是一个乡镇之名，在这里也很难找到其命名的历史缘由或文化意蕴，但诗人抓住"狭地相衔锁水头"的特点，不仅点明了地名的由来，更为下文的展开和深化做好了铺垫："蓄势奔腾三万里，经泷历泊阅春秋。"这是何等旷远的气象、深邃的意蕴？！原本只是一个纯自然的地方，经诗人这么一写，便有了深厚的人文底蕴。我想，这首地名诗，完全可以作为水口山人的"精神核心"使用。

---

① 隋文帝开皇九年（589），因"（零陵）郡西南有永山、永水"，置永州总管府，永州之名始称于世，并与零陵为一地二名。又西周封国永，于春秋亡国后，举族南迁，最后定居于今双牌县永江乡一带，后世因称这一带山水为永山、永水。

② 水口山，乡镇名，位于都庞岭西麓，距零陵城区53公里。

在永州旧体诗词的创作中，有一位农民诗人成果颇丰，成就颇高，这就是伍锡学。伍锡学（1948— ），乳名石头，号抛书倦客，祁阳人。"文革"期间高中毕业回乡务农长达 17 年，后因发表了很多作品，成为《祁阳报》编委。自 1979 年以来，已在海内外报纸杂志发表诗词、新诗、小说、散文、剧本、曲艺、评论、民间故事等作品 4000 多件，获省级、国家级、国际级奖项 100 多次。已出版诗词集《田畴草》（臧克家题写书名）、《南园草》（霍松林题写书名）、《甘泉草》（李锐题写书名）、《微型草》（李文朝题写书名）。《踏莎行·夏晨》获中华诗词杂志社等单位举办的第四届新田园诗词大赛一等奖；《临江仙·登岳阳楼》获《人民中国》杂志社、亚细亚文化国际交流会汉诗第四届大赛最优秀奖和亚洲华人大奖赛二等奖；《江城子·盼电》获中华诗词学会等 100 家单位举办的大奖赛二等奖；《碧芙蓉·隐括余秋雨〈月〉》获中华诗词文化研究所创作活动十佳精品奖。曾致力于"隐括词"创作，已将古今中外的散文、诗歌名篇隐括成词 111 首，成为中国文学史上创作"隐括词"作品最多的作者。

农民出身的伍锡学，从 1948 年出生，到 1985 年转干任县文化馆文学专干，在乡间田园摸爬滚打了近四十年，他把自己当作"田畴草"，扎根田园又跻身艺苑，忙于农耕又勤于笔耕，因而所创作的多为田园风光的作品。1961 年，13 岁的伍锡学写下了一首《水牛晚归》：

> 日长耕作累，闲步晚凉天。
> 细嚼田畴草，心头滋味鲜。①

这虽然是少年时代的一首诗，但对伍锡学来说却具有决定性的意义，它既是诗人的人生写照，也是诗人创作风格的写照。在此后几十年的人生经历中，诗人将"耕作累"转化为"闲步"的惬意，将日常的劳作转化为审美的愉悦，如同鲁迅所说的"吃进去的是草，挤出来的是奶"，伍锡学却是在"细嚼田畴草"之"鲜美滋味"的过程中，着实地收获了一批属于自己的丰硕成果。因此，"日长耕作累"，这既是一个预言——预示着诗人将

---

① 伍锡学.田畴草[M].郑州：中州古籍出版社，1994：1.以下引文仅注明页码。

一辈子耕作不辍，也具有双重的寓意——意味着诗人农耕与笔耕相结合的人生、相结合的成果，并由是而成就了他这一位真正意义上的"当代田园诗人"。

1963年，正在读初中的伍锡学因家境贫寒中断学业回乡务农，这对于一个15岁的孩子来说应该是一个不小的打击，如果要记下此时的心境，则应该是"愁苦"之类。但伍锡学似乎与众不同，当时所写的一首《回乡》，所记下的完全是另一番景象和情感：

> 一囊书卷喜归来，新绿芭蕉去日栽。
> 倒影小桥溪水涨，飘香石径野花开。
> 大哥岭上放蜂去，小妹塘边唤鸭回。
> 我向田翁学稼穑，肩背牛轭踏青苔。

（第1页）

好一幅秀美的田园风光，好一方温馨的农家乐园。我们见过陶渊明"种豆南山"的劳作之美，也见过"采菊东篱"的怡然之乐，但那是有了"不为五斗米折腰"的阅历之后所特有的情感，而且只是陶渊明个人的"美"与"乐"，不免给人一种孤寂之感。伍锡学笔下的农家景色，则显得更加朴实而温馨，这里只有童心和童趣，没有陶渊明式的沧桑感，惟其如此，才显得真实而自然。这也恰好体现了伍锡学其后几十年始终如一的创作风格：写真实的情感、真实的人生、真实的农村生活。

农村的自然风光与欢快的劳动场景相结合，可以说是伍锡学早期诗歌创作的共同特征。如《夏晨》："叶著珍珠夜露繁，清晨人语鸟声喧。南风十里葵花路，旭日千家稻谷村。手指巧将田垄绣，犁铧劲把沃泥翻。炼成铁骨钢筋汉，根固家乡建乐园。"（第2页）此诗作于1971年，最后两句的"表决心"，不仅是诗人当时真实情感的写照，更是当时时代背景的真实写照。在"东风吹，战鼓擂，现在世界上究竟谁怕谁"的狂热歌声感染下，当时的诗歌创作除了"表决心"式的情感喧嚣外，很难见到田园风光的景色描绘，此诗的前四句，放在当时的创作背景下，绝对是特立独行的别样风景。

《夏晨》是情景结合的佳作，但描写劳动场景，则《割稻夕归》更显生动：

"割禾山坳里,日落晚霞藏。挑谷翻荒岭,歇肩下野塘。编歌嘲小子,掬水洒姑娘。饭后树阴下,还来话短长。"(第2页)如果说《夏晨》的真实性主要体现在大的时代背景上,此诗的真实性则主要体现在劳动场景的细节描绘上,二者的结合,才真正绘出了一幅田园风光图。

在20世纪的60至70年代,中国的南方农村还有过一个"空前绝后"的独特景象,这就是水稻栽培史上由"高秆品种"转向"矮秆品种"的种植,与此相联系的就是《密植》:"今年密植不寻常,四寸距离行对行。连夜鸡鸣就爬起,背上蓑衣去扯秧";《插秧》:"水田一亩万蔸栽,腿软腰疼汗满腮。摸黑带泥爬上坎,夜间还趁月光来。"(第21页)当时的插秧,要把水全部放干,把泥整平,再用"划行器"划出方格,行距4寸,株距3寸,把稻秧插在方格的四角,这样插下来,据说每亩可达一万株。因为插得太密,所以进度很慢,起早贪黑地干,以便赶在立秋前插完晚稻。自从"杂交品种"出来之后,这种"密植"的景象便不再有。这是水稻栽培史上出现的一种短暂现象,今后的人们要想得到这一现象的感性材料,只能到文学描写中去寻找了。从这一意义说,伍锡学的描写带有"考古学"记录的性质。

20世纪还有一道特别的风景线,且看《收工》:

日落晚风凉,收工人更忙。
竹鞭赶水鸭,草索绑园桩。
投草鱼儿跃,泼污瓜菜香。
浑身汗馊气,摸黑进柴房。

(第20页)

在当时集体化背景下,劳动果实不能直接与个人的劳动效率挂钩,出力不出力一个样,因而出集体工总是"出门一窝蜂,做事磨洋工",收工之后干自己的私活则劲头十足,这是导致集体化道路的终结而转向联产承包责任制的直接缘由,也是最根本的缘由。《收工》则是解释这一缘由的最好注脚。

到了21世纪,"故园"又有了新景色,且看《鹧鸪天·晨步》:

散步村头春兴长,故园一派好风光。因听鸟语勤栽树,为贮花香早启窗。

背篓放,手机扬,赶圩阿妹约情郎。谁家雪白和平鸽,飞向东方红太阳。①

尽管此时的伍锡学早已不是农民,但农村的血脉仍然与他紧密相连,他关注的重点仍然是"田园风光",田园诗人的"底色"丝毫不减,"面色"则是常写常新。

在旧体诗词的创作中,伍锡学是全面开花,各种体裁均进行了自己的尝试而且均能收到很好的成效。除大量的律诗、绝句之外,还有大量的词作,几乎填遍了所有常见的词牌,即便是很少见的回文体、回环体之类的体裁,也有上好佳作。比如回文诗《舟行》:"思乡起见朗星明,激浪催舟一叶轻。菲草江边两岸阔,淡岚天极四山横。飞飞燕雨梅笼李,嫩嫩秧田麦映橙。吹笛玉娘新槛倚,桡船上水下篙撑"(第2页)。此诗不管是顺着读还是倒着读,都是一首意境高远、耐人寻味的思乡曲。再看回环体《牧童》:"牧童吹笛过桥东,吹笛过桥东岭红。过桥东岭红霞罩,东岭红霞罩牧童。"这首七绝中除去重复的仅有11字,词语的回环反复与景色的自然转换融为一体,给读者展现了一幅色彩艳丽、美妙欢快、童趣盎然的乡村牧歌长卷。我们只要略加想象就不难见到这样的动态景象:牧童骑着水牛、吹着短笛从我们面前缓缓走过,东山的旭日冉冉升起,牧童迎着霞光渐行渐远,最后消失在霞光中。与中国诗歌史上最经典的回环诗"赏花归去马如飞"相比较,《牧童》一诗更具空间感,画面更宽广,境界更高远。

当然,伍锡学在体裁尝试上的最大贡献还是"隐括词"。隐括词是旧体诗词创作上一种独特的、也是极为少见的形式,它是将别人的诗文在保持基本内容不变的情况下浓缩为一首词。闻一多说中国的格律诗词是戴着脚镣跳舞,而隐括词则是在脚镣之上又加上了手铐。格律诗词在形式上束缚思想内容,要创作优秀作品已经很难;隐括词不仅形式被束缚,内容也被限制,同时还得写出自己的新意来(否则,就不是创作),这就难上加难。

---

① 伍锡学.鹧鸪天·晨步[J].诗刊,2006(11)上半月刊.

正因为太难，所以从宋代林正大、黄庭坚等人进行了一定的尝试后，这一体裁的创作就鲜有继承者。到了现代社会，生活的快节奏已经使人们失去了精雕细刻地去创作格律诗词的耐心，写隐括词就更不会有人问津了。然而，伍锡学就是与众不同，他不仅写，而且数量多，质量高。

首先，从数量上看，宋人林正大一生致力于隐括词的创作，《全宋词》收他的词作41首，其中隐括词39首。自林正大之后，数百年来再无人能从数量上超越他。而伍锡学近年来将主要精力集中于隐括词的创作，已有近百首作品面世，在数量上已经超迈前贤。

其次，从质量上看，伍锡学成规模、有计划地进行创作，将古今中外的散文名篇和诗歌名篇全都纳入"选括"范围，将散文、诗歌转化为内容相同、体裁相异的新词作，给人别开生面之感，使原作与新词相互影响，共同增进了艺术魅力。且看他的《锦堂春·朱自清〈荷塘月色〉》：

满月升高，淡云来去，今宵独享风光。荷叶田田，袅娜舞女裙裳。莲白微风过处，送来缕缕清香。有一丝颤动，凝作波浪，传遍荷塘。　　月光泻如流水，伴漂浮轻雾，恬静迷茫。笼上云纱轻梦，冉冉飞翔。一片蝉鸣蛙叫，任他们热闹非常。轻吟采莲歌赋，忆起江南、美好家乡。①

一篇千字的现代散文，浓缩为一首120余字的古词，字数减少了90%以上，原作的主要内容反而更为突出，风貌特征也更为鲜明，还增添了几分古韵，如果将原文与新词合在一起读，同样的意境却又具有不同的风味，如同两名高明的厨师，用同一原料做出了两道不同口味的佳肴，让读者在比照和品味的过程中，自然而然地增添了审美趣味。因此，伍锡学的隐括词不仅给原文增添了一种新的读法，更增添了一层艺术魅力，这是艺术创造上的"双赢"。

---

① 伍锡学.锦堂春·朱自清《荷塘月色》[J].中华诗词,2007(11).

三、新诗华章

新诗创作不仅队伍庞大，数量繁多，且鱼龙混杂，难以遴选。这里选择蒋三立、杨金砖、田人三位诗人的作品给予简要介绍，他们或许可以代表20世纪80年代以来永州新诗创作的实绩。

蒋三立，20世纪60年代中期出生于永州双牌，当过中学教师，搞过经济研究，曾在乡、县、市等8个不同的部门任职，是一个县处级官员。从20世纪80年代中期开始诗歌创作，相继在《诗刊》《人民文学》《诗神》《诗歌月刊》等数十份有影响的刊物上发表诗歌400多篇，出版了《永恒的春天》《诱惑》《蒋三立诗选》《在风中朗诵》等4部诗集，并不断有作品入选《青年诗选》《中国诗萃精评》《2002年度中国最佳诗歌》《2003年中国最佳诗歌》等选集中。由于他的创作实力突出，于2003年应邀参加了由《诗刊》举办的第十九届青春诗会。

这里，主要以蒋三立的诗集《在风中朗诵》为例进行评析。在这部诗集中，诗人对"风"似乎有着"斩不断，理还乱"的情感与理性纠结：

> 风吹散了那些抱紧的草
> 又沿着这条铁路走了很远、很远
> 风吹干了我送别的泪水，滋润心灵的泪水
> 现在，我该到哪里去？我不能
> 沿着湘江朝着某个方向流去。也不能
> 就这样被风吹得比抖动的树叶还轻
> 呵风呀，你多少年来都是这么无情
> 现在你越来越狠抖动着天空
> 抖动着我骨骼里风湿的疼
> 还有远处春天里的花粒，也被抖动着

撒成了很远很远的孤独①

很显然，诗人所描述的"风"，既是自然之风，也是人力之风，更是诗人的心灵之风。

中国的文人，总是背着沉重的负荷：为天地立心，为生民立命，为往圣继绝学，为万世开太平。宋代文人张载开出的这张"任务单"，成为中国有志文人的奋斗目标和人生宿命。因为志向太过高远，现实中的应和者太过稀少，所以他们的精神总是孤独的，从中国第一个大诗人屈原开始，"众人皆醉我独醒"的传统就一直绵延不绝。蒋三立或多或少地也继承了这种传统，他的精神从"石山上开出"，很有点特立不群：

  石山上开出了花朵
  那是我坚硬的筋骨长出的精神
  我生命里有一种风
  永不归返
  吹扬着战栗的花粉
  歌声被光芒抬起
  灵魂使万物洁净

（《琴声摇动了花朵》，第78页）

诗人的志向高远、任务繁重：他要"吹扬花粉""洁净万物"。因此，诗人的精神必须像岩石一样坚硬而刚强，像"风力"一样坚韧而强劲。否则，就无法完成"吹扬花粉""洁净万物"的任务。

"洁净万物"的首要任务便是对"爱情"的拯救：

  阳光被窗外的玉兰树遮蔽
  我的脸贴着冰冷的玻璃张望，爱情遍地流失
  岁月无痕，心中已慢慢长出一朵孤寂的玫瑰

---

① 蒋三立.在风中朗诵[M].北京:作家出版社,2012:75.以下引文仅注明页码。

我会用一生的血去浇灌、浇灌
你说:"不必理会,这世上已没有真爱"
我说:"爱的火焰里,会有沉睡的灰烬/但燃烧着就不会死亡"
一切从一次无辜的相识开始
直到生命的能源消耗殆尽

(《孤独》,第 17 页)

在"爱情遍地流失"的当今,诗人却要"用一生的血去浇灌"、用毕生的能源去燃烧,这种不同时俗的坚守,自然很难得到众人的认可,那一份孤独,恐怕只有诗人自己才能深切地体会到,所以诗人干脆用《孤独》作为该诗的命题。

诗人所说的"爱情"其实是一种广义的"爱",绝不只限于男女爱情,更不限于诗人自己。但要拯救"爱",必须化解心中的仇恨,这一点必须从自我做起:

我有仇恨,我害怕天堂
我却不能把无边的空旷带走
如果心里一片寒冷
我只有慢慢用爱,融化心中晶凝的泪水

(《圣诞节的雪》,第 29 页)

"爱"存方寸间,得失自心知;自己心中无"爱",怎能拯救他人之"爱"?燃烧自己才能照亮别人,如果立下了"洁净万物"的宏愿,像蜡烛那样毁灭自己就是不可逆转的宿命。

广义的"爱"是一种无边的"博爱",不仅要"为生民立命",还要"为天地立心";不仅要"爱"人类,还要"爱"天地间的一切生灵:

这是多么大的一个家啊
我是其中多么渺小的一部分,像卑微闪烁的萤火虫
心里敞开了星空一样的光芒

> 我要安抚那些鸣叫的昆虫，林中飞翔的夜鸟
> 那些游动的、奔跑猎取的动物
>
> （《夏夜》，第 25 页）
>
> 长着透明的薄翼，从树叶里飞出
> 历经过冰冻的寒冷，这些细小的昆虫
> 能飞在春天的暖风里，多么不易
>
> （《春天的小径》，第 69 页）

就生命的价值和存在意义而言，任何生命的存在都是唯一的，都是自然界生物链条上的一个环节，这个生物链上的任何一个环节缺失，都可能导致整个生物链的崩溃。从这一意义说，任何生命的存在价值都是同样的，不存在高低贵贱之别——这才是真正的"博爱"。但人们往往被欲望遮蔽了理性，要拯救"爱"，更需要安抚：

> 那些不能安睡的欲望、挣扎的心灵
> 让这个世界没有一丝惊扰
> 生存、和谐，彼此用光芒照亮
>
> （《夏夜》，第 25 页）
>
> 我有心灵，我不能让风吹得我整日沉默
> 我只想让这温暖的风带着祝愿吹过故乡
> 吹绿更远更远的地方
>
> （《南风》，第 22 页）

无疑，诗人胸怀是博大的，博爱是深广的，祝愿更是美好的。

然而，"百无一用是书生"，诗人的祝愿只能是祝愿，不可能成为现实；不管他的愿望如何强烈，也只能存在于纸上，能真正实现的便只有自我享受那一份"孤独"与"永恒"：

> 在苍茫的人生旅途，在疲惫的奔忙中
> 才知道，一个人静下心来孤寂
> 的确是种享受

……人生中许多片刻的美丽

在孤寂的盘旋中

成为留不住的永恒

(《孤寂是一种享受》,第 102 页)

这是一种特有的感悟,也是一种旷达,还饱含几分无奈。

于是,诗人要:

在风中朗诵

怀念秋天的往事

把春天当成平平仄仄的唐朝

没有苦难,也不必沉默

在风中朗诵。把花朵当知己

把昆虫当亲人

把仰望的星空当成宽广无边的梦想

(《在风中朗诵》,第 35 页)

在笔者看来,诗人之所以要"在风中朗诵",其实具有双重目的:一是御风而行,借助"风力"传扬自己的"孤独"精神;二是顶风而立,借助"风力"锻炼自己的"定力",使自己能够坚守那一份"孤独"的精神。或许,第二重目的对诗人来说更具实际性意义。

杨金砖(1963—),永州东安人,湖南科技学院教授,曾担任《学报》主编、图书馆馆长,现为科技处处长。先后在《湖南文学》《诗歌月刊》《散文百家》《杂文报》《湖南诗词》《求索》等刊物发表学术论文 100 多篇,诗词 200 余首,散文、杂文、札记 100 余篇。出版有诗集《寂寥的籁响》、散文集《孤独的守望》《迷失的归途》、论文集《潇湘文学散论》《潇水流域作家作品研究》,主编的作品有《柳宗元永州诗歌赏析》《永州当代文学作品选》《零陵山水散文选》《食俗流芳》等,还与人点校了《明洪武永州府志注释》《康熙九年永州府志注释》《康熙祁阳县志校注》等。是一位多栖多产的作家。

这里,仅以诗集《寂寥的籁响》为例,评析一下杨金砖新诗创作的实绩。先看开卷之作《心底的困惑》最后一章:

> 往事如晨露悄然融于大川
> 而情结又逆水澎湃而来
> 夕阳下
> 疲惫的鸟回归巢里
> 摇篮中的婴儿独睁惊奇的大眼
> 驻足的老者不解生命的本原

诗人之所以要将此诗排在卷首，恐怕是因诗人在诗集中的情感所系，可以于此诗中窥其要略。综观整部诗集，诗人反反复复所诉说的，就是心底那一层无法释解的困惑。诗人既困惑于历史，也困惑于现实；而于种种的困惑之中，诗人所思考所寻觅的，则是生命的本原所在。

首先，因对历史的关注引发了诗人对许多重大问题的思考，而诗人又不愿人云亦云地信以为真，于是就有了种种的困惑。这一类的作品在诗集中占了相当的比例，如《遥望长城》《荆楚残城》《紫禁城的叹惜》《山海关的悲叹》《细读秦陵》《夜梦陶公》等。这些作品有一个共同的特点，那就是诗人善于用自己的思考来观察、分析历史现象，并力图找出这些现象背后的真原面貌。诗人在《细读秦陵》中指出：

> 史官的笔，时假时真
> 犹如禾田的稗草
> 几分嫩绿，几分秀青
> 谁也无法辨其真伪

正因为本来是客观真实的历史现象，经"史官的笔"一点染便变得真假难辨，诗人才抱着审视的态度去辨假索真。那么，历史的真实究竟是什么呢？且看诗人面对《荆楚残城》的感叹：

> 君侯们为了实现那虚无的九五之尊
> 将相们为了身后那荒诞的流芳之名
> 从此，人类便不再安宁

一部史书所记载下来的几乎都是帝王将相英雄豪杰的救世壮举和光辉业绩，而就在这些壮举和业绩的背后，不知给人类带来了多少深重的灾难反被忽略不计，这是诗人所深感"困惑"的，于是就有了："遥望长城，心生无言的嗟叹：'兴也百姓寒，亡也百姓凉。'"（《遥望长城》）如果说诗人在这里所嗟叹的还是承续前人的思路，那么在《彻悟》里则纯然是自己的思考：

  日子本无所谓短长
  功名原是梦中的贪欢
  杜甫的茅屋
  作广厦万间的遐想
  阮籍的穷哭
  为仕途险恶而迷惘

人类自从有了自我意识之后，强烈的悲剧意识也随之产生，生命本就十分短暂而人们又要拼命地追求不朽，于是所谓的功名业绩便成为人们梦寐以求的对象，总想使自己在青史留下美名，以求达到永恒。而其实谁又能勘破"想秦王之壮举，与南柯又有何异"（《彻悟》）。与宇宙生命相比，作为人类整体的生命也不过是短暂的一瞬，作为个体的生命就更可忽略不计，谁都不可能达到永恒，南柯一梦与秦王壮举，不过是五十步与百步之差，因而从生命的本原意义上说，它们确实并无差异。这也就是诗人对历史的彻悟，当然是经过长期困惑之后才产生的彻悟。

  其次，面对现实，诗人有着同样多的《心底的迷惘》：

  为了糊口，为了免于饥寒
  我丢失了陶公的清高
  也不再有谪仙的豪狂……我冥思苦想
  我为何是这般模样

  诗人的迷惘，当然绝不只是个人被物质生活所累的问题，而是更深层次的对人的生存本能的思考，比如《残忍》：

> 生存是一种本能
> 而本能的发展
> 为何又是这般残忍
> 我不忍去目视那滴血的哀吟
> 拂袖而去
> 却又无法走进墨子兼爱的境地

生存本就是一种竞争，弱食强肉的生物定律，自然也要影响到人类，这也是生命本原的一部分。正因为如此，诗人才陷入了两难的境地：要想超脱本能而不能，要想走进兼爱而不得。然而，人类作为智慧的生物毕竟要高出其他动物，超脱本能才能不被物欲所累，人才能求得人之所以为人的自由，至少，在精神上人类应该保有这种自由。为表现这一意念，诗人将目光投向了大自然，于是，在诗人眼里，即使是"茫茫戈壁"，也"并非想象的那般寂荒，炽热严寒，这里有大自然的馨香"（《戈壁的馨香》）。而当诗人面对大海的时候，则更感温馨和畅意："微风荡开了我尘封的情怀，海水湿润了我干涸的心田，夜色从天的边缘横扫而来，我匆匆拾起从前弃落的那方思念,聆听那拍岸的涛声,如似在聆听那远古的天籁。"（《宁静的海边》）大自然的魅力是如此迷人，以至诗人要把自己幻化成一只精灵的小燕："在花枝间细语呢喃，在山溪旁嬉戏欢唱，洗濯精神的疲惫，唤来三月的春光。"（《燕》）当然，最让诗人心醉神迷的还是那《五彩的云》：

> 无忧无虑，无牵无挂
> 从不记前途何在
> 任那八方袭来的风
> 吹至南北西东
> 吹成青丝缕缕
> 仍还是自由地在空中飘浮遨游

深宇寥廓

> 又谁能把功名看破
> 留下堆堆荒冢
> 千年不灭者几何
> 唯有天边的云朵
> 依然故我
> 寻觅自己的欢乐

人的生命本来就肇源于大自然,而人类的演进似乎要把人与自然分隔得越来越远,历史的重负和现实的挤压,已使人喘不过气来,谁要是能够做到泯灭历史超脱现实,悠然地回归自然,谁就能保有"依然故我"的自由。这也就是杨金砖先生经过一番困惑与思考之后,所寻找到的生命的本原所在,也是他诗歌创作最大的收获所在,更是他给读者最大的启发所在。

进入 20 世纪末期,永州冷水滩籍诗人田人脱颖而出,成为潇湘文坛上的一匹黑马。他相继在《诗刊》《人民文学》《十月》《诗选刊》《星星诗刊》《江南》等大型刊物发表了众多作品,尤其是他的代表作《乡村的荠菜花》《反复写到了春天》《一株稗子的爱情故事》分别被《中国新时期二十年诗选》《2002 年度中国最佳诗歌》《2000—2002 年中国诗选》收录。从而展现了他在诗歌创作方面的潜在实力。他出版的诗集《虚饰》《三十年后大湾村》《永州这个地方》,均被列入《诗刊·金马车诗文库》丛书之中。

田人(1968—)不姓"田",而姓"罗",名"光明",这本来也是一个很好的名字。他大概认为"罗光明"的名字太普通也太俗气,于是在 1987 年,19 岁的他给自己更名为"田人";1989 年,第一次用"田人"的笔名在《诗神》杂志发表诗歌《中国孩子》,从此一发不可收,人们记住了"田人"而遗忘了"罗光明",他自己也不再提"罗光明"之名,尽管他父亲多次提醒他,改名可以但不能改姓,他却依然我行我素。这也足可说明,田人不是一个"俗人",为人做事总想超越"俗套"。有一件事很能证明他的不落俗套:20 世纪的 90 年代,他在祁阳报社工作,有一次报社员工进行业务考试,他一道题也不做,五分钟不到就交了卷。对于业务能力很强的他来说,觉得这样的考试简直是愚弄人,于是不屑地交了白卷。这件事引起的轩然大波是可想而知的,他便干脆"不屑"到底,炒了报社的鱿鱼,到北京当起了"北漂"。

田人的"北漂"是一种怎样的生活？至少从物质生活来说不怎么样，这可以从他自己的《体验与直白》中看出来：

一间低矮的平房仅有的一扇门朝两只保洁车敞开
许多人产生的垃圾汇集于此
而释放出一股难以捉摸的气味，在弥漫
我居住在这间低矮的平房里，与蚊虫相伴
我向保洁工及有关的几个人提出将保洁车挪走
这是我远离温暖幸福的家的一次经历

别人说我是不幸的，我却不那么认为
两只保洁车依然站在门的两边
像两名忠实的门卫，蚊虫成为它们使用的武器
小偷或不该进入这间平房的人都无法进入
垃圾是蚊虫的父亲，我用身体里的血做蚊虫的粮食
我们彼此产生了友谊，并成了好朋友
在这间低矮的平房里相依为命

我还因此得到了另外一些好处，比如
因为那些垃圾中一定有一些来自漂亮的女性
许多人想接近她们却苦于无能为力
而我通过她们产生的垃圾的气味的弥漫
每天都被她们幸福地亲吻。我没别的东西了
几枚银质的硬币让我想起它与生命的关联 ①

在田人所有的诗作中，写得如此"直白"的再难找到第二首，他可以为了自己内心的那份尊严随意地扔掉工作，但却不能不为了"几枚银质的硬

---

① 田人.诗刊·金马车诗文库(第六辑)·虚饰[M].北京:华艺出版社,2004:42.以下引文仅注明页码。

币"而与生活有所妥协,这份妥协虽然也不免有损尊严,但那不过是面子上的事,从内在精神上说,他还是自由的。他可以"自由地"想象蚊虫是自己的朋友,因为只有它们可以与自己"相依为命";他还可以想象那些垃圾的臭味来自漂亮女性,进而"每天都被她们幸福地亲吻"。正因为有了这份精神自由,所以不管物质生活如何艰难,他都仍然能够坚持下去。因为在田人看来,个人的精神自由才是最重要的,而且是不可或缺的。

但是,"北漂"的生活并没有维持多久,他还是逃离了城市,又重新回归乡土。他为什么要逃离城市?这大致是因为他对城市的重新认识,且看他在《废墟》中所描述的感受:

>在一座城里
>我不能自由地漫步
>在一座城里
>我看见树倒下
>在一座城里
>我遇上高阔的楼宇
>成群的鸟栖在上面
>在一座城里
>我经历一场历久的雪
>像一种美妙的思绪
>覆盖我的心境
>在一座城里
>谁用我的话
>安慰那些已经破碎的东西
>破碎的路途
>破碎的车鸣
>破碎的天空和人群
>在一座城里
>河流及田野
>它们拼命捂住流血的身体
>在一座城里

一种声音震耳发聩

　　雪走了

　　天空走了

　　河流走了

　　田野走了

　　树和鸟都走了

　　花儿微笑走了

　　在一座城里

　　一些人在哭泣

　　情怀浑浊而悲哀

（《虚饰》，第85—86页）

　　田人的诗作，几乎全都是短章，很少有超过20行的，而这一首超过了30行，可算是他的一首"长诗"了。而他之所以"不厌其烦"，就是要将自己对城市的感觉全面地抒发出来。我们可以对照《我的村庄》进行解读：

　　浅浅的溪水中

　　她在洗着大湾村的心跳

　　接着便听见了鸟的鸣叫

　　鸟的鸣叫有点睡眼惺忪

　　大湾村揉着眼睛 ①

　　只有短短的5行，内容的表达十分简洁。在田人看来，那一泓浅浅的溪水就是大湾村的血脉，有了她村庄就有了"心跳"、有了生命；再加上几声鸟鸣，村庄就有了生气、有了活力；村庄在鸟的鸣叫声中醒来，开启一天睡眼惺忪而又缓慢悠闲的生活——这就是田人的理想生活情境。然而，"在一座城里"，这简单而又必需的一切均没有了，河流、田野、树和鸟、花儿都走了，甚至连天空都看不见了，即使是有人在哭泣、在悲伤，其情

---

① 田人.三十年后·大湾村[M].北京：中国文联出版社,2009:4.以下引文仅注明页码。

怀也是"浑浊"的，因为一切都是"浑浊"的，又怎么可能有"清澈"的情怀？因此，这"浑浊"的城市生活压得诗人透不过气来，而且如同"一场历久的雪"久久压在心头，又"好像一种美妙的思绪""覆盖"在"心境"，挥之不去、驱之不散——诗人还有什么其他的路可走呢？重新回归乡村，就成了唯一的选择。

"北漂"带给田人的物质生活是贫乏的，但对他的创作而言却是大有收获的，因为有了城市生活的经历，有了城乡生活的对比，他才更深切地感受到，年少岁月所生活过的大湾村，尽管让他"经历了太多苦不堪言的磨砺"，但"几十年过去了，它仍然是我生活中最美好的记忆"；带着这份美好记忆，他对当年的生活也有了新的认识："我会想到，贫穷实际是美丽的，就像无知是美丽的一样，也正是因为这个，它促进了我精神的沸腾，进而我就想到了这个村庄他的贫穷如果能以一种独特的抒情方式表现出来一定也很美丽。"（《后记》，第104页）准确一点说，贫穷本身并不美丽，只有通过艺术表现才美丽，因为在艺术表现的过程中作者是寄寓了情感的，有"情"才"美"；特别是这种"贫穷"是诗人所亲身经历过的，是有过切身之痛的，然后再用艺术形式表现出来，它就可能成为"美中之美"，这也是名篇佳作能够产生永久性艺术魅力的原因和基础。中国古代文论历来就强调"文章穷而后工"，不经历贫穷和苦难，怎么会有切身之痛呢？没有切身之痛的真情实感，怎么能写出感人的诗篇？！辛弃疾说"少年不知愁滋味，为赋新词强说愁"。这也说明，只有说"愁苦"的诗才会美丽动人，但"强说愁"的除外。鲁迅说："长歌当哭，是在痛定之后的。"这痛定之后的"长歌"，至少有了三方面的提升：一是增加了理性思考；二是增加了生活阅历的萃取；三是有了比较之后的选择。辛弃疾说："而今识尽愁滋味，欲说还休。欲说还休，却道天凉好个秋。"这就是辛弃疾有了生活阅历和理性思考之后所做出的选择：不再说愁而说天气。但人们却可以从"天凉好个秋"背后，读出多少愁丝苦绪来。

有了生活阅历和理性思考之后，田人为自己的家乡写了一部"长歌"：《三十年后·大湾村》。至于用什么样的方式来写，田人是有过精心选择的："我担心我的抒情方式会使它的那种乡村情趣丢失新鲜和落入俗套，而这，恰恰就是我在这本集子所追求的。"因为担心落入俗套而追求"新鲜"，追求与众不同，这也是田人的一贯风格。比如其成名作《一株稗子的爱情故事》：

> 他告诉我说，它是一株稗子
> 它知道自己是一株害草，生命也不会长久
> 但是它有了一次爱情，它深深地爱着一株稻子
> 起风了，它说要让天气好起来
>
> 它想起曾经要谋害稻子的岁月
> 它现在不想了。它深深地爱着稻子
> 它告诉我，过些时间，稻子会饱满起来
> 一个众所周知的原因，稻子的生命也不会长久
>
> 春去秋来，稻子没有怨恨
> 稗子的叶子触碰过稻子的叶子
> 稗子说，它希望稻子裸露身子
> 它想看它。我非常感动

(《一株稗子的爱情故事》，第89页)

  此诗有两点值得特别注意：一是运用童话思维，诗人与稗子直接对话，这样更便于诗人的直接抒情；二是表现两个"天敌"之间的爱情，视角异乎寻常、新颖独到。田人来自农村，他深知稗子与稻子争水、争肥、争阳光，是稻子的"天敌"，如果任由稗子和稻子自然生长，稻子是绝对争不过稗子的。在种子阶段，稗子的颗粒很小，三颗稗子不如一颗稻子，可一旦生根发芽，稗子的生长优势就远远超过稻子，在秧田里面，长得鹤立鸡群的秧苗一定是稗子，往往在这个时候农民就要将稗子除掉。所以，稗子说它"是一株害草，生命也不会长久"。当然，生命再短暂，也不妨碍它有"爱"。问题是，这是一种什么样的"爱"？有人认为诗人表达了一种"人类大爱"。我以为，这与"人类大爱"无关，只与诗人的"抒情方式"有关。从人类自身之价值观的角度说，"爱"必须与"善"相联系才值得歌颂。人类热爱大自然，可以爱一切生物，但那是基于对人类自身"有益"的善念。如果用"人类大爱"去爱稗子，那就没有了稻子的生存空间，人类自

身就得饿死,这就背离了"善"。而此诗所表达的是稗子对稻子的"爱",正是这种"爱",引导稗子放弃了"谋害稻子"的恶念而转向了"善"。因此,稗子的爱情故事虽然很离奇,但并未超出人类理性的价值判断,故而是值得歌颂的。

带着童话思维和别样的"抒情方式",田人笔下的大湾村确实保留了"新鲜"的趣味。先看他的《珍藏》:

> 记不清年少是站在一个什么样的位置
> 来观看禾场边那只蚂蚱薄亮的翅膀
>
> 我走过的一片荷塘
> 有许多红蜻蜓、黑蜻蜓
> 我想起浑身燥热的初夏我得到的一只瓦罐
> 一只村庄的瓦罐
> 我与它们会一同飞翔
>
> 多么难得的翅膀,一个国家的翅膀
> 三十年,携着风雨、雕花窗子和麻雀苍翠的鸣叫
>
> (《珍藏》,第4页)

诗人在这里所"珍藏"的,是他童年的记忆,更是童年的梦想。那蚂蚱、蜻蜓的薄翅,扇动了少年的现实生活;那只古老的瓦罐,盛满了村庄的历史——二者一轻盈一沉重,但都是诗人的动力,伴随诗人一同飞翔。而且,这不仅仅是诗人童年所生活过的村庄,还是中国农村的缩影,所以诗人说这是"一个国家的翅膀",它伴随诗人走过了三十年,无疑还将继续下去乃至终生,因为这就是诗人的《诗章》:

> 我不要金钱
> 我也不要虚假的荣誉
> 我要与大湾村同浴在星月的银辉下
> 把性灵埋在高的峰峦

> 永久的啼唱开始了
> 大湾村为何从四方八面拥向我孤零的坟冢
> 给我永垂不朽的温暖

（《诗章》，第 58 页）

既然这个村庄给了他永久的梦想，还给了他"永垂不朽的温暖"，那么，作为诗人，他能回报给它的，就必须是"永久的啼唱"了。对一个村庄的记忆，诗人用这样的"抒情方式"来表达，确实"新鲜"有趣。

田人的"啼唱"无疑是"新鲜有趣""不落俗套"的，但也因此失去了"雅俗共赏"的大众基础，他的诗一般读者是很难读懂的。田人绝不会"媚俗"，甚至也不"适俗"，他宁可做一个"纯粹"的诗人，创作"纯粹"的诗。也正因为这种"纯粹"，让他在潇湘当代诗坛是那样孤独而特立。这也是田人诗歌创作的独特价值所在。

第八章　文体扩张

中国散文发展到近现代,文体内部的体裁分类更加明晰,杂文铸造辉煌,影响日渐扩大,形成相对独立的文体;还出现了一种新类别:报告文学。潇湘文脉的散文发展与全国的发展大势相与同步,本章从艺术性散文、报告文学、杂文等三个主要方面予以介绍。

一、"散文"繁盛

1919年至1949年期间，永州留下的散文作品很少，有祁阳人谭丕模的散文集《收获》（1943年出版），还有理论著作《新文学概论》《中国文学史纲》等，特别是《中国文学史纲》，先后出过8种版本，曾得到朱自清的高度称赞。

1949年至20世纪70年代中期，永州的散文创作仍然薄弱。宁远人欧阳文彬著有传记文学《斯大林》《陀思妥耶夫斯基和他的作品》，长篇报告文学《刘连仁》（有日译版），长篇小说《在密密的书林里》《幕，在硝烟中拉开》（合作），散文随笔集《书缘》《攀登散记》《文苑梦忆》。祁阳人周策纵有散文著作《读梁启超"苦痛中的小玩意儿"：兼论对联与集句》《"破斧"新话——诗经研究之一》《论王国维人间词话》等。后起作者有江永杨芳仁和宁远李长廷。杨芳仁于1957年创作的散文《银幕挂上都庞岭》，被选入农业中学初中《语文》第二册。1972年李长廷有散文《随笔两则》发表于《湖南日报》。

这一时期最有影响的散文，当是陶铸的《松树的风格》，该文曾被选入中学语文课本。在这篇文章中，陶铸对"松树的风格"做过这样的描述和评价："你看它不管是在悬崖的缝隙间也好，不管是在贫瘠的土地上也好……只要有一粒种子，它就不择地势，不畏严寒酷热，随处茁壮地生长起来了。它既不需要谁来施肥，也不需要谁来灌溉。狂风吹不倒它，洪水淹不没它，严寒冻不死它，干旱旱不坏它。它只是一味地无忧无虑地生长。松树的生命力可谓强矣""要求于人的甚少，给予人的甚多，这就是松树的风格。鲁迅先生说的'我吃的是草，挤出来的是奶，血'，也正是松树风格的写照"。松树在中国传统文化中备受推崇，它所体现的文化价值主要体现在两个方面：一是不畏严寒——"岁寒，知松柏之后凋也"，还可与竹、梅组成"岁寒三友"；二是常青不败——作为长寿的象征，与鹤连用组成"松鹤延年"。在这篇文章中，除"不畏严寒酷热"之外，陶铸还赋予松树一个新的"风格"："要求于人的甚少，给予人的甚多。"这是陶铸的一个新发现，也是当时社会的一个新要求。

1976年以后，永州的散文创作进入新阶段，散文作者逐渐增多，散文作品迭见报刊，散文集的出版也越来越多。这里先介绍艺术性散文创作的基本概况。

从1978年到1990年，永州的散文创作，作品最多的有李长廷、王青伟、赵妙晴、卢兆盛。

从20世纪70年代初开始，李长廷在省级以上报纸杂志发表散文作品30余篇，近10万字。其代表作《洗衣曲》获《湖南日报》1982年度优秀作品奖，《湖南日报》曾为此作品设专栏讨论。该作被收入《湖南新时期优秀作品选·散文报告文学卷》。

1980年到1990年，王青伟（笔名苦马）发表散文作品20余篇。其艺术性散文代表作《思念你，白泥塘》，原载《年轻人》1981年4期，《新华文摘》1982年2期转载，后被收入《湖南新时期十年优秀作品选·散文报告文学卷》。

赵妙晴代表作有《黄昏的沙滩上》和《父女之间》，前者原载《散文》1985年5期，后收入《湖南新时期十年优秀作品选·散文报告文学卷》；后者原载《中学生》1987年11期，获当年共青团中央"让每一个家庭充满爱"征文一等奖，湖南团省委同题征文一等奖，后被选入台湾"飞中书局"出版的《有情四卷·亲情卷》散文丛书。

卢兆盛从1983年开始发表作品，其艺术性散文代表作有《"野渡"等8章》，原载1988年12月13日《湖南日报》，后收入广西民族出版社《中国散文诗大系·湖南卷》；还有《山里山外》，原载《潇湘文艺》1989年国庆特大号，获零陵地区首届潇湘文学奖一等奖。

杨鹏《油茶赋》收入湖南人民出版社散文集《发光发热的土地》（1980年版），《九嶷山上白云飞》发表于《作品》1981年第7期，获得《湖南日报》1982年度优秀作品奖，并被选入《湖南新时期十年优秀作品选·散文报告文学卷》。何宗华《姊妹花》被《新华文摘》1982年第2期摘录，并被选入《湖南新时期十年优秀作品选·散文报告文学卷》。唐曾孝《瑶寨唢呐声》1984年获湖南省广播电台国庆征文二等奖。

1985年，零陵地区举办"首届文艺创作奖"，何世杰的《瑶山夜已深》、吴秉恒的《我是一颗星》、郑国茂的《春到银沙滩》等散文获得文学组三等奖。

1988年,《潇湘文艺》举办"精短文学作品百花奖",李珊支的《无题》、徐守贤的《书》、周龙江的《潇水》获得二等奖,罗桦南的《我的好兄弟》获得三等奖。

1989年,《潇湘文艺》举办"首届文学奖"评奖活动,周龙江的《那默默的注视将成为永恒》、徐守贤的《生命之舟·境地》等获得一等奖;李登忠的《四十岁·四十岁》,江南雨的《第一次做父亲》,何家壬、陈家声的《鬼仔井遐思》,李珊支的《生活在一片断断续续的感受里》等获得二等奖。

1990年以后,永州作家的散文创作和外地作家写永州的作品越来越多,除上述作家继续活跃外,又出现了一批新的散文作家。

李长廷继续在全国各大报纸杂志发表大量作品,长篇文化散文《寻梦潇湘》发表于《中国文学》2009年第2期,《山不在高》获得2011年《人民文学》与常德市主办的"善卷故里,善德鼎城"全国诗歌散文征文优秀奖,收入《德流汤汤》一书。1995年由中国文联出版公司出版散文集《山居随笔》,2000年由湖南文艺出版社出版《湖南文艺湘军百家文库·李长廷卷》。

1993年,武俊瑶的散文集《海韵》在作家出版社出版,1996年《逆旅》在人民文学出版社出版,并在北京召开作品讨论会,在全国引起了强烈反响。他的《异乡西子》《秦淮河断想》《雾失庐山》《触摸龙的肤骨》等篇章,读来让人荡气回肠、浮想联翩、感慨万端。他的散文被选入《文艺湘军百家文库》之中,其《金子的呼唤》被评为《人民文学》1990—1995年优秀散文。

1995年,唐曾孝在湖南出版社出版散文集《暖流》,2003年8月与人合作在湖南文艺出版社出版散文集《潇湘如画》,2006年3月在作家出版社出版散文集《石头会唱歌》。

《长沙晚报》资深编辑奉荣梅,其文学创作始于1987年,先后在《人民日报》《杂文报》《长江文艺》《文学界》等报刊发表大量散文、随笔、杂文、小小说。出版散文集《浪漫的鱼》,编辑出版散文随笔集《新媒体散文——城里的月光》《瓦片》《书院中国》《寒花淡影》《零公里处——稻道源头话道州》等。其文学作品多次被《散文选刊》《散文·海外版》《读者》转载,先后二十多次获得"中国报纸副刊好作品"和"湖南省好新闻"评比奖项。近十年来,数次策划组织湖湘文化遗址考察,撰写"道州旧影"文化与乡土融合的系列散文,对许多作家、文化名人进行过专访和读书评点,相继被各大网站转载。

《永州日报》副刊编辑杨中瑜，常用笔名洋中鱼，另有笔名楚天雨、石涧竹。1988年开始发表作品，其散文作品常见于《中国文化报》《湖南日报》《羊城晚报》《散文》《中华散文》《散文百家》《创作与评论》《寻根》等报刊，以写永州古城和永州历史人物的随笔为主，代表作有《李商隐与永州》《萝卜爱情》《父亲的钱包》《永州的井》《永州的城门和码头》等。其中，《李商隐与永州》入选贾平凹主编《中华散文百年精华》（人民日报出版社2005年版），《萝卜爱情》被《家庭导报》（2001年12月18日）、《大家参考》（2003年1期）等报刊转载，《父亲的钱包》被《报刊文摘》（2005年5月25日）、《中外文摘》（2005年10期）、《小品文选刊》（2005年18期）转载，《递手绢的人》原载《散文》2005年9期，入选《亲情永恒》（百花文艺出版社2010年版），《端午随想》1998年获广西作协、广西文艺报等六家单位举办的全国征文大赛优秀奖。杨中瑜的小说创作成果也较丰富，小小说《花生里的秘密》入选《五十年〈花地〉精品选小小说卷》（花城出版社2008年版），以石涧竹笔名发表的小小说《父爱安全网》，不仅被《东西南北》（2000年5期）、《阅读》（2005年5期）、《资料卡片》（2006年6期）等十余家报刊转载，还入选《心灵守望》（吉林人民出版社2001年版）、《感动中学生的100个故事》（九州出版社2005年版）、《影响你一生的情感故事》（北京燕山出版社2010年版）等十多种选本和教辅材料。出版有长篇小说《陶铸传奇》《见习记者》，后者2013年在意大利最大华文报纸《欧华联合时报》连载，在欧洲华文界产生了良好影响。

出生于江永偏远瑶山村的曾凡忠，先后在《中国诗坛》《湖南日报》《羊城晚报》《黄金时代》等报上发表散文、诗歌600余篇，出版了《大脚走天下》《跑步人生》《孤独静候花开》《江永方言民俗》等14部著作；还是一位报刊收藏家，收藏了《政治官报》《申报》等中外报刊12 000多种，中外乐器近百种；而且在书画、篆刻、剪纸、音乐演奏、文学创作诸多领域成果丰硕。大量剪纸、叶雕、国画、油画等艺术作品在我国港澳台地区以及新加坡、马来西亚、泰国、日本、韩国、美国等国家展出，创多项剪纸世界纪录。

蒋剑翔是一位有思想有己见的新闻工作者，其作品获省级以上奖励140余次，5次获"湖南新闻奖"。相继在《人民日报》《大地》《新闻战线》《中国记者》《中华新闻报》等刊物发表时评和随笔100余篇。其《两幅面孔》《拎出新闻眼》等著作，自出版之后，社会影响甚大。

专门写永州的散文，有两部作品值得重视，一部是永州人李茵写的

《永州旧事》(东方出版社2005年版),一部是长沙人彭国梁的《文明之野——不到永州岂有诗》(湖南大学出版社2015年版)。李茵青少年时代生活在永州,《永州旧事》是李茵到耄耋之年通过回忆写出的作品,她把汉语和永州口语、方言、俗语完美结合,用一种原生态、原记忆、原情感的写作方式,以老人讲故事的口吻,缓缓回忆,娓娓道来,描摹山水之秀、风情之美,刻画人物情趣、艰辛时世,展现一幅20世纪30年代中国南方小城镇极其生动的风俗画。文章淳朴无华,却有独特的沧桑魅力,颇有民国大家风范,堪为当代散文精品。彭国梁在永州生活了6年:零陵师专中文系就读三年,冷水滩耐火材料厂子弟学校任教3年。他对永州的感情,用他自己的话说是:"如果说,我这一辈子有一种说不清道不明的情结,那便是永州情结;如果说,在这个世界上有一个地方,让我永远地牵肠挂肚,那个地方便是——永州!"《文明之野——不到永州岂有诗》一书,由46篇游记体散文构成,作者饱含深情,从愚溪到九嶷山再到永州的老屋,凡永州能够称之为景点的地方,几乎全都写了个遍,堪称一幅永州全景导游图。

　　青年作家凌鹰崭露头角,先后在《人民文学》《散文》《中华散文》《北京文学》《湖南文学》《散文百家》《美文》等刊物发表散文、随笔300余篇。多个作品被《散文选刊》《散文海外版》《中华文学选刊》《小品文选刊》等选刊选载。有多个作品被选入《1996—2004散文精选集》《2003文学中国》《2006散文年度选》《2010中国散文年选》《2016中国年度散文》《2017中国年度精短散文》《2017中国年度散文诗》《21世纪中国经典散文》等选本。还有多个作品获奖,2009年,获得《人民文学》"观音山杯"全国散文征文二等奖和《人民文学》与《诗刊》联合主办的"大足石刻杯"全国征文二等奖,湖南省报纸副刊银奖;2010年,获得《人民文学》杂志"红旗渠杯"全国散文征文唯一的一等奖,第五届"紫香怀杯"全国网络文学一等奖;2011年,散文集《放牧流水》获首届"永州文艺奖"。已出版的散文、随笔集有《巨轮的远影》《放牧流水》《蔚蓝天空上十八朵云彩》《美丽潇湘·山水卷》《美丽潇湘·文物卷》等。

　　凌鹰的散文,不仅语言优美,结构也非常严谨,它不像一般的散文那样"形散神不散",而是"神不散形亦不散"。凌鹰是在用散文的笔调写论文,因为他的每一篇文章,似乎都有一个哲理性命题,都会引发读者的思考;而读者的阅读,也需要有更多的耐心去细细品味,才能真正读出其中的味道来。

水的意象几乎流动在凌鹰散文的所有作品中，而要真正品出水的意象下所蕴含的意义，则需要从凌鹰寻找"原初"那滴水开始："我在四十岁的时候，开始寻找自己的第一滴水了。我再不找到那滴水，我就要干涸了。我知道这是一种很遥远的寻找，但我更知道这是我应该寻找的时候了。"① 既然是"自己的第一滴水"，为什么还需要去"寻找"呢？它又是怎样失去的呢？"最早走出来，我们都是一滴水，或者是一泓细流。我们从那里把自己流出来，是碰到了很多石头的阻拦和泥沙的堵塞的。更多的时候，我们流了一圈，最终又流回了我们的村庄。就这样反复地流啊流，就这样反复地受到石头和泥沙的阻扰，我们开始有点浑浊了"。原来，这"第一滴水"是我们自己把它弄丢的；当然，这个时候所弄丢的还不是"水"，而是"第一滴"，"水"还在，只是"浑浊"了，失去了"原初"的本来面目。那么，人们为什么要带着"自己的第一滴水"在石头和泥沙之间"反复地流啊流"呢？这是因为"他们不再要那一滴水了，他们要的是一条河流"。这条河流是那样的繁华富足，同时也是那样的浑浊腐臭。但人们往往沉迷于它的繁华，而全然不理会它的浑浊："那些开着小车回到乡村的城里人……其实更是对乡村的一种深度的切割。他们想以这种风风光光的还乡，来表达和完成他们对于乡村的决绝。他们的那一滴水，就在这样的决绝中干涸了。"至此，"自己的第一滴水"才算彻底丢弃了。可既然彻底丢弃了，那还能找得回来吗？

别人的"第一滴水"，或许再也找不回来了，但凌鹰是决意要找回来的，因为那一滴水对他来说太重要了："一滴最原初的水，一滴最朴拙的水，一滴最慈悲的水，就这样被我们从生命的源头携带着，走过我们应走的和不应走的道路。"这滴最原初、最朴拙、最慈悲的水，从生命的源头带来，而且要伴随自己走过生命的全过程，这显然不是自然之水，而是生命存在的确证，准确一点说，是生命存在的本真价值。

人的生命与人的生活是相辅相成的，没有生命就没有生活，没有生活生命也无法存在。但生命与生活究竟是否有一个主辅关系？究竟谁为目的谁为手段？对此，人们则又不尽了然。一般来说，生活总是物质的、具体

---

① 凌鹰.最初那滴水[J].天涯，2016(3).

的，所谓"开门七件事，柴米油盐酱醋茶"，这些生活的必需品，逼迫我们不得不去为生活奔忙，就如同一驾奔忙的马车："我在马车的群落里穿来穿去，只觉得这充斥在城市街道上的马车的流水里没有一辆马车像是我的，又觉得任何一辆马车都与我的马车相似"，"我似乎看见我们所有的人都是一辆马车，我们就那样让思想和欲望的黑马吃力地拉着，我们就那样理直气壮地坐在我们各自的马车上，挥动欲望的马鞭抽打我们自己"，"我们只顾挥舞欲望的马鞭催促我们欲望的野马匆匆而行，却忘了我们的马车早已被我们所走过的日子磨破了一个个大大小小的洞，使我们在不经意之中漏掉了我们原本并不多的东西，包括我们的爱情和面包"[1]。现代社会随着科学技术的高速发展，带来了物质财富的迅猛增加，人们原本可以放慢一点赶车的速度，好好看一下沿途的风景，享受一下自己的生活。但实际的情况却又恰恰相反，人们被"思想和欲望"所驱赶，正在以更高的速度匆匆前行。这"思想"是什么呢？就是全世界所顶礼膜拜的"GDP"；这"欲望"又是什么呢？就是全世界孜孜以求的"GDP"增长速度。人类本是高度智慧的生物，但有时又愚昧得可笑，常常在追求"GDP"速度和"恩格尔系数"的同时，反而将人类最基本的需求"爱情和面包"遗忘了。

"爱情和面包"之所以不应该遗忘，就因为它们代表了人类本真的生命需求，说得更直白一点，就是一种真实自然的生活方式："在塔希提岛，高更不再需要任何伪装，他可以赤裸裸地敞开他的贫穷，他可以真切地还原他的本性，他可以坦荡地展露他的野性。更重要的是，作为一个具有绝顶才华的艺术家，只有在这座非洲原始土著荒岛上，他才真正认知了生命的本质意义。这座小岛上，没有虚伪，没有矫情，没有修饰，没有装扮。一切都是那么原汁原味，一切都是那么顺其自然，一切都是那么真真切切，一切都是那么顺理成章。"[2] 这种"原汁原味"的生活，正是凌鹰所要寻找的"第一滴水"；也只有这种生活，才体现了"生命的本质意义"，或者说是生命的本真所在。

---

[1] 凌鹰.天堂马车[J].中华散文,2003(2).
[2] 凌鹰.从塔希提岛到巴州岛的距离[J].都市,2014(5).

二、"报告"名彰

1978年至1990年,永州的报告文学创作主要集中在唐曾孝、杨鹏、张卓琳、张明红等几位作家。

杨鹏的报告文学作品有《斑竹的怀念》,载甘肃《飞天》1989年第11期,获甘肃省优秀作品奖;《九嶷香杉》,载南京《周末》1985年5月号,获该刊"龙的传人"征文奖;《中国第一个武剧团》,载《主人翁》1986年第6期;《映日荷花别样红》,收入1989年《人民日报》出版社报告文学集《潇水欢歌》。

张卓琳有长篇报告文学《浯溪号之歌》,昆仑出版社1989年出版,《为有源头活水来》,载《党支部生活·城市版》1987年第3期。

张明红的报告文学作品有《灰姑娘的诱惑》,载《湖南文学》1990年第4期,《文韬武略》,载《工人日报》,并收入报告文学集《潇水欢歌》,另有特写、专访数十篇散见于各种报纸杂志。

1990年以后,报告文学的创作成果更为丰富。

祁阳农民作家邹贵荒先后写出《祁阳的"陈嘉庚"》《大山深处的"三娘"》《中国小鲵的"亲戚"》等通讯及报告文学作品200余篇,刊发于《人民政协报》《湖南日报》《三湘都市报》及《湖南教育》等报刊。其中通讯《祁阳的"陈嘉庚"》,被湖南省新闻工作者协会评为2002年度湖南省报纸系统好新闻通讯类二等奖,被湖南省记者协会州市报分会评为2002年度湖南省州市报好新闻通讯类一等奖。此外,欧阳友徽出版了长篇纪实文学《陶铸和他哥哥的故事》。

宁远黎成钢出版了报告文学集《九嶷先锋谱》,报告文学《责任如天》获永州市作家协会、永州市公安局举办的"警察在我身边"征文大奖赛优秀奖;《一双鞋垫》获永州市司法系统"人民的司法员"演讲赛二等奖。何俊霖报告文学《香飘一缕万人悦》获银川市委宣传部"颂歌新时代"全国大型文学作品征文评选活动特别金奖。

报告文学创作最有影响的是女作家余艳,她出版的传记文学和报告文学作品有:《平民笑星奇志》《人民,只有人民》《星光灿烂》《杨开慧》《燃情年代》《板仓绝唱》,其中《星光灿烂》获湖南省报告文学大赛一等奖。

永州的报告文学创作最有代表性的作家是唐曾孝。唐曾孝于20世纪30年代中期出生于东安县,曾长期担任《湖南日报》驻永州记者站站长、主任记者。他从事新闻和文艺创作50多年,被誉为永州文学界、报界泰斗。八十高龄之后,还出版了农村题材的长篇小说《金鸡梦》、反腐长篇小说《白毛男》和电影文学《白毛男》。唐曾孝的报告文学作品《哲学巨星在谬误的时空陨落》发表于《记者文学》1986年2期,先后被《中华文学选刊》等8家报刊转载或摘登,并被收入《湖南新时期十年优秀作品选·散文报告文学卷》;1989年出版报告文学集《浮沉》,还与人合作出版了长篇纪实文学集《芝城烟雨》(湖南文艺出版社);1990年,主编报告文学集《潇湘先锋谱》(湖南文艺出版社)。2009年,长篇报告文学《北游记》先是发表于《报告文学》2009年第7期,后由大众文艺出版社出版。

《北游记》向读者报告的是一个平凡人所做的不平凡的事,准确点说,这是一个发生在两个平常人身上的匪夷所思、有悖常理的故事:孙子刘湘辉踩着三轮车,带着98岁且下肢瘫痪的奶奶去北京看奥运。这个事件,至少让人有三个"想象不到":

第一个让人想象不到的就是刘湘辉竟然选择踩三轮脚踏车去北京。在交通高度发达的现代社会,天上飞的有飞机,时速可达上千公里,而且已经成为寻常百姓的交通工具;地上跑的有火车,时速也已达到三百多公里;再慢一点,买一辆小车载着奶奶上北京,时速也可达上百公里,方便而快捷,而且从刘湘辉的家境来看,买一辆小车也不难。而他却要舍弃这些现代化的交通工具,偏偏选择最原始的、时速不到十公里的三轮脚踏车,这是一悖常理。

第二个让人想象不到的是刘湘辉竟然敢带着98岁高龄的老奶奶去北京。民间俗话说:七十不留宿,八十不留餐。七老八十的人已是风烛残年油干灯尽,其生命之火随时可能熄灭,如果死在留宿、留餐者家里,这无疑是很不吉利的;而老奶奶已经98岁高龄,其生命体征更是极度脆弱高度危险,生命时间只能以分秒计。所以,当刘湘辉的三轮车到达北方的一个镇上请求住宿时,屋主便坚决拒绝,只允许他"停一分钟就拉走",而屋主的儿子更是凶神恶煞地说"快拉走,一分钟也不能停"[①]。这一风俗其实不仅在北方有,南方也有,九嶷山地区也有同样说法,但不像北方忌讳到那种程度。而且,北方的忌讳还不仅仅是农村,北京天桥医院给老奶奶一检查身体便下达病危通知单,"说她重病垂危很难度过当天晚上"(第53页),究其原因,也是因为"她的年龄太高"(第54页)。别人都如此忌讳,刘湘辉自己居然不忌讳,带着老奶奶从3月初出去到8月中回来,在外飘荡长达半年,这是二悖常理。

第三个让人想象不到的是老奶奶自己,有着98岁高龄而且还下肢瘫痪,竟然敢去北京看奥运。这一个"想象不到"更是包含有三层意思:其一,中国人看重叶落归根,人到晚年想方设法也要回归故土,为的就是死后能够归葬祖坟,其灵魂可以进祖宗祠堂,如果客死他乡就会成为孤魂野鬼,这是人生的一大忌讳。因此,七老八十的人不仅别人不能留,自己也不能轻易外出,怕的就是死在外面。老奶奶似乎从不考虑这些,轻轻松松、快快乐乐地出游,对她这个年龄段的人来说,确实有点非同寻常。其二,中国人固守着家中的稳定生活而忌讳出游,"在家千日好,出门一时难",总认为"金窝银窝不如自己家里的狗窝",诚如是,中国文人才有那样多的离愁别绪故乡之思,豪放飘逸如李白者,尽管畅意于仗剑出游,但也免不了"举头望明月,低头思故乡"。毕竟,出门在外来到一个陌生的地方,不仅带来情感上的疏离,也会带来生活上的不便,更何况老奶奶还拖着瘫痪的双腿,诸多的困难就更不用说了,但她却毫不在意地毅然出游,这也是非同寻常的。其三,对老一辈中国妇女特别是没文化的妇女来说,一般是不会关心国家大事的,像奥运会这种事情,离日常生活的柴米油盐距离很远,更不会关心,但她不仅关心而且热心,非要拖着残疾之躯到北京去亲眼看一看奥运会,这种眼界与执着更是常人难以企及的。这是三悖常理。

在这三悖常理的故事中,哪怕只有其中之一,比如,两个年轻人脚踩三轮车去北京看奥运,就已经是一个很有特色的文学题材了,满可以写出一部很有特色的文学作品了,更何况是一个三悖常理的故事。故事本身不做任何加工就已经非常感人了,如果再加工为文学作品,肯定会感人至深。

[①] 唐曾孝.北游记[J].报告文学,2009(7):38.以下引文仅注明页码。

可奇怪的是，刘湘辉的三轮"孝车"一路前行，历时近半年，行程数千公里，沿途采访的记者成百上千，但都是把这一故事当作新闻报道，无人想到要用此题材创作一部文学作品。待到事情过去了几个月，唐曾孝听说此事后，立即进行深入细致的素材收集，住到刘湘辉家零距离地观察体验主人公的生活，然后快速高效地写出这部《北游记》，拿到《报告文学》杂志发表时，则只能作为北京奥运"周年纪念"之作了。

我们确实应该感谢作者，凭着当记者的敏锐，他看到了这一故事的现实价值；凭着当作家的深邃，他看到了这一故事的永久价值。然后用新闻与文学相结合的形式将这一故事创作出来，让我们有了永久性的读本。不然，尽管对这一事件的新闻报道很多，但"新闻新闻，过眼烟云"，谁也不会把新闻报道拿来反复阅读，那么，这一个本该流传久远的故事就很可能如昙花一现便销声匿迹。

奇迹的创造绝不是偶然的事情，其背后肯定有着精神力量的支撑。那么，支撑刘湘辉和老奶奶的精神力量是什么？我们先来看看作者的描写：

> 这辆三轮车上面安装了一个"蒙古包"式的雨布棚，棚顶插着一面迎风飘扬的国旗，棚子前面的挡风门上写着一个显赫的大红"孝"字，左右两面用红漆刷着"九嶷山下一孝孙，骑着单车万里行，带着百岁老奶奶，同上北京看奥运"的标语。……这位年轻人凭着一双钢铁般的脚板，凭着一颗炽热的心，凭着一份至孝的情，踩着脚踏三轮"孝车"36天，行程两千多公里，拉着老奶奶来北京看奥运。
>
> （第28页）

在这里，支撑刘湘辉的精神力量，作者唐曾孝交代得很明白：是"凭着一份至孝的情"；主人公刘湘辉自己也交代得很明白：是那一个"显赫的大红'孝'字"。可以说，传达一种至孝的精神是这部报告文学的主旨，践行一种至孝的精神是主人公的意愿，这是文学源于生活的典型例证，是作者的思想与主人公思想高度统一的体现。作为报告文学作品，作者严格遵循反映生活真实的创作原则，真实地再现了"孝车"北游的全过程以及主人公的精神风貌。当然，作者也不是机械地记录事件的过程，而是有自己的选择和提炼，这种提炼主要是突出了主人公的精神风貌。

从精神风貌说，主人公不仅仅是一个至孝精神的践行者，也是一个宣传者，他在车上书写一个显赫的大红"孝"字，这本身就是宣传，而且是一种言传身教式的宣传，"孝"字的含义与"孝车"行动的结合，比任何教科书或红头文件都更有效，主人公的这一设计可以说是一个天才的创造，显示出主人公在"用心行孝"上的卓尔不凡。

而且，主人公刘湘辉还是一个深谋远虑的思想者。他随身携带的笔记本上，有400多个国内外记者和官员的签名留言，这是对他此次行动的褒奖，但他没有把它当作自己骄傲的资本，而是当作可资教育后代的精神财富："这笔记本上的外国文字，我虽然一个都不认识，但是我会带回去好好地珍藏起来，作为传家宝一代代传下去，让子子孙孙都要做一个以孝为天的好后代。"（第53页）"以孝为天"，这是多么好的理论概括，没有长时间的思考，是说不出这样的话来的。可见，他的"行孝"，既不是一时的想法，更不是即兴的作秀，而是一种有思想有预见、要为后代树立榜样的行动。

榜样的力量是无穷的，刘湘辉的"榜样行动"当然也不仅仅是为自己的小家，他还有着更大的"野心"。当永州市孝文化促进会会长蒋经仟专程去他家拜访时，"刘湘辉把外国记者和官员馈赠的'宝贝'端了出来向蒋会长展示，好像自己用激情拥抱了世界，眼帘顿时闪放出光芒来。他扬起这些'宝贝'，指着那三轮'孝车'说：'我打算装修一个房间办一个美好的精神家园——孝文化展览室，把这些东西摆进去，免费开放，让广大青少年和群众接受孝道教育'"（第57页）。很显然，刘湘辉希望三轮"孝车"和那些馈赠的"宝贝"能够成为免费教育的教材，因为这里面不仅包含了自己个人的"榜样力量"，也蕴含了国内外对孝文化的希冀和呼唤，是一种集体力量、社会力量的凝聚，它理应对社会发挥作用。但愿这个美好的精神家园能够建立起来并产生影响，能够为这个物欲横流的社会泛起一片绿洲。

刘湘辉无疑是一个极普通极平凡之人，平凡得在茫茫人海中无法分辨，但他为什么会有这样的毅力和识见，能够创造出如此卓尔不群、独树一帜的奇迹来？这与他生活在九嶷山这片神奇的土地恐怕不无关系。

刘湘辉在"孝车"上特意标出"九嶷山下一孝孙"的字样，这足可见出九嶷山在他心中的分量，也可见出舜帝精神对他的影响。舜帝南巡，崩于苍梧,葬于九嶷。从此,九嶷山舜帝陵就成为历朝历代祭祀朝拜的圣地,作为中华文明的先祖特别是作为中华道德文明的创始人,舜帝精神对中国文化的影响本就具有决定性意义,加上历朝历代对舜帝陵的祭拜,进一步强化了这种影响,使得舜帝精神在九嶷山地区尤为深入人心。在中华道德文明的内涵中,"百善孝为先",舜帝的"至孝"精神对民间的影响力更为显著,刘湘辉在这种文化氛围中耳濡目染潜移默化,于是就有了震动世界的"孝车行动",这正是舜帝精神感召下的一个最为突出的典型事例。

  不仅是刘湘辉的行动受了舜帝精神的感召,老奶奶的思想行为也是受了舜帝精神的影响。舜帝南巡也已到了耄耋之年,他因"勤于政事而野死"他乡,不仅将他的尸骨留在了九嶷山,也将这种精神留在了九嶷山,所以九嶷山地区的人并不像北方人那样害怕客死他乡,也不像北方人那样害怕别人客死在自己家中。所以,老奶奶98岁拖着残腿还可以心无挂碍地外出数月,别人也可以高高兴兴地把她当作有福的寿星来接待,"在南边不管是旅店老板还是农民兄弟,大都欢迎三轮'孝车'的到来,见是百岁老人来住宿,像贵人驾到一般接待,有的收半价,有的全免"(第37页),特别是桂阳的一位汉子,硬是把自己的床让给老奶奶,还说是自己的"福气",这与北方那个镇子上父子俩对待老奶奶的态度形成了鲜明的对比。产生这种差别的原因是什么?在没有找到更有说服力的证据之前,我宁可认为是因为舜帝南巡所带来的精神影响力。

  唐曾孝的长篇小说《金鸡梦》其实也类似于报告文学,它所描写的是中国农民发家致富之梦,这一点,作者在《开场白》中就说得很明白:"美好的'金鸡梦'曾困扰了金鸡岭人达数百年之久,村民们前赴后继地拼搏着,含辛茹苦累倒了,爬起来又干;上一代累死了,下一代接着干,如此一人接一人,一代接一代,循环复始,矢志不移","为圆'金鸡梦'发财拼命奔波,自信'勤俭为先,金鸡梦圆',成为富翁"[①]。这就是作者所要表达的鲜明主题。作者是记者出身,很自然地运用了"开篇点题"的新闻笔法。

  但小说毕竟不是新闻报道,在"点题"之前,作者设计了一个"美丽传说":"很久以前,九天仙界一对浑身金黄色羽毛的金鸡,在金鸡岭落

---

① 唐曾孝.金鸡梦[M].桂林:漓江出版社,2014:3.以下引文仅注明页码。

窝,生下一窝十只金灿灿的小鸡。小金鸡长大了又生小金鸡,有福气、讲孝道的村民,时不时揽到小金鸡,捡到金鸡蛋,就是一坨金灿灿的黄金,爆发成为财主。"(第3页)应该说,"很久以前"的这个"美丽传说",在作品中是具有多种功能的:它不仅增添了文化底蕴,也增添了历史厚重感;尤为重要的是,它暗含了中国农民在发家致富道路上的投机取巧心态。这三者的结合,确定了该作品的基本色调——虽然发家致富的主题很鲜明,但发家致富之路却不是单一的,由此带来了内涵的丰富性和复杂性,更使得"形象大于思想"。

作为一位老牌记者,其职业生涯和惯性思维使然,作者所要歌颂的是现实,准确一点说,是农村"家庭联产承包责任制",这是一段将要过去但又尚未过去的历史现实或现实历史。作者以春、夏、秋、冬四季来构建作品,春卷是"奔走富路——家庭联产承包责任制像春天般茁壮成长";夏卷是"激烈较量——家庭联产承包责任制像夏天般防害抗灾";秋卷是"喜事频传——家庭联产承包责任制像秋天般成熟结果";冬卷是"结局奇特——家庭联产承包责任制像冬天般年终盘点"。再加上"开场白 金鸡落窝"和"闭幕话 金鸡飞翔",作品的结构十分完整,故事的结局也十分完美:金鸡岭人数百年、中国农民数千年以来的金鸡梦,通过家庭联产承包责任制这条致富之路,终于实现了!

值得注意的是,作者歌颂的是"家庭联产承包责任制",但并不希望农民在土地上刨食,更不希望"面朝黄土背朝天""汗珠儿摔八瓣"式的"艰苦创业",而是鼓励农民进城"揽金鸡",离开土地去发家致富。在作者看来,家庭联产承包责任制之所以能成为农民的致富之路,是因为它打破了极左思潮的束缚:"过去,在'左'的大环境下,农民的手脚被这根无形的索子捆得打了死疙瘩,只能死守本乡本土耍泥巴巴,哪里都不让去,什么事都不让搞。"(第5页)家庭联产承包责任制实施之后,农民则成为了"自在王":"自主种田劲昂昂,自由自在'自在王'。穷汉变富脸流油,农民成了发财狂。"(第5页)这是作品主人公孟成真"一天到晚笑着脸当歌唱"的顺口溜,但他真正"劲昂昂"的却不是"自主种田",而是"第三次进城谋发展"。因此,作品的形象所揭示给读者的思想,表面看来是家庭联产承包责任制的问题,而深层意蕴则是农村城市化的问题,这不仅是中国近三十年来的发展潮流,更是世界历史发展的必然。

三、"杂文"辉煌

永州杂文创作的作家不多,但成果却十分丰硕,其影响甚或超过艺术性散文和报告文学。20世纪80年代,张卓琳经常在省地报刊发表杂文,《蛇年为何少言蛇》入选《湖南新时期十年优秀作品选·杂文卷》。进入21世纪,出现了一位青年才俊魏剑美,正是他的创作,给永州的杂文创作带来了辉煌。

魏剑美,1971年出生于零陵,读中学期间开始发表作品,1991年至1994年就读于零陵师专中文系,其间在《青年作家》《湖南文学》《湖南日报》《写作》《百花园》《文学报》《年轻人》《青年月刊》等报刊上发表中短篇小说及散文100多篇。1997年至2000年在湖南师大读研期间,先后在《杂文报》《长沙晚报》《年轻人》《三湘都市报》主持杂文专栏。2000年《杂文选刊》第7期推出魏剑美个人专辑。此后《湖南日报》等多家报刊推出魏剑美个人作品专辑,其作品多次被《读者》《青年文摘》《作家文摘》《新华文摘》转载。2003年9月出版杂文集《醉与醒的边缘》,2009年出版代表性杂文集《下跪的舌头》,2011年出版杂文集《不要和陌生狗说话》。杂文著作《非常魏道》获得全国首届"鲁迅杂文奖金奖"。他的杂文辛辣幽默,别具风格,在全国具有一定影响,被评论界视为湖南当代杂文三剑客之一,与游宇明、刘诚龙合称"游龙剑"。这里,以杂文创作为主并结合其小说创作,对魏剑美的创作成就做一个综合性介绍。

(一)一柄犀利的"美剑"

文如其人,人如其名,魏剑美其名、其人、其文是一个高度的统一体。他的这种统一,当然不是偶然的巧合,而是刻意追求的结果。

剑美原名"建美","生在新社会,长在红旗下"的他,父母所寄予的希望自然是"建设美好生活",所以给他起名为"建美"。但他"成长在一个极其闭塞、落后的小山村,从小就见惯了权势者的威风",这不仅让他看到了社会生活并不美好的一面,同时也让他产生了怀疑:"我们的社会秩序难道就建立在权势、官位的划分上?"① 有了这种怀疑,也就引发了他的思考和叛逆的性格,他感觉到,那些权势者的威风与美好生活的建设是格格不入的;而权势者的威风等社会不良现象之所以能够盛行,关键就在于几千年形成的官本位和特权的观念深入人心,根深蒂固。因此,要建设美好生活,必须要先去除官本位和特权观念,这就需要用剑——文字之剑和思想之剑。于是,从中学时代开始,他就改名为"剑美",他要仗剑远行,"和攀登者一起向上,和跋涉者一起前行,也和思想者一同裸奔"(下跪的舌头·自序)。更为重要的是,他要以这柄文字之剑和思想之剑为武器,"对不公平的现实,对丑恶的人性,对腐败的官场,对媚俗的教育,对堕落的世风"(第241页)等不良现象进行无情的解剖,让它们赤裸裸地暴露在大众面前,其目的就是要提醒人们"换个起点,换个活法"(第194页)。

如果说魏剑美是一名文坛剑客,那么从中学的青少年时代开始,到现在已有二十来个年头,算得上是年轻的老剑客了,文坛上的各种文体让他玩了个遍,而且均能玩出自己的特色。中学时代开始写诗写散文,曾获得"雨花杯"全国中学生作文大赛二等奖;到读大学时,在诗歌和散文创作方面已是小有名气,散文《顿悟》获得全国华夏青少年写作大赛二等奖。读研究生时,却又改行写起了杂文,而且一鸣惊人,很快在全国产生了影响,《杂文报》破天荒地为他开辟个人专栏"智者乐水",《杂文选刊》推出了"魏剑美作品小辑"……2008年以来,在继续杂文创作的同时,又开始了长篇小说的创作,不仅一鸣惊人,而且硕果累累,连着出版了《步步为局》《步步为局2:副市长》《作秀》等三部长篇,每一部都能产生轰动效应。《步步为局》作为"第一部反映高官境外赌博的官场反腐力作",连续三周占据畅销书榜首;《步步为局2:副市长》也因《步步为局》的影响,上市第一周就被大量盗版。这不仅因为他把写杂文的简练文笔带进了长篇小说,也将杂文家的风格带进了小说创作,他仍然是那样的寒光闪闪剑气逼人,仍然用他犀利的剑锋解剖社会,解剖生活,当然也解剖自己。

---

① 魏剑美.下跪的舌头·代后记[M].北京:九州出版社,2009:240.以下引文仅注明页码。

(二) 指向灵魂的一剑

作为文字和思想剑客的魏剑美，他要解剖社会的不良现象，而在这不良现象的背后，关键是人的灵魂的不良。因此，作为以写人物为主的长篇小说创作，魏剑美从一开始就带着明确的创作目的：写人的灵魂，重点是写人的灵魂在社会的名利场面前是怎样由白到黑、从优良走向不良的。在《步步为局》中，青少年时代的汪大明，是一个十分可爱而且可敬的人物。他出生于"赌博之乡"，却能出淤泥而不染，从不沾染赌博之事而发奋读书，于是"让他成了全村第一个大学生"[①]，一直到参加工作，一直到当上副处长，不管别人是如何挖苦嘲笑，他都能做到"既不恼羞成怒，也不亡羊补牢"，始终坚守着自己13岁时发过的誓言："终生不再沾一个'赌'字"。（第4页）有如此的涵养和坚毅，足可证明他的可爱和可敬。然而，后来的汪大明却来了一个一百八十度的大转弯，他不仅在赌场豪赌，而且把官场、情场均当作了赌博场，一次又一次地豪赌——他成了一个十足的赌徒。他的这种转变既显得突兀又是那样顺理成章，因为他混迹于官场这个巨大的名利场中，既抗拒不了名利的诱惑，也抵御不了人情世故的逼压：

> 他实在无法抵制钱财的巨大诱惑，更何况丁副处长、钱一军博士、高金金甚至还有妻子和岳母的嘴脸变化，无不在深深刺激着他。很多时候，人其实就是为了活给别人看的。汪大明在心里发狠，等自己从澳门背了大把的钱回来，什么正科副处，统统去他妈的，老子就做一个散漫自在目无领导的暴发户又怎么样？他甚至想好了首先买一台比厅长还牛的豪华轿车，天天神气活现地开着去上班。……
>
> 这么一想，汪大明心里又止不住生出悲哀。曾经有过的理想、目标、志向原来都这么不堪一击，最后不得不依靠俗不可耐的金钱来维系可怜的自尊，而且还是从赌场上赢来的金钱。好在他又迅速

[①] 魏剑美.步步为局[M].北京:国际文化出版公司,2009:4.以下引文仅注明页码。

找到了自我安慰的理由：我这不是赌博！生死未卜的才叫赌博，而我这是十拿九稳的科学投资！科学投资！他这样在心里默念了三遍，便多了些理直气壮。

(第13页)

然而，赌博就是赌博，并无"科学"可言，汪大明第一次去澳门参赌毫无收获，他所"发现"的"必赢赌技"，并没有给他带来"必赢"的命运，但却意外地"发现"了另一个"天大的秘密"：常务副省长陈伟阳在澳门豪赌。于是，汪大明便不失时机地有了第二次澳门之行，现场偷拍偷录了陈伟阳赌博的照片和录音，并以此为要挟，逼迫陈伟阳给他加官晋爵。从此，汪大明官运亨通，由一个下岗副处长"官复原职"，再升为网络管理处处长，不到40岁，又升为副厅长。在汪大明官运亨通的同时，情场也是春风得意，在澳门赌场邂逅的小奕与他一见钟情，双双坠入情网，小奕让他尽享风流尽显威风。从这里我们不难看出，真正改变汪大明人生命运的并不是他的第一个"发现"，而是意外得来的第二个"发现"；第二个"发现"才更能体现赌博的性质，因为它更具偶然性和冒险性。

如果仅仅从情节线索的安排来看，作者设计了一个精巧的开头，将读者的注意力一下子就吸引到了澳门的赌场，正可以让汪大明大把赢钱，然后让他彻底改变小人物的命运，过上基督山伯爵似的离奇生活，或让他像李白那样"千金散尽还复来"，让读者也能跟着汪大明"潇洒走一回"……然而，作者的创作目的并不在此，作者要写赌场，但绝不仅仅是写赌场；"赌"，只是作者对某种人生的揭示，官场、情场乃至于整个人生，都免不了一"赌"。因此，作者将读者引向澳门赌场，这只是一个"引子"，接下来，作者要在更加广阔的社会赌场、人生赌场来挥洒描述，如果没有"第二个发现"，没有情节的转换，作者就无法施展他的笔墨。从作者的创作意图说，"第二个发现"才更见出作者的匠心：由赌场入又由赌场出，既写"赌"又不限于"赌场"，"官场""情场"同样离不开"赌"，同样没有稳操胜券的"赌技"；情节的转换，不仅为接下来的官场和情场描写开启了方便之门，也使作品具备了更加严肃、更加深刻的批判意义。

赌场上的"必赢赌技"并没有给他带来"必赢"的命运，但官场的"赌技"却被他运用得驾轻就熟，屡屡得胜。汪大明的"最大优势"就在于

"貌似忠厚，其实深怀奸诈"，这正如他的同学兼官场密友郭太宝所评价的：

> 我不是和你开玩笑，这官场忠厚的也有，奸诈的更多，但很少有人能像你汪大明这样看上去纯朴厚道、毫无机巧，其实内心里却包藏锐气、毫厘必争，而且还懂得把握稍纵即逝的机遇一招制敌。孙子兵法说"强则示以弱"说的就是你这样的家伙。①

由此似乎也可证明：今天的汪大明只有外表仍然保留着昨天的纯朴厚道模样，其内心、其灵魂则已经完全变了，成为一个满心机巧、毫厘必争的官场赌徒。而他的转变又不能不说是官场名利的引诱和逼压的双重缘由。

当然，在名利面前经不起诱惑和逼压的也不仅仅是官场，《作秀》中的钟一鸣，作为一个搞新闻传媒的专业人才，几乎经历了与汪大明同样的灵魂转变。作为名牌大学毕业的钟一鸣，曾一门心思要献身新闻事业，但却郁郁不得志："他苦心积虑挖到的很多独家新闻，不是被上级主管部门一道手谕给封杀，就是被精通时事的台里领导未卜先知地枪毙掉。最痛心的一次是他好不容易混进一家地下窑砖厂，冒着被打死的危险拍下厂方囚禁并且殴打雇佣人员的镜头，其中还有一个15岁的童工因为逃跑而被活活打死。但没等他回到台里，新闻中心主任林子辉就打电话来说此事到此为止。气极了的钟一鸣跑到林子辉的办公室去连砸了三个茶杯，红着眼睛质问他还有没有新闻人最起码的良知和责任。"②他是这样尽职尽责，事业上却很不成功，女朋友也因此离他而去。但是，他的转变却比汪大明来得快，只经吴姐的稍加点拨，他便"大彻大悟"了，很快完成了"从正派君子到势利小人"的转换：

> 他已经身不由己，在自己先前所鄙弃、所憎恶的路上越走越远。在坦然接受各种红包的同时，他开始学着马如龙和阎小西的样子，拿腔拿调地暗示人家送这送那。与此同时，他也学会了和下面

---

① 魏剑美.步步为局2：副市长[M].石家庄：花山文艺出版社，2009：26.
② 魏剑美.作秀[M].北京：文化艺术出版社，2010：6.以下引文仅注明页码。

地市领导套近乎，再狐假虎威地用地市领导的名义去威吓当地的官员和商人，居然也玩得顺溜起来。一次他还帮一个做工程的高中同学介绍了一笔不大不小的业务，人家塞上一个大大的红包，直夸他"到底是省电视台的记者，说话抵得上一个钦差大臣"。钟一鸣很有些飘飘然，陶醉于手握权柄的幻想当中。当他回想当初乔装民工去卧底的经历，不禁有种恍如隔世的感觉。

（第 11 页）

值得特别指出的是，此时的钟一鸣还仅仅是一个普通的记者，还没有戴上什么官帽，但他所陶醉的并非"大大的红包"，而是"手握权柄"的幻想。这也正是作者所要揭示的一贯主题：在中国这片土地上，官位和权势对绝大多数人来说都是心驰神往的。

（三）剜出痼疾的一剑

钟一鸣当然不会仅仅陶醉于手握权柄的幻想，在自己没有官位和权势的时候可以假借别人的权势狐假虎威地耍威风，而一旦有机会，他自然要想方设法谋取自己的官位，抓住自己的权柄。所以，当电视台台长助理的官位来到他面前的时候，他便不失时机地大打出手了：先是釜底抽薪，利用公安局的关系抓了竞争对手马如龙的"黄、赌、毒"大案，并在"全国各地的大小报刊和网站"迅速曝光，使得马如龙"台长助理"的希望彻底泡汤（第 168 页）；接着是为自己造势，利用女儿的"满月酒"请来了妻子的叔叔叶副省长，专管文教卫的叶副省长对广电局局长和电视台台长说："一鸣他只是一个小小的兵，你们多培养、多督促他。"（第 174 页）仅此一句似乎是随意所说的话，就把钟一鸣"台长助理"的位子给敲定了。

由此也可以看出，对中国人来说为名也好为利也罢，但最终是要谋官。因为中国文化的一个极为突出特征就是"官本位"，"官位"决定一切，官运通而一通百通，官位废则一废百废；官位不仅决定了一个人的名誉和地位，也是评价一个人的价值标准。在这种文化特征的影响下，形成了中国人的一种畸变心理：无不痛恨官府而又无不神往官位。

对"官本位"的揭示，魏剑美的杂文来得更为直接而深刻，特别是

《论屁股的核心地位》一文，真是神来之笔：

> 通过认真的科学研究和理论归纳，我终于获得一个伟大的发现：屁股同志才是人类最重要的身体部位！决定一个人社会地位、身世命运的是伟大的屁股，而不是看上去高高在上的头部。
>
> 道理很简单，现实社会中，为什么我们都规规矩矩听领导的？是领导的脑子特别聪明，或者脸面特别帅气漂亮？答案都不是，而是领导占据了一把好交椅。[1]

真是入木三分。屁股的地位之所以超越头脑，说到底都是"官本位"的文化特征使然。坐上交椅的官僚可以不用脑子随意地发号施令颐指气使，没坐上交椅的万民更不必用脑子只需唯命是从就行了。久而久之，本是区别于动物、决定人的本质的大脑便用得越来越少，其地位当然也就越来越低了。

当然，说国人从此不再使用大脑肯定也是不对的，因为对普通百姓而言，除了唯命是从之外，还得想方设法与官员套套近乎、拉拉关系，这溜须拍马的功夫也还是颇费脑筋的。对溜须拍马的揭示，魏剑美更是畅快淋漓："老魏自学过马屁心理学，知道马屁可以让领导心情舒畅、感觉良好、信心倍增从而更好地为人民服务，自己实在没有理由不将拍马屁事业进行到底"；仅仅有"拍"的决心还不行，还得"拍"在点子上，"老魏知识渊博，无所不知。领导刚打个饱嗝，老魏就有数据表明打饱嗝有益身心健康；领导理个平头，老魏就出示资料证实平头引领最新时尚；领导的衣服要是红色的，老魏就强调红色的喜庆；要是黄色的，老魏会突出黄色的祥和；要是黑色的，老魏则坚信黑色的威严；某一天领导打了个喷嚏，老魏立马恭喜道：巴西的最新研究成果表明，常打喷嚏者患癌症之概率远远少于常人。……可以毫不夸张地说，要是赵高是老魏的领导，老魏也一准会用大量的数据、理论、学说无可辩驳地证实鹿确实就是马的一种"。（《老魏的马屁生涯》，《文学界》第51—52页）如此高水平的马屁专家，不费一番心

---

[1] 魏剑美.论屁股的核心地位[J].文学界(专辑版),2010(10):53.以下引文仅注明页码。

思，不经过一番钻研，是很难成"才"的。而对国人来说，无论是有交椅的无交椅的，都要耗费大量的时间和精力来钻研和运用"马屁心理学"，其目的则只有一个：获取官位和特权或靠近官位和特权。

与"溜须拍马"相类似的是拉关系走后门，这同样是为了谋取特权，一篇《关系王》，可以说画绝了这一类人的嘴脸。老王是小区里的灵泛人，但凡碰上个事，都要指望他来摆平，因为他会找关系，懂得关系的重要性："在美国有事找律师，在中国有事找关系，关系才是硬道理，有关系走遍天下，没关系寸步难行。"于是，老王将各种各样的关系运用到极致：开车超速罚款200元，他宁可花2000元请客以免去200元罚款；坐公共汽车1元钱，他宁可花几元钱打电话，也要免去这1元钱；吃了关系户的过期月饼腹痛如绞，服下关系户"包治百病"的神丹妙药更加重了病情；为了免去80元的出诊费而舍近求远找过关系户医院，结果耽搁了抢救时间；临死之前还不忘嘱咐"记住找一下殡仪馆的老许和陵园管理处的小丁啊，至少可以打七折……"（同上，第54—55页）。拉关系拉到这种程度，真可说是无所不用其极了。"老王"是作者所提炼的一个典型，是国人的一个缩影。国人为什么如此热衷于拉关系？说到底仍然是官本位和特权思想在作怪，对于当不了官、行使不了特权的"老王"们来说，通过拉关系来享受一下特权的优待，这似乎也是一种人生尊严与人生价值的体现。诚如是，老王为了一点点优待的特权才那样不计代价，因为这是他的"自我价值的实现"。

笔者认为，似"老魏""老王"这样的形象很值得进一步挖掘和演绎，特别是"老王"，如果塑造得好，其对中国国民劣根性的揭示，对中国文化痼疾的针砭，无论是从历史的深度或现实的广度说，都不亚于"阿Q"形象的典型意义。

第九章　小说新创

　　中国小说的发展，从汉魏六朝的志怪，到唐传奇、宋话本，再到明清时期发展成熟并形成高峰，均有大量的作品流传下来。但潇湘大地的小说发展却没有相与同步，从汉魏到现代两千余年的时间里，一直未见有小说作品。因此，就潇湘文脉的传承来说，小说可说是一种新创。

一、小说概览

永州的小说创作，延至现代才开始出现，谭丕模、欧阳文彬开启了小说创作先河，但数量极少。从1949年到1976年，永州的小说创作仍然十分薄弱，稍有影响的小说作品，有在北京工作的道县人杨天喜的《防滑链子》(《人民文学》1952年8期)、《小皮包买毛驴》(1956年《上海新文艺小说集》)；在上海工作的宁远人欧阳文彬著有长篇小说《在密密的书林里》《幕，在硝烟中拉开》(与人合作)；李长廷的《铁锤队长》(《湘江文艺》1975年5期)等不多的几篇。1978年以后，永州的小说创作才开始繁荣起来，长、中、短篇小说创作皆取得了可喜成绩。

1976年至1990年，在小说创作中，下放永州的作家叶蔚林，将小说创作推向了一个高峰，永州本地作家主要有杨克祥、杨鹏、李长廷、郭明、王青伟、文竹月、王金梁等。

杨鹏中篇小说有《金刀记》(《今古传奇》1984年5月，收入《中国小说年鉴》)、《白髯血》(《文艺生活》1985年2期)、《三个对联谜》(《风情》1985年5月)、《大劫不灭的神功王》(《茶馆》1988年7月)，长篇小说《挟剑惊风录》(长江文艺出版社1988年出版，收入《中国大众文学丛书》)。其中《金刀记》《白髯血》《三个对联谜》后结集为《金刀记》由黄河文艺出版社1987年出版，获湖南省通俗文学奖。短篇小说主要有《枫林坳》(《芳草》1982年3期)、《小园枸杞红》(《飞天》1985年5月)、《风暖莺娇》(《飞天》1990年9期)等近10篇。

胡英出版有小说《前妻》《初恋日记》《透视人生》《猪八戒新传》《风雨文坛》等。短篇小说《宝贝》获湖南新时期优秀文学奖。故事集《古城志怪》获全国北戴河杯优秀新故事奖。

郭明 1962 年开始发表文学作品，主要为短篇小说，至 1990 年已发表作品近 40 万字。代表作品有《月照九竹冲》(《人民文学》1984 年 3 期，获零陵地区 1985 年首届文艺奖一等奖)、《杨柳枝》(《芳草》，收入《湖南新时期十年优秀作品选·小说卷》)、《上楼》(收入《1949—1979 湖南小说选》)。

王金梁 1976 年开始发表小说，至 1990 年有短篇小说作品 10 余万字。主要作品有《亲家》(《广东文艺》1976 年 1 期)、《山村的早晨》(《湘江文艺》1978 年 4 期)、《清明三月三》(《作品》1980 年 8 期)、《店花》(《东京文学》1984 年 1 期)、《第一枪》(《鹿鸣》1984 年 4 期)、《懒懒结婚》(《战士报》1984 年 12 月) 等。

郭伟 1986 年开始发表小说。主要作品有《小渡口·五保公公》(《花溪》1986 年 6 期)、《鸟·塔》(《小说林》1987 年 5 期，其中《鸟》被《小说选刊》同年第 7 期转载)、《青河流出的故事》《剪花圈的老头》《歪嘴奶奶》(《小说林》1988 年 6 期)、《九奶奶》(《湖南文学》1989 年 4 期) 等。

黄志新 1988 年开始发表小说，至 1990 年已发表短篇小说近 10 篇。代表作品有《黑白人生》(《湖南文学》1990 年 6 期，获湖南省第五届青年文学竞赛一等奖)。

赵妙晴 1987 年开始发表短篇小说，至 1990 年发表近 10 篇。代表作品有《网》(《湖南文学》1989 年 3 期)、《洪川谷，洪川谷》(《湖南文学》1990 年 6 期，获该刊第一届文学新秀选拔赛一等奖)。

韩少功也曾到潇水流域进行文学采风，他的中篇小说《西望茅草地》也诞生在永州。

1991 年至 2015 年，永州的中长篇小说创作数量更多，影响较大作家有胡功田、郑正辉、余艳、唐樱、唐柏佑、吴茂盛、魏剑美、陈茂智等。

胡功田出版了中篇小说集《真爱》，文化读本《书苑画廊》，长篇小说《瞎子·亮子》与《憨大妈留洋记》，在文学圈内反响良好。还与张官妹教授合作出版了《潇湘文化概论》《永州古村落》《千年文化古村上甘棠》等具有开创视域的学术著作，组织编写"永州文化系列丛书"，对永州历史文化的发掘与传承有开局之功。

余艳出版有短篇小说集《游离》，长篇小说有：《后院夫人》三部曲、《与共和国同龄》《后花园》。其中《后院夫人》《与共和国同龄》两部作品获第七届中宣部"五个一"工程奖，短篇小说《爱的情节》获《人民文学》二等奖。

担任《创作》杂志执行主编的唐樱，出版有长篇小说《阿鹰》《男生跳跳》《南方的神话》《长沙记忆》《少年阿山》，小说集有《似幻非幻》《唐樱中篇小说选》，散文集《樱花拾零》《永远的风采》《寂静私语》《神秘舜皇山》，儿童文学集有《南瓜茶》，电视剧作品《青蛙节》等多部。

吴茂盛14岁发表作品，18岁出版诗集，中学时代被评为"全国十大中学生诗人"之一和"全国优秀文学少年"称号。作品曾获潇湘文学奖、丁玲诗歌奖、全国青少年新诗奖、原兰州军区《西北军事文学》首届优秀诗人奖等十多个奖项。著有诗集《诞生在冬天的孩子》《无尘的歌唱》《独旅》《到达或者出发：编年诗选》；有长篇小说《驻京办》《招生办》。《驻京办》出版后，引起强烈反响，成为上榜热门图书，被誉为"现代官场现形记"；《招生办》也一度高居各图书城畅销书排行榜榜首。

二、名家风范

永州的小说作家众多，成果较诗歌、散文更为丰富。这里选取李长廷、杨克祥、郑正辉三位名家予以重点介绍。

李长廷（1940—　），永州宁远人，曾担任永州市文联主席，湖南省文联五届、六届委员，湖南省作协四届、五届理事，中国作家协会会员。作品散见于《诗刊》《解放军文艺》《湖南文学》《创作与评论》《飞天》《山西文学》《青年作家》《天涯》《大西南文学》《红岩》《滇池》《花溪》《儿童小说》《巨人》《短篇小说》《小说月刊》《人民日报》《文艺报》《文学报》《羊城晚报》等报刊。已出版《苍山·野水·故事》《山居随笔》《文艺湘军百家文库·李长廷卷》。早年以散文创作为主，晚年以小说创作为主，2013年发表了较有影响的中篇小说《爷爷的陀螺》，2019年出版了长篇小说《南行志异》。

李长廷的中篇小说《爷爷的陀螺》，乍一看以为是一篇童话故事，这不仅是因为作品的题目像童话，更因为作品一开始就将爷爷与孙子继祖的关系渲染得很浓："继祖小时候一直生活在爷爷的氛围里，脑子里经常有爷爷的影子,耳朵里经常有爷爷的声音,肚子里装满了爷爷的故事";乃至于"小时候从睡梦里醒来,经常把老爸当成爷爷,爷爷爷爷地叫个不停","可见爷爷是深入到小继祖的心灵里了"①。爷爷与孙子的关系已经渲染得如此浓烈,接下来当然就是切题:爷爷小时候是怎样玩陀螺,然后又怎样影响到孙子的童年生活。这样,一篇童话故事的构架也就出来了。

然而,这只是我们按"常理"进行的推测,一部优秀的作品往往是既在"常理"之中,又出"意料"之外,这也是该作品在故事情节安排上的独特匠心。

首先,从"常理"来看,爷爷小时候的确是一个"陀螺王"。"爷爷玩陀螺玩得怪,他能左右开弓,左手玩了右手玩,陀螺在他手下时而转成一朵花,时而转成一个旋涡,人家的陀螺只要一拢边,便是死木头一坨";因此,"邻近几个村子,同辈人中,没有哪个是爷爷的敌手"。爷爷玩陀螺已经玩得"怪"了,但更可"怪"的是玩陀螺竟把自己玩成了风水先生,并且"在地方上闹腾得小有名气",这就出乎"意料"之外了。

最出乎"意料"之外的情节,主要体现在陀螺的转接。爷爷临死前将一只刻有"继祖"名字的陀螺让老爸转交给孙子,老爸却将它埋进了爷爷的坟墓。孙子继祖也不愿意像祖辈、父辈那样生活,给自己改名为"一飞",并"飞"到了深圳生活。后来回家"钓蜂",在黑夜里不辨东西竟挖开了爷爷的坟墓,在重新垒坟时又意外地得到了爷爷留传下来并刻有"继祖"名字的陀螺,他便真的"坚持不住"了,"不知道自己是不是成了又一个老爸",最后只能"仰天一阵长啸,然后携了那只陀螺",回到深圳。这种转接,不仅增添了作品的可读性,强化了艺术魅力,更重要的是引发了读者的思考,给人以无尽的回味。

陀螺的转接纯属偶然,但在这偶然中,似乎也暗示了历史回归的必然。不管他"逃离乡村,背叛乡村"的愿望是如何强烈,不管他如何想"一飞冲天",但"乡村这根脐带,却是无法割断的";另一方面,这种偶然也暗示了另一种必然:回归不是旧的轮回,而是新的复兴。一飞毕竟是一飞,他已经从乡村"飞"到了城市,这是历史发展的必然之路,是农村城镇化

---

① 李长廷.爷爷的陀螺[J].创作与评论,2013(7).

的必然之路,他不会成为"又一个老爸",因为他虽然带着爷爷的陀螺,但仍然是一个深圳人,或者说是一个带着传统脐带的现代人。

陀螺的偶然转接,似乎也暗示了一个悖论:究竟是人玩陀螺还是陀螺玩人?在爷爷看来,应该是人玩陀螺:"这世道就像陀螺,有些人玩得转,有些人却玩不转,这里面有很多奥妙,这奥妙你永远弄不明白,因为你不会玩。"那么爷爷是一个大玩家,他应该是一个玩得转的人。他对世事的洞察,有些的确很准确,例如他说"三十年河东,三十年河西",看风水"绝对是一门吃香的职业";他说"红星"村一定会恢复"五马"的村名;他说孙子"继祖"一定会降生……这些预言都准确无误。然而,他没有预测到孙子并没有"继祖",而是"飞"到了深圳;也没预测到坟墓被孙子挖开,"弄得自己不安宁"。不仅是爷爷这样的小人物对"世事难料",即便是"教导孩子们玩陀螺"的祖师爷建文帝,尽管身处帝位,仍是"世事难料",好好的一个天子之位被叔叔朱棣夺去。这也就意味着:世事虽然如陀螺,但它有自己的旋转动力和规律,无论怎样的玩陀高手,也不一定能够得心应手地玩转它;很多时候,倒是它可以把那些玩陀人玩得晕头转向,"文革"时那些所谓反潮流英雄,最后不都是被历史潮流席卷而去?!

李长廷先生的长篇小说《南行志异》,以四千多年前"舜帝南巡"的历史传说为背景,描绘了虞仲华为代表的一大批精英人物在当时风起云涌时代的所作所为。但作者的描述又不同于历史典籍记载的所作所为,而是"异样"的所作所为。在历史典籍中,对舜帝到南方这一事件的定性,有说是"南巡"——为了教化三苗;有说是"南征"——为了征服三苗;还有说是"南避"——为了避开大禹的逼迫。但这些说法作者均未采用,而用了"南行"一词。这一词语的使用,无疑是作者深思熟虑的结果,它体现了作者两方面的用意:其一,"南行"用词更准确,因为无论"南巡"或"南征",都是在"践帝位"之时才有的权力,舜帝将帝位禅让给大禹之后,他就失去了这种权力,故而称之为"南巡"或"南征"都是不恰当的;再者,如果是到南方避祸,就应该悄悄地走,秘密地行,不应该大张旗鼓地演奏韶乐、宣讲德化,故而"南避"的说法更是不准确的。其二,"南行"作为一个中性词,不含任何褒贬,更便于作者的自由发挥,扩大了描写空间,这应该才是作者的真正目的所在。

既然"南行"已经表达了与众不同的意思,"志异"顺理成章地也就与众不同。这里的"志异",不是"聊斋志异"中的"志异",作者并非猎奇猎怪,更不是写妖魔鬼怪,而是要用"异样"的笔法,讲述一个"异样"的南行故事。

这个"异样"的故事,首先就体现在南行的目的很"异样"。舜帝南行的目的,历来所说的教化三苗、征服三苗或南方避祸,都带有强烈的政治色彩。而在《南行志异》中,作者先是将它归结为一个梦的引诱:"他就奇怪,为什么近来晚上老是做梦?先是一只五彩的鸟,在前方飞呀飞,然后就有一座山,横亘在面前,倒好像是这只鸟,有意引导舜去这座山中看风景去。"[①] 尤为重要的是,这个梦又引发了舜帝的另一个梦想:"不知什么时候起,舜心中有了一个梦想。这一天他对禹说,你看天上的飞鸟,行动不留下一些痕迹,万物昌盛时,与万物一道享受这昌盛,万物凋敝时,与万物一道遁形。这不是很好吗?"(第20页)于是,舜帝渴望去南方,渴望投入大山的怀抱,并"与万物一道遁形"。在这种理念的引导下,舜帝迫不及待地踏上了南行之路,去追寻那座梦境中的神山。

追寻梦中的神山,并将自己托付给那座神山,这不仅是舜帝南行的目的,更是舜帝人生的终极目标。作者之所以要这样设计故事情节,是因为在作者看来,舜帝的作为与人生价值,全都寄寓在这种追寻中:"一个人,并不把自己的身子视为自己独有,而看作天地之与委形,这才是具有胆识,具有慧眼,真正为天下着想的贤才!此处地方虽为不毛,却是三苗属地,如若仲华能在此落地生根,那么三苗的教化,岂有不成之理?"(第354页)作者借何候之口所说的这一理念,才真正是独具慧眼。在中国传统典籍中,舜帝南巡和德化三苗,是靠道德宣讲和韶乐来感化众人的,但这样的感化可能一时能起作用,怎么能长久地起作用?那么,舜帝将自己的身子托付给了这座神山,这座神山也就成了舜帝的化身,神山永在,舜帝的威严就永在,影响就永在,教化之功亦永在。因此,作者将舜帝南行的目的归结为对梦中神山的追寻,看似荒诞,实则带有深刻的思考,高度的理性;看似不带政治功利,实则暗含深刻的政治性,永久的功利性。这可能是对舜帝南行之所以能德化三苗的最独到也是最合理的解释。

[①] 李长廷.南行志异[M].北京:团结出版社,2019:002.以下引文仅注明页码。

舜帝南行的目的很"异样",舜帝最后的消失更"异样"。最后跟随舜帝和何候一起进山的苟莽说:"那天的怪异真是料想不到,自己与舜帝爷、何候一直寸步不离,忽地一阵风云,彼此不见了踪影。"(第375页)这样的怪异,苟莽"料想不到",但娥皇、女英二人却是心有灵犀,"知晓仲华的那颗心,其实早已做了'一去不返'的打算,他把南方的这座山,视作了心中的神灵,视作了自己终生的归属之地"(第383页)。山的神灵与舜帝神灵的结合,化为中华文明的一盏明灯,不仅照亮了苍梧地区和三苗族群,更是照亮了中华民族的历史进程。因此,南行的目的看起来很"异样",但其效果却与历史典籍的记载高度一致;作者的"异样"描写,只是为了找到一个更合理的解释。

其次,舜帝南行所接触的诸多人物很"异样"。按照作者的观点,尧舜禹时期,中华民族"出现了第一拨精英成批喷涌的高潮""有数不清的各类良才,诸如尧、舜、禹、鲧、皋陶、后稷、伯夷、伯益、契、夔、篯铿、许由、巢父、善卷……璀璨如繁星密布"(《序》,第1—2页)。在这些人物中,作者所重点描写和赞颂的,却是如善卷之类的隐居人士,"不过令舜深感纠结的是,当今的英才,多数隐没于草莽陇亩之中,像方回、善卷、脩、许由、巢父,以及以往结识的北人无择、石父之农,再加眼前的何候,他们表面寄情山水,游戏人间,实则对天下事无不了如指掌,惜乎不愿出世,着实令人扼腕"(第355页)。舜帝作为国家的最高领导人,当然希望这些英才人物能够为自己所用,担负起治理国家的大任。但在作者李长廷看来,正是这些人的"不愿出世",才在民间发挥了更为重要的作用,比如隐居在九嶷山深处的何候,"他飘逸恬淡有点像方回,高雅学识有点像善卷,神秘诡谲又有点像脩,始终含而不露,是那种已经和山水融为一体的人"(第350页)。但正是这样一位"和山水融为一体的人",被九嶷山的当地人"敬之若神明",为九嶷山局势的稳定发挥了决定性的作用。因为九嶷山"僻远蛮荒,从炎黄蚩尤争战始,便是战败族团流放的聚集地和避风港,年深日久,族团林立,他们表面隶属三苗,其实三苗亦鞭长莫及,基本是一盘散沙,各自为政,而且良莠不分";正是在这种混乱的情况下,何候"遇事颇有主见,屡次出面带领各族族长与三苗派来的人周旋,维护了各族团利益,渐渐将人心聚集了起来,他虽非某一族族长,却成了各族团名副其实的共同首领"(第353页)。这或许正是人类社会从氏族社会走向国家的必由之路,只有那些德高望重并能兼顾各族团共同利益的人,可以成为各族团的"共主"亦即国家领导人,舜帝由一介平民而成为天下"共主",又何尝不是如此呢?!所不同的只是,何候的权力和地位是自然形成的,舜帝则是由"禅让"所得。从人类社会发展的规律看,何候的"自然形成"恐怕更具普遍性。

总之,《南行志异》所讲述的虽是"异样"的故事,所描述的虽然是"异样"的人物,但所揭示出来的,却是更真实、更带普遍性的历史规律。

杨克祥(1946—),永州零陵人,1965年高中肄业回乡务农。1976年后历任零陵地区祁剧团编剧、零陵地区创作中心创作员、永州市文联副主席、副研究馆员、湖南省永州市作协主席。中国作家协会会员、中国戏剧家协会会员。作品有《杨克祥剧作选》《杨克祥长篇小说选》《杨克祥中短篇小说选》,长篇小说《十二生肖变奏曲》,中篇小说《玉河十八滩》,短篇小说《沙坟》,小小说《山狗》,另在各种文学刊物发表小说100多万字。获奖作品:小说《山狗》获全国小小说大奖赛一等奖,短篇小说《舞龙头的人》获湖南省文学艺术创作奖,长篇小说《十二生肖变奏曲》获九嶷杯一等奖,《十二生肖变奏曲》改编为电视连续剧《生肖峪》获湖南省电视剧一等奖,中篇电视连续剧《蓝星星,黑星星》获中南区金帆奖,并获湖南省"五个一"工程奖。

杨克祥的小说创作,不是写山就是写水,写山野村夫,写水上船夫……可以说,离开了山山水水,就没有了杨克祥的创作,也就没有了作家杨克祥。古人云:仁者乐山,智者乐水。杨克祥之乐山乐水似乎并非为了求仁求智,因为他在作品中从不提仁义礼智之类,其笔下的人物既难见刘备之类的仁,也难见诸葛之类的智,更多见的却是山的坚韧和水的柔情。通观杨克祥的小说创作,他写得最多也写得最活的是那些山里汉子和水上船夫,这些山里汉子和水上船夫有一个共同的特点,那就是都要几经磨难,而且越是好人磨难越多,这种磨难还往往是肉体和精神双重的。

杨克祥早年的代表作《玉河十八滩》,其主人公何大龙就很能体现这一特点。命运之于何大龙,似乎特别不公平,刚生下来才半岁,就经历了生死一劫:他一个人在船上满船乱爬竟爬到河里去了,他父亲回来满河找不着,只当他喂了鱼了,正绝望之时突然发现了一条"大鱼",捞上来一看竟是他,而且"还是活蹦蹦的"。这一遭际也预示了何大龙的命运,他是"水中的真龙",在水上一定会大有作为;但也要历经磨难,要置之死地而后生。果然，他8岁便成了"船老板"，父亲得听他的，13岁便成了"渔民贫协小组"的组长，"成了玉水河上第一个当官的人"①。可就在他踌躇满志准备为玉河的父老乡亲干一番大事时，却又在无意中开罪了乡政府主席马达大，于是命运陡转，他父亲被定为汉奸惨死狱中，他一个十几岁的孩子却被定为"漏划渔霸"。从此，他只能"舍死力拼大劲，用身家性命作保，背起链条和做人的尊严前行"（第206页）。他本来是要为人民群众谋福利，结果反而被人民政府的官员打为渔霸定为罪人，作为一个十几岁的孩子怎么能经得起这样的打击？不言而喻，这打击对他有多沉，他心中的怨愤就有多深。

马达大对何大龙的打击或许还不是最沉重的，因为马达大显然是在挟私报复，他虽然在行动上无法与马达大抗争，但心里并不服气，因而也绝不就此消沉，而是仍在"挣扎前行"。对他的打击最严厉的是最亲密的朋友和最亲的亲人。这首先便是鲁志魁的自杀，这不仅让他遭受了几年牢狱之灾，更让他的灵魂背上了沉重的枷锁；其次是他弟弟二龙的自杀性英勇捐躯，更让他感到自己的罪孽深重："二龙啊，哥哥逼你认了错，可哥在你面前的错，在鲁志魁面前的错，可怎么向你和他去认呀？要真是有五殿阎王该多好！"（第215页）此时的何大龙，对人世间的一切磨难已不足挂怀，只想到地狱去接受煎熬，以求得灵魂的些许慰藉。当然，此时的何大龙还没有完全绝望，因为世上还有他深爱着的妻子玉仙，而且他自认为玉仙也同样爱着他，这是他最后的一丝安慰。可就是这一丝安慰，玉仙也不愿留给他，临死前，玉仙告诉大龙：她爱的是二龙，是大龙在无意之中抢了弟弟的情人；儿子何小鱼也是二龙的。对何大龙来说，这才是最致命的一击，"玉仙！——何大龙撕心裂肺地惨叫一声，两眼猛地瞪大，竟流出了两道殷殷的血泪！接着，他直梗梗地倒下了玉河，凶狠的水流只一下，就把他卷进了死道"（第271页）。何大龙确实再没有活下去的理由，他一门心思要为他人谋幸福，结果，反成了害人害己的罪魁祸首，这样的人生延续下去还有什么意义呢？真不知道杨克祥何以对这条"玉河真龙"如此苛刻？

---

① 杨克祥.杨克祥中短篇小说选[M].长沙：湖南文艺出版社，2002：203.以下引文仅注明页码。

俗话说"自古英雄多磨难,从来纨绔少伟男",这大概是杨克祥写何大龙一生遭际的依据吧。只是在杨克祥的笔下,何大龙式的英雄并不多见,更多的是普通人的磨难,说得更准确一点,是普通人中的好人的磨难。

普通人中的好人遭磨难,《他们是兄弟》中的大哥李春林是最典型的一个,"文革"时批"唯生产力论",谁要是带领群众搞生产,便被抓到台上挨批斗,弄得谁也不愿当生产队长了,他"却不声不响地捉起虱子往自己头上放:一不要任命,二不要选举,他便敲钟排起工来啦"(第273—274页)。为此,他自然挨了不少斗,而每次挨斗,"社员们不忍心上台批他",他还"急得在台上直蹬脚","他求社员们上台骂他,照着报纸上的话骂尽了,会就该散了吧?散了会,他总该可以带领社员去田里做事了吧?"他如此地作践自己,其目的只有一个:"争得社员们不饿肚子最要紧。"(第274页)就这样一个"毫不利己,专门利人"的大好人,带领队上的老弱病残没日没夜地抢收长了芽的稻子,人累得生了病,口急得生了疮;肉体的磨难已经够沉重了,还要招来精神的摧残。县革委会副主任杨向东说他破坏学习小靳庄,连他的弟弟李秋林也要向杨向东告刁状,说他想要搞垮宣传队,于是又招来了一场批斗,还让李秋林主持批斗会。这位自认为"斗我不垮"的铁打的汉子,对批斗他的话可以"这只耳朵进那只耳朵出"的大肚量汉子,终于被击垮了,这位从不灰心丧气的汉子终于绝望了:"人心比炭还黑,人情比纸还薄,活着还有什么意思呢?"(第300页)同何大龙一样,李春林也是在多重的压力下,一步步地被逼向了绝境;所不同的是,何大龙为顾及自己的面子还伤害过他人,李春林则纯粹是为了他人而作践自己抛弃面子。因此,如果说何大龙是真英雄,李春林则是真好人。

在杨克祥的笔下,何大龙式的真英雄不多见,李春林式的真好人倒有一长串,《黄色柳芽芽》中的生产队长陈春牛,任凭"书记奶奶"贵嫂的百般侮辱和漫骂,也要帮着她将责任田犁完,目的就是为了不让她丢责任制的丑;《赌命》中的英俊小船夫,他拼命地赚钱攒钱,为的是"修好玉河滩,要让玉河滩上不死人",他忍受黑哥的百般欺侮和"暗蹄子",也是因为同情黑哥从小失去父母;《十二生肖变奏曲》中的赶山狗,在责任制后别人都不愿当村干部时他主动去当主任,为的就是将全村的责任担起来,以便"为生肖坳做点好事",但生肖坳人却并不理解,坐山虎之流更是百般刁难(见《杨克祥长篇小说选》,花城出版社1999年版);《野山为证》(同前书)中的刘石林,他忍辱负重,穿着顶头上司故意刁难的"小鞋",顶着朋友的诸多嘲讽,而仍要努力完成林场交给的砍伐任务,目的也就是为了尽量减少国家财产的损失……这些人物,都是因为出于好心才遭受磨难的,人生好人多磨难——这几乎成了杨克祥笔下的一条生活定律。

杨克祥的生活定律似乎还很带点宿命色彩,何大龙半岁时就掉到河里经历了一劫,也因此成了天生的真龙,他后来的大灾大难便由此而注定了。最具宿命色彩的是《家丑》,"我"天生就是一个大好人,小时候被哥哥背着去放牛,觉得哥哥太辛苦,就在哥哥背上拼命为哥哥用力,尽管这种用力并不真正起作用,但作为小孩子的"我"天生就知道为他人着想了。正因为在孩提时代就知道替他人着想了,所以"我"遭受的磨难也就在孩提时代来到了。13岁时,"我"就担起全家的生活重任:大哥离家出走当了土匪,父亲被土匪追着掉下悬崖摔死,母亲瘫痪,姐姐眼瞎,妹妹是躺在床上只吃饭不干活的懒虫,一年后姐姐难产死了,"我"还要照顾刚出生的小外甥。如此的生活重担,一个十三四岁的孩子的纤纤细腰怎么能承担得起?而且还要忍受种种"家丑"的折磨:大哥是六指头,还出家当了土匪,并有杀父的嫌疑;大姐是盲人,靠偷汉生了个儿子,而且偷的是一个又丑又黑的麻脸七雷公;小妹是个懒虫,先是要与自己的亲哥哥成亲,后又将自己卖给了一个收破烂的老头……这种种的家丑对"我"来说无疑是一种精神的折磨。这么多的灾难集中到一家特别是"我"一人身上,而且既不是天灾又不是人祸,一切都是无缘无故地便发生了,"我一家的悲剧和丑闻都是我一家自己造成的"(第385页)。作者借"我"之口,其实是将自己所揭示的生活定律更加明确化了:好人天生就是要遭受磨难的,这与天灾人祸无关,更与社会制度无关,所以他笔下的人物无论是中华人民共和国成立前或是成立后,甚或是改革开放之后,只要想做好人,就不免引来种种的磨难。这似乎意味着,杨克祥写人生的磨难,并非要借此批判某种社会制度,而是要写出人性中某种本真的东西。这些好人遭受磨难,从主观原因分析,都是他们自找的,而他们之所以要自找麻烦,就因为他们有太多的爱心,这种爱心逼着他们去自觉地承担人生的责任,担着责任的人生,肯定就不是轻松的人生,遭受种种磨难,似乎也是必然的。

因此,杨克祥写山写水,写山之宽厚,写水之柔情,似乎于不经意之中,揭示了人生的某一定律,不管人们是否愿意接受它,它在人生中的作用总是存在的。

郑正辉（1952— ），永州零陵人，小学毕业即回乡务农，1978年以小学学历考上零陵师专中文系。曾担任永州市文化局副局长，永州市作协主席，中国作家协会会员。1992年，郑正辉以郑振飞为笔名在《芙蓉》发表中篇小说《没人能喊天落雨》之后，搁笔近20年。2011年，由云南人民出版社出版长篇小说《对决》，此后一发不可收，2013年由湖南文艺出版社出版长篇小说《博士生》，2015年由湖南人民出版社出版自传体长篇小说《我的1978》。

《我的1978》，作者以自己的生活经历为原型，真实地再现了从1959年到1978年这20年的生活历程，重点则是展现"文革"那一段无知野蛮的"历史"。

作者郑正辉说，他考上大学之后大哭了一场："我用泪水祭奠了自己不堪的青春，将人生的页面翻过，浓墨重彩书写崭新的篇章。"（第190页）对我们的国家和民族而言，也已用浓墨重彩书写了新的篇章。但我们能否让这一段"历史"永远地成为过去，不仅"空前"而且"绝后"吗？这是我们需要小心提防和时刻警醒的，但愿郑正辉《我的1978》能成为一面镜子和一个警钟，能长久地警示我们，不让这一段"历史"重演，使之真正成为一段没有历史的"历史"。

三、新秀风华

永州的小说创作，从20世纪90年代到21世纪初期这20多年的时间里，出现了十分繁荣的景象，这一是因为很多名家出版了自己晚年的"压轴"之作；二是因为60—70年代出生的一大批新秀作家涌现出来，纷纷推出了自己的力作，形成了"长江后浪推前浪"之势。这里选取王青伟、杨柳湾、肖献军三位作家的作品予以介绍，以期能管中窥豹。

王青伟（1963— ），永州祁阳人，潇湘电影集团编剧，中国作家协会会员。王青伟是永州具有全国影响力的作家，有中篇小说《大围困》《基层》

《现场会》等,长篇小说《村庄秘史》《度戒》。有散文名篇《寂寞的浯溪》《不朽的旅程》等。影视文学创作的成果最为突出,有《故国秋色》《他们的船》《绽放》《我爱北京天安门》《湘江北去》《风华正茂》等,并均已拍摄成影视作品播放。电影《故园秋色》获国家级最高奖——华表奖,并入选多个国际电影节;《风华正茂》和《湘江北去》分别获得中宣部"五个一"工程奖。

王青伟的长篇小说《村庄秘史》,是一部值得慢慢品味而且必须要慢慢品味才能读出个中真味的作品,比如贯穿全篇的故事叙述者章一回,如果不是慢慢品味,就很难见出作者构思这一人物的匠心。

章一回带给读者的第一印象是他的神秘性:一个充满阴杀之气的神秘电话告诉章一回,他的生命只剩下六天时间。在这最后的六天时间里,章一回该干些什么?"他知道,该是说出那些秘密的时候了,也该是拯救那几个女人的时候了"[1]。接下来的六天,他便每天去寻找一个与他发生关系的女人,每天倾诉一个故事,小说的结构就由章一回所倾说的五个故事构成。作品结构的奇特之处在于:章一回所讲的故事是顺时性的,从封建时代的"矮人得宠",到市场经济的"鞭炮竞争",历史演变的脉络清晰明白;但故事的叙述者则是逆时性的,章一回每讲完一个故事,他的年纪就变小一次,讲到最后,他不仅变成了"子宫里一个透明的血球",而且还被一棵老樟树"吸进黑暗无边的子宫","同这棵樟树紧紧地连在一起"(第241页)。这也就意味着,作为故事的叙述者,章一回迷失了。

作品开头的神秘电话本可引发读者"探秘"的兴趣,但接下来作者却没有按照"揭秘式"的惯常思路往下写;章一回这一人物由老变小的经历更是奇特而怪诞,但作者对此也没有多作描述,只是在每个故事开头的"引子"里略带一笔。显然,作者不想用神秘性或怪诞性来满足读者的猎奇之心。那么,章一回所要说的"秘密"是否会给读者带来新奇之感呢?

第一个故事"祖先的秘密"一节确实给人以新奇之感,老湾村的祖先矮人章巴掌、章可贴因矮而得宠于宫廷,特别是章可贴,竟可飞腾于皇上的手掌上表演,可说是天外奇谈。汉代的赵飞燕能够"舞于盘中"已是千古奇谈,能够"飞腾于手掌"的章可贴自然更胜一筹,本可以生发出更多

---

[1] 王青伟.村庄秘史[M].长沙:湖南人民出版社,2010:1.以下引文仅注明页码。

的新奇故事。但作者还是没有循着这样的思路写下去，而是戛然而止：章可贴"被人杀死丢在野外"，"身子被狼狗啃得只剩一副小骨架"，"从此以后，老湾再也没有出过有灵性的人，一个个木讷而憨厚。老湾人的矮小使他们增添了许多的自卑，他们开始为远远近近的村子输送长工和短工，到了章铁才那辈人生活在老湾时，他们差不多到了只配给红湾人做奴隶的分上了"（第6页）。全书的故事其实就是从章铁才"办新学"开始的，以老湾与红湾两个村的争斗为背景，演绎的是中国的一段现当代史，只要是上了点年纪的中国人，都有过类似的经历，根本无秘密可言，但作者为什么要通过章一回像煞有介事地说"该是说出那些秘密的时候了"呢？

笔者在读完前面两个故事后，对作者这种像煞有介事的结构安排很不以为然，认为章一回作为叙述者的身份出现纯属多余，作者完全可以直接叙述故事的。但读完后面三个故事之后，才理解作者的深意所在。在第三个故事中，章一回终于以故事亲历者的身份在老湾村直接出现了。因为他是"上面派来的人"（第198页），所以一来就主宰着老湾和红湾人的命运：掌管着所有人的档案，核定每个人的身份，乃至掌管着生杀大权。可就是这样一位核定别人身份的人，自己的身份却又无法确定：他从何处来？是不是老湾人？别人说不清楚，他自己也说不清楚；他虽然曾在老湾主宰过生杀大权，但后来老湾人都不认识他了，连他自认为是"永远的情人"的叶子也不认识他了；他认为自己的"罪孽深重"，要投案自首，但警察把他的话当作"一种妄想症"，根本连立案的兴趣都没有（第190页）。因此，他是一个无根的漂泊之人——这也正是作者塑造这一人物的深意所在：从叙述者的迷失到亲历者的迷失，章一回所叙述、所经历的其实是一段迷失的历史，其具体的体现就是从人的身份的迷失再到故土的迷失最后导致人性的迷失。

所谓历史的迷失，当然不是说这一段历史不存在，而是说它逸出了正常轨道，迷失在非正常的状态之中。就老湾的历史来说，其迷失的起点就是章巴掌、章可贴的得宠。他们虽然给老湾人带来过一时的荣耀，但这种荣耀不过是一个矮人的荣耀、戏子的荣耀，与传统社会所重视的文治武功、建功立业之荣耀不可同日而语。因此，"荣耀"本身就是非正常的，再加上获得"荣耀"的途径更是非正常的，因而当短暂的荣耀过去之后，留给老湾人的则是几百年的矮小和自卑，这也就意味着，老湾人再也不能正常发展，老湾的历史已经逸出了正常轨道。非正常的身材造就了一种非正常的心态，带着这种非正常的心态，如果生活在已经适应了的秩序社会，或许还可以相安无事，一旦打破原有的秩序，他们就会有种种非正常的行为，从而带来种种迷失。

老湾人的迷失，首先是从章铁才大儿子章大开始的。儿时的章大是个神童，不仅外表俊美，记忆力更是惊人，学过的东西"不但能顺着背，还能倒着背"（第12页），一手好文章更是"美得令人心醉"（第21页）。老湾从未出过这样的人才，因而成了全村的希望所在，村民们"都希望这个神童能够替老湾争气，把书读出来然后去做大官"（第18页）。但他却很不争气，胆小如鼠，"一双又青又亮的眼睛，眼神常常飘忽不定，看着人多的地方就打哆嗦"（第13页），父亲被杀之后，母亲带回的一件血衣，竟吓得他患上了梦游症，从此躲在地窖里不肯出来。村里人好不容易把他抬出地窖，送到县城去读书。后来他同弟弟章小一起报考了黄埔军校，一起加入了中国共产党，并一道从事地下工作。然而，他终究逃不出因胆小所带来的厄运，在一次地下接头时被捕了，因为害怕酷刑而叛变了。从此，他便生活在人不人、鬼不鬼的境况之中。为了摆脱这种窘况，他总想给自己找到另外的身份定位。先是跟着章玉官演戏，因为把自己完全当作了舞台人物，竟无师自通地演什么像什么，于是成为百戏之王。但舞台上的虚拟人物、虚拟身份终究不能解决现实中的问题，章大想起了自己曾参加过举世闻名的淞沪会战，并当过敢死队的督战官。于是，"他要去寻找历史，寻找自己曾有过的辉煌""他把所有的共产党和国民党中认识过的人写在一本发了黄的纸上，密密麻麻地排了好长一队，他拉开一张大网，去捕捞自己过去曾经几次辉煌闪光的历史"，然而，"所有的人几乎都寻找不到了，都变成了隐身人"，找不到证明人，也就找不回曾有的辉煌、曾有的历史，于是，"他的历史散落得无影无踪"，"整个世界似乎把他遗忘了"（第70页）。

当然，章大所迷失的还仅仅是他个人那一段所谓"辉煌闪光的历史"，至少，老湾人还没有遗忘他，他还能找到那一方故土。相对而言，章义的遭际要比章大惨得多，他不仅失去了自己那一段"辉煌闪光的历史"，甚至也失去了那一方故土——连老湾人也不愿意接纳他，其原因就在于他当过战俘。在朝鲜战场，章义不仅做了美国人的俘虏，还被美国人的枪托砸断了脊骨，从此，他的腰就弯成了九十度，"那模样跟狗没有什么区别"（第137页）。而他之所以挨上那一枪托，是因为当俘虏时不肯弯下那挺直的腰板，不肯低下那高昂的头颅。可以说，章义当时的心态不过是逞一时之意气。因为当俘虏的人不止他一个，别人的生活就跟他不一样，"章义想不通，土匪头子杨彪也是做了俘虏的，他为什么能够那样好地活着，而自己却变成了一条狗？"（第137页）我们或许可以这样理解：老湾人长期积淀的自卑意识，直接造成了章大的胆小；而章义的意气用事，则是因自卑所形成的自傲造成的，美国人的那一枪托，不仅砸弯了他的腰板，更关键的是砸掉了他的傲气，使他又重新回到了自卑的状态，这才是他"变成了一条狗"的真正原因。

　　章大迷失了身份，章义迷失了故土，章顺则是人性的迷失。解放前，章顺给红湾大地主陈秉德家做木工时，被陈家大太太引诱。此事一开始，章顺就是一种报复心理："章顺做梦也没有想到自己把陈秉德的老婆给干了。他从小就知道老湾的人卑微，老湾人没一个能搞上红湾的女人。尽管躺在他身上的是个又老又丑的老妇，但是章顺还是感到了从未有过的快意……他就像一头沉睡了几百年的野兽复活起来，又俨然是老湾不可匹敌的巨人，把整个红湾摧毁了"（第87页）。直至十几二十几年之后，章顺仍然只能与大太太"那个已经老迈得像一团丝瓜布的肉体"（第119页）做爱，对自己年轻的妻子麻姑，则没有一点激情，宁可用一把连他自己也打不开的锁把妻子的下身锁起来；甚至，为了娶回这"一团丝瓜布"，他竟然贿赂章一回让他下令杀死麻姑。特别是当他听说老太太死了之后，"他觉得心中的一座什么东西轰然倒塌……再也看不到目标和生命中的意义"（第126页）。他心中倒塌的东西究竟是什么，是对大太太的爱？当然不是，他与大太太的性行为从来就不是因为爱，而是因为复仇的快意，他的人生目标和生命意义全都集中在这种复仇快意上，而一旦失去复仇对象，支撑他生命活力的那点东西便全都坍塌了。很快，"章顺的头发变成了一层灰白"（第126页），他的生命活力也随之失去。应该说，章顺从来就没有过上正常人的生活，他是在强烈的复仇心态的作用下导致了人性的迷失。

　　章顺的复仇，完全是因为一次偶然的机会，运用的是一种特殊方式，发泄的是一个特别对象，因此，他的复仇只能说是个人行为、个别现象。但其背后，则隐藏着某种集体行为的因素，一旦这种因素被某种冠冕堂皇的理由煽动起来，个人行为就会演化成集体行为并成为一种普遍现象。老湾的造反派头头带着五六个人跑到尼姑庵要强奸一个"清秀尼姑"，还振振有词地宣称："你过去是地主崽子，老子日你无罪，我今天是革命司令，操你有理！"（第182页）而另一方面，对那些"地主崽子"则又进行全面的人身压迫，使他们不能正常结婚，不能过正常的性生活。过去是红湾压迫老湾，现在则反过来，红湾的男人娶不上妻子，"全都靠与猪狗和鸡鸭性交来满足生理欲望"（第194页）。红湾大地主陈抱华的孙子陈生一定要保持自己做人的尊严，绝不与猪狗鸡鸭苟且，但生命的原始动力是不可抗拒的，他终于与自己的妹妹陈命发生了乱伦，"天终于塌了，地终于裂了""他们为了那一丝愉悦一次又一次走近悬崖，掉进万劫不复的深渊"；当他们的事情败露后，"羞愤至极的陈生从屋里提了把砍刀就出了门，谁也没有发现陈生眼中露出的绝望的光芒，那光芒中射出义无反顾的杀气……等他看见第一个人的时候，陈生就毫不犹豫地举着那把砍刀杀了过去"（第196—197页）。于是，红湾和老湾同时陷入了一片混乱的杀戮之中，这是人性迷失后的一种无理性、无秩序的滥杀，似乎任何人都可以以"老湾最高人民法庭"的名义判处别人死刑，多少无辜者惨死在这种冠冕堂皇的口号之下，人性的丑恶、人类的兽性在这种口号下得以肆意横行——这的确是中国历史上乃至人类历史上的一场空前浩劫。因此，《村庄秘史》所揭示的"秘密"，其实就是人性的迷失和"兽性"驱使下的"空前浩劫"。

杨柳湾，本名蒋蒲英（1968— ），女，永州零陵人，永州市文联主席，中国作家协会会员，中国文艺评论家协会会员。发表有《礼物》《灰色收入》等中短篇小说，出版有长篇小说《杨柳青青江水平》；美术评论有《云卷云舒 大家气象》《热血贲张 放歌潇湘》《漫天花雨寻春讯》等，电视剧评论有《花开千树独千骨》《何以笙箫起》《动人的故事亦动听》等。

杨柳湾的《杨柳青青江水平》，是一部充满正能量的长篇小说。作品所描写的内容是当下常见的现实生活，所运用的表现手段是当下流行的微信形式。作者所关注的重点则是一群80后的小伙子和90后的姑娘，"他们向上、坚毅、善良，有担当，将是国家的栋梁，家庭的希望"。读完这部小说之后，或许会颠覆我们对独生子女的惯常认识，以一种全新的眼光来看待他们，特别是作品中所重点表现的担当精神，放在任何时代，都不失其英雄色彩。

作品所表现的担当精神，首先就是儿女情长的家庭责任担当。

"杨柳青青江水平，闻郎江上踏歌声。"书名借用了刘禹锡《竹枝词》的诗句，很明显是描写儿女情长的作品。但在儿女情长的背后，作者还寄寓着深层的理性，那就是家庭责任的担当。作者在第一部分就描写了年轻人席广州的责任担当："他把父母、祖父母、外祖母可能患病的种类、就近医院、熟悉的朋友、专家级医生都做了一个通信录"，"还与我一起探讨，我们这一代独生子女，孩提时集万千宠爱于一身，成年后，是集万千责任于一身"；他母亲患胰腺炎昏迷住院，他一个人忙上忙下，"直到第二天天亮后，席广州才打电话给父亲和舅舅们。席广州的担当让在场的所有医务人员为之动容"[1]。很显然，在儿女情长中表现年青一代的责任担当，这才是作者想要表达的完整主题。

既有儿女情长又有责任担当，这在男女主人公身上体现得尤其明显。80后的张朝阳比90后的晏琪要大好几岁，再加上张朝阳是学医的，因而在他们初识时，张朝阳就很自觉地担当起了照顾晏琪的责任，当晏琪独自一人去广州上学时，张朝阳在她的背包里放了薄荷糖和零钱，还一路短信不断地提醒她该怎么做。还好因为有短信交流，所以当晏琪在火车上突然病倒时能够被及时发现，避免了可能出现的严重后果。

无微不至地照顾晏琪，这只是张朝阳表层的责任担当，更深层的则是考虑晏琪的成长问题："我比你年长这么多，如果过早过多地打扰你的生活，就把你的成长过程给扭曲了，我会等着你长大"（第19页）。这就是张朝阳对爱情的责任担当，既要照顾好成长中的晏琪，还要营造好晏琪自然成长的环境。对于80后的独生子女来说，仅仅做到前者已属不易，因为他们从小就享受别人的照顾，而很少照顾别人；要做到后者则更难，年轻人正是激情迸发的时候，容易被情感所左右，很少考虑长远。张朝阳能考虑这样细致，没有高度的理性和责任心是很难做到的。这或许也可以说是作者的独特发现和典型提炼。

---

[1] 杨柳湾.杨柳青青江水平[M].长沙:湖南人民出版社,2016:21—22.以下引文仅注明页码。

当然，晏琪也有自己的责任担当，她的责任甚至比张朝阳更沉重。因为张家的家风是"女人会干事，男人会想事"，而且20岁就要当家。张朝阳的奶奶18岁就接管张家的酒厂，使"张家皮"品牌成为当地的一绝，将张家的家业和家风发扬光大。张朝阳的妈妈下岗后创办药店，在"泛湖南生活圈里开了近百家"药店，"而且把粤、桂、鄂、赣、皖五省的许可证都办出来了"（第229页），更是创造了张家企业的新辉煌。晏琪22岁一结婚就接管新药开发公司，并提出了"一头联系时尚，一头联系需求"（第232页）的经营理念，不仅使"美阳阳"微信平台的"粉丝冲得飞快"，连张朝阳都觉得"这个速度，有点吓人"，"更重要的是带来了希望，是药品营销新秩序的曙光"（第270页）。有了这样的"曙光"，张家的企业何愁不发展呢？！

当然，仅有家庭责任的担当，还很难说有英雄色彩，更重要的是家国情怀的社会责任担当。

家国情怀体现在办企业的理念上，首先就是将企业员工也看成是自己的亲人，以"老吾老以及人之老，幼吾幼以及人之幼"的心态来对待员工。这也是张家企业从奶奶一辈就流传下来的家风："酒厂百来号人，1960年过苦日子没有饿死过一个人。"（第228页）晏琪父亲说酒厂老职工都感念"奶奶您老人家积善积德"；奶奶则说是"托大家的福，不是一家人，不进一家门"（第228页）。在这里，奶奶口中所说的"大家"，是包含有"特指"成分的，这就是"进厂门"与"进家门"同义：进了同一个厂门，就是同一家人。因此，"托大家的福"也意味着工厂是个大家庭，是"托全家人之福"——亦是全体员工共同努力的结果。这里的差别就在于，"大家"比"全体员工"的表述更亲切。

从本质上来说，家与国是连通的，整体利益也是一致的。但在某种特定时候或特定场合，家与国的利益也不免会产生矛盾，在这种情况下，"舍小家而顾大家"便成为一种传统的固有观念。这一点在作品中也有很好的表现。比如张家办企业与捐企业的问题，晏琪问："60多年前，爷爷把工厂捐给了国家，为什么现在我们又在办企业，还一个接一个？"张朝阳回答说："时代不同，每个时代都有引领时代的新思想、新技术、新体制，时代的弄潮儿就是这些新思潮、新技术、新体制的倡导者、实践者。爷爷就是那个时代传统知识分子中的先进分子，时代精神与家国情怀兼具，审时度势与士子传统结合！这个捐赠历史证明是顺应历史潮流，是提振家人国家归属感和民族自豪感的英明决策。我们今天的创业创新同样是时代赋予我们的使命，当然也是家族繁盛的要求。历史也将证明这是一个伟大的创举。"（第232页）也就是说，捐企业和办企业看似矛盾，其实是统一的，这个统一就是顺应了时代的要求，准确一点说，是顺应了国家在不同时代的不同需求，而这种需求又是与"家族繁盛的要求"结合在一起的。这就是中国人的家国情怀：家族的要求很重要，国家的需求更重要。

家国情怀的社会责任担当绝不仅仅体现在对自家企业的态度上，也体现在对全社会的责任担当。例如张朝阳发现了广州N医院的医生收受药品回扣、贩卖私药等问题，"向当地纪委举报"（第126页）。谁知纪委还没有介入调查，张朝阳反被人诬告从国外非法购药而被抓进了公安局。后来检察院撤诉了，他却说："我其实更愿意公开审理，理不辩不明！"（第130页）从维护个人的声誉来说，撤诉当然是最好的结果，说明自己根本没有做过违法的事。但他却希望开庭审理，那么他所要辨明的理，显然不是为了维护个人声誉的"私理"，而是全社会应该遵循的"公理"。为了辨明"公理"而甘冒个人声誉受损的风险，没有强烈的社会责任感恐怕是很难做到的。

总之，整部作品让读者在缠缠绵绵如沐春风的情感故事中，感觉到一股凛然的正气、向上的力量，作者向读者展示的是一幅多层次的风情画：儿女情亦长，英雄气更旺。

肖献军（1977— ），湖南岳阳人，湖南科技学院副教授，文学博士。发表《论二妃形象的二重性及其对湖湘文学精神的影响》（《中国文学研究》，2019年1期）等学术论文20多篇，出版有学术著作《虞舜、二妃与湖湘文化精神》（万卷出版公司）和长篇小说《湘妃怨》。

肖献军的《湘妃怨》，以写舜帝二妃娥皇、女英的"哀怨"为主，作者在"尾声"中说："二妃虽出生于帝王之家，但其时早已进入男权时代，尧子丹朱的不肖决定了二妃的悲剧性，她们不得不承担更多的政治使命。子嗣的凋零也加重了二妃的悲剧性，她们投江而死自然有着对爱情的忠诚，但更主要的是对生活的绝望。她们看不到前途、看不到希望，她们所付诸的努力，在一个以男权为主的社会里，只能是徒劳的挣扎，但她们身上体现出的中国女性特有的忍耐、勤劳和智慧，感动了千千万万的中国人。"①应该说，作者的主旨明确，作品的主题清晰，作品的形象所显现出来的思想内容充分表达了作者的创作意图，这也充分体现了作者对纷繁历史素材、重大历史事件和众多艺术形象的把控能力，虽是第一次进行长篇历史小说的创作尝试，但创作经验却已臻于成熟；也可以说，是作者的学术研究和学术思考，为作者创作经验的成熟提供了莫大的帮助。

娥皇、女英下嫁虞舜，纯然是政治需求，历史文献从《尚书》开始就有过明确的记载。但历史文献只记载其结果，没有记载其过程，文学创作则必须有过程和细节的交代，这就是一个创作难题：如果她们过于顺从父亲的意志，说明她们没有自己的主见，下嫁虞舜之后就起不了什么作用，作为艺术形象也显得过于简单而苍白；如果她们有自己的主见，就不会轻易地顺从，那么就得合理地设计从抗拒到顺从的转折点，而且这个"点"既要符合历史的真实性，又要符合人物性格的逻辑性，以使人物形象显得真实而丰满。为解决这一难题，作者设计了一个细节：

听说父亲要另选他人作为继承人，丹朱怒目相向，一言不发地站在那里。

"丹儿，坐下来好好和你父皇谈谈。"女皇试图打破僵局，递了一杯茶给丹朱。

"他不配做我的父皇！"丹朱话未说完，茶杯脱手从手中飞出，帝尧没有躲避，也不想躲避，茶杯不偏不倚正中了他的鼻梁！鲜血立刻混杂着茶水从脸上流了下来。

(第53页)

这一细节的设计，可以说是匠心独运，它不仅引发了娥皇感情的转换，也衬托了丹朱的不肖，还交代了帝尧传位于虞舜而不传位于丹朱的缘由，可谓一石三鸟。

首先，从娥皇的情感转换看，因为担心父亲过重地处罚哥哥，只好出面

---

① 肖献军.湘妃怨[M].北京：团结出版社，2014：237.以下引文仅注明页码。

答应父皇："您的目的不就是我吗？我答应您，但您不要再为难哥哥了！"（第55页）在这里，娥皇的转变虽有被逼的成分，但也可看出他们兄妹情深，承担国家的责任或许还是处在年少不更事阶段，承担家庭的责任则有了一种自觉。此后的一生，在所有重大政治事件中，她都能做到将国家责任与家庭责任结合起来思考问题，体现出高度的政治自觉和政治智慧。

其次，丹朱的不肖及不能传位于他的缘由，则体现得更为明了：性情如此暴躁，无父无君之人，一旦大权在握，生杀予夺岂不随意？百姓还能有好日子过？！

娥皇的下嫁是被逼的，女英的随嫁则纯属自愿。她甚至死缠烂打地要与姐姐共享爱情，逼着姐姐承认重华是"我们的夫君"而不仅仅是"我的夫君"。所以二妃的形象既是一个整体又是一个互补：她们是心身相通的姐妹，没有利益冲突也无情感争夺，一损俱损一荣俱荣，所以能同心协力地辅佐虞舜；但她们又各有偏重，娥皇偏重于理，女英侧重于情，娥皇主要承担国家责任的政治任务，女英主要承担家庭责任的相夫课子，娥皇主要体现的是果敢决断的政治智慧，女英主要体现的是温柔体贴的家庭情感。也正是这种整体性与互补性的统一，才使得二妃的形象显得真实而丰满，并进而使得政治生活与家庭生活能够和谐地统一起来，从而为作品整体形象的和谐统一奠定了基础，这是作者在处理人物性格上的成功之处。

作为反映重大历史题材的小说，作品的重点是在写政治事件，用笔最多的也是写娥皇的政治智慧。她具有高度的政治敏锐性和预见性，在家庭生活中，洞察了壬女的来者不善，数次化解了虞舜被杀的危机；在壬女的阴谋被揭穿之后，她不仅宽恕了壬女，还保留了壬女在家庭中的地位，依旧敬为"娘亲"，终于感化了壬女和象，为后来三苗之乱的彻底解除打下了关键性基础。在国家政治生活中，她化解了虞舜与丹朱的矛盾，不仅保证了虞舜的顺利登位，还保全了虞舜的圣人名声，也保住了丹朱的生命安全和应有地位，为虞舜时代太平盛世的开创奠定了基础。直到临死之前，她让象隐瞒舜因中江淮之毒而死的真相，化解了尧舜两家与禹的矛盾，保全了"天下皆以禹为贤"的形象，避免了国家的内乱，也保证了丹朱、商均和象得到了应有的分封，更使两个家族的根脉得以延续。因此，就娥皇在作品中所起的历史作用而言，更多的不是政治牺牲，而是政治奉献。

"惟世间兮重别，去复去兮长伤……"（第233页）娥皇的形象虽有

"哀怨",但绝不是"凄凄惨惨戚戚"的闺中之怨,而是"生当作人杰,死亦为鬼雄"的女中英杰之怨;她的哀怨,不仅是个人所特有的,更是男权社会想要有所为的女性所共有的。这就是娥皇形象的典型意义,也正因为有了这种典型意义,使得娥皇的形象在中国文学史上一系列怨妇形象中有了特殊的地位。

男权社会的女性想要有所作为而不能,其实,即便是男性,想要有所作为也不易。作者在作品中,除了表现女性"徒劳的挣扎"之外,也"试图表现出令无数人崇拜的帝王背后,有着怎样的辛酸故事"(第137页)。如果说作品中女性给人的情感体验是哀怨,男性给人的情感体验则是悲苦。

生物的生存似乎有一条定律:权责统一。当一头雄狮具有统治一群母狮和幼狮的权力时,它同时也就要承担保护这一群狮子的责任;当它的能力承担不了保护责任,就会有另外的雄狮来夺取它的权力。这就是动物界的竞争:明抢。人类社会有种种的"文明规范","明抢"不一定能服众,所以权力的争夺要更复杂、更困难一些,而在得到最高权力之后要将它用好并开创出太平盛世,就尤其是难上加难。惟其如此,舜帝做了一件难上加难、特别是后人再也无法做到的千古盛事,所以他能够成为千古圣人。

按照中国人的传统思维定式,要做成"千古盛事",必须先成为"千古圣人",这就需要生活磨砺和道德修养。孟子云:"舜发于畎亩之中……天将降大任于斯人也,必先苦其心志,劳其筋骨,饿其体肤,空乏其身,行拂乱其所为,所以动心忍性,增益其所不能。"孟子是相信"天命"的,所以这一段话将因果关系颠倒了。应该说,"必先"有了"苦其心志,劳其筋骨"的种种生活磨砺乃至磨难,才能担当起"天降之大任";即便是担当"大任"之后,因为"天大的"责任与压力,仍然要历尽磨难。

虞舜年轻时的种种生活磨难,古代文献已有诸多记载。作者没有囿于古代文献的限制,将虞舜的磨难提前:一出生就被遗弃。虞舜的出生导致了母亲握登难产而死,"对握登之情久久不能忘怀"的妫剽,"便把一切罪过归咎于孩子身上":"你敢夺走我心爱的妻子,我便要了你的命"(第23页)。妫剽居然将刚出生的重华扔到了荒郊野外,让他自生自灭。这一情节的设计,自然是有悖常理的。但正是这一有悖常理之事,说明了妫剽是不循常理之人,为他后来的精神失常,虐待童年重华,以及被壬女所利用,多次设计要谋杀青年虞舜等情节的展开,提供了人物性格发展的心理逻辑。

尤为重要的是，这一情节的设计更为虞舜的隐忍和逆来顺受提供了心理和生理依据。重华一出生就被遗弃，三天之后，其父亲妫蒯本想去收拾他的尸体并将他与母亲握登葬在一起，却意外发现他竟然还活着。这说明他有着超乎寻常的生命力和忍耐力。他一出生就失去母爱，也没有真正的父爱，从婴儿的时代开始，就在逆境中长大。作为一个毫无自立能力的孩童，除了依赖于父亲，他没有别的选择；同时，对于来自父亲的打骂，除了逆来顺受，也没有别的选择。这种生活磨砺，从小就培养了他的隐忍和坚忍性格。再者，所谓没有比较就没有判别，他从小就生活在父亲的打骂之中，对这种非正常的生活状况早已经习以为常，因而能够以平常心态来对待父亲的打骂，以至于父亲在继母壬女的挑唆下几次要谋杀他，他仍能心平气和地做到逆来顺受。

在打骂中长大的孩子极有可能走向极端：仇视家庭甚至与整个社会为敌。但虞舜却心地善良，身心得以健康成长。这应该归功于美妙的音乐。作为音乐世家，父亲带着童年的重华以鼓瑟卖唱为生，他不仅受到了音乐的熏陶，也接受了众多陌生人的施舍，见识了普通百姓的善良。这为他的人格完善奠定了基础。

历经磨难之后却又心地善良，遭受打骂之后竟然孝顺有加，这正是"苦其心志，劳其筋骨"所达到的特有效果。这样的人才的确是太难找了，所以他能担当"天降之大任"，他能开创太平之盛世。

男性在担当大任之前要遭受磨难，隐忍悲苦，这不仅对虞舜是这样，对大禹也是这样。大禹的父亲鲧因治水不利而被摄政王舜"殛于羽山"，他放下"杀父之仇"，揭下黄榜告示，自告奋勇地帮助摄政王平息水患，这其中的隐忍和悲苦，也是常人难以想象的。

那么，担当大任之后的男人，就能一路风光、顺风顺水吗？也不尽然，或许还要遭受更大的磨难，隐忍更大的悲苦。帝尧将帝位传给舜而不传与儿子丹朱，这其中就有着更大的磨难与悲苦。他将儿子丹朱贬到了丹水城，甚至连母后去世，尧帝也"令他待在原地守孝三年，不许他踏出丹水城半步"，"而且直至我死也不会许他回来"；当这一做法受到娥皇、女英的指责时，他才说明原因："我之所以把他贬到丹水，实际上就是想削弱他的实力，能够让重华顺利登上帝位。"（第170页）对自己"最疼爱的儿子"进行这样"绝情"的打压，不仅给儿子带来了痛苦，也给家人带来了痛苦，他自己的痛苦程度如何,更是常人难以想象的。

"帝舜南巡去不还,二妃幽怨水云间。当时垂泪知多少,直至而今竹尚斑。"人们一般只看到二妃的幽怨却不见二妃的"贡献",只见到尧舜的光环却不见背后的"悲苦"。独具慧眼的肖献军,在幽怨和光环之下有了自己独特的发现,并依照文学创作的规律进行了独特的描述,于是成就了一部别具一格的长篇历史小说《湘妃怨》。这部小说因为有了艺术与学术高度融合的关系,使得它在文学领域有了学术的独特价值,在学术领域又有了文学的独特价值,这种"两栖"性的价值,也奠定了它在文学史和学术史上独特的"双重"地位。

第十章　瑶山浪峰

潇湘文脉发展到 20 世纪七八十年代，在偏僻的江华瑶山，突然掀起了一股浪花，推出一个浪峰，这个浪峰是由一个外来作家叶蔚林创造的。20 世纪 60 年代，叶蔚林下放到江华民族歌舞团任创作员，在江华工作生活达 12 年之久。瑶山的封闭、原始、贫穷，虽让他经历了磨难，但也丰富了他的人生阅历和创作素材。他以瑶山为题材创作了一系列脍炙人口的小说，以其鲜明的地域特色和浓郁的瑶族风情，形成了特有的"叶蔚林文学"现象，同时也为瑶族本土作家的文学创作树立了成功典范。一批瑶族本土作家借鉴叶蔚林的成功经验，创作了一批优秀的作品，从创作风格的整体特色看，可称之为"后叶蔚林文学"。

一、瑶山异彩

进入21世纪，江华瑶族自治县县委、县政府高度重视"叶蔚林文学"的效应营造和宣传工作，在实施"神州瑶都"品牌战略的过程中，将叶蔚林作为文化名片来进行打造，制订了有关叶蔚林的"六个一"文化工程计划：即出版一套《叶蔚林作品全集》，以叶蔚林的名字命名一条街道，建造一座叶蔚林文学馆（纪念馆），塑造一座叶蔚林铜像，成立一个叶蔚林文学研究会，举办一次叶蔚林文学研讨会。这六项工程，有些已经完成，如《叶蔚林作品全集》（上下卷）已由湖南人民出版社出版，叶蔚林铜像已经落成，其他几项正在推进中。

当然，更重要的是江华有一批本土作家，他们自觉地沿着叶蔚林的创作之路走下去，写瑶山、歌瑶民，也许他们的成就和影响还赶不上叶蔚林，但创作步子却迈得正、走得实，显示了自己的创作实绩。这里，不妨先介绍几位较有成就的作家。

陈永祥，自从1989年开始发表文学作品，已在国内各级文学刊物发表文学作品100余篇，并有多篇作品获奖。例如：民间文学作品《六月六的传说》获省文艺家协会评奖一等奖；散文《香草，香草》获散文百家优秀奖；《盘王赋》获第十一届中国盘王节全球征文优秀奖；《江华民族民间故事集》获首届永州文艺奖；散文《树娘》获全国林业征文二等奖；散文《山里那些嫂子》获湖南省报刊（副刊）银奖；《情系瑶山》获永州市慈善征文二等奖；2014年，在江华举办的书香红利征文中，《一生书香，一世悦读》获一等奖。出版专集：《江华民族民间故事集》（2009年，大众文艺出版社）、《山里那些嫂子》（2010年，散文集，湖南人民出版社）。陈永祥的作品，无论是散文创作或民间故事的收集，均不脱离瑶族生活的土壤，从作品内容可以见出作家所迈出的坚实步子，从获奖情况可以看出作家的创作实力。

贾章雄，以报告文学为主，兼擅小说、诗歌、散文，还多次为电视专题片撰稿，在全国各大报刊发表作品300余篇。在各项大赛中的获奖作品有：报告文学《梦园半边月》获全国"绿叶杯"征文大赛一等奖；报告文学《飞翔在高山上的比翼鸟》获全国国际森林年征文大赛二等奖；报告文学《镇山神》获全市"我身边的人民警察"征文大赛二等奖；电视纪录片《绿色托起的幸福城市》获全市"创森"杯征文一等奖；报告文学《你是一条护城河》和《奋飞的头雁》分别获"海港杯"征文一、二等奖。特别是25万字的个人文集《山韵海魂》，于2012年1月由漓江出版社出版，《中国绿色时报》《永州日报》等媒体以《瑶山歌者贾章雄》为题进行了报道，被认为是"以纪实的手法描写了林业工作者和政法干警、海军官兵的七彩人生，文笔流畅，语言洒脱，信息量大，可读性强"。书中收集的83篇文章，是他多年创作积累的结晶。他以敏锐的触角、优美的笔调，跨越万里海疆，踏遍千里瑶山，将一群"犁海"的战友和"绣山"的人们刻画得栩栩如生。尤为重要的是，贾章雄的报告文学作品还产生了很好的社会效应，例如，《军港，一座历史的丰碑》将中校队长任凤岗推向了《人民日报》等首都各大报刊；《大山之子》《飞翔在高山上的比翼鸟》《高山之巅—青松》等作品把高山森林瞭望员余锦柱推上了"全国劳模""林业英雄"和党的十八大代表的荣誉巅峰；《涌动的暖流》刻画了全国特级优秀人民警察蒋建军的光辉形象；《挺立瑶山铸警魂》描写了"全省优秀森林公安局"——江华县森林公安局民警的战斗风采。贾章雄的创作视野开阔，既写扎根瑶山的人，也写走出瑶山的人。但不管怎样写，瑶山的根脉不断，风韵不改，这是他的创作特色，也是他的成功之处。

魏佳敏，小说、散文加评论，是一个"三栖"作家。小说有中篇《河东河西》、短篇《观音宝》《瓜殇》等。散文创作的成就尤为显著，《唤醒土布》发表于国家级杂志《散文世界》，并获湖南省2012年度副刊作品好新闻奖铜奖；系列散文《童年如石》，发表于《湖南作家》，并被湖南省作协评为优秀作品，入选2002年度《湖南作家年度佳作选》一书；系列散文《故乡二题》，发表于《文学风》，其中《灯碗》一文入选《莲开潇湘》一书；系列散文《瑶家物事》《神糯》等篇目在《长沙晚报》《永州日报》文学副刊发表后，备受关注，其中《神糯》一文被评为湖南省 2011 年度副刊作品好新闻奖铜奖；散文《一河凝固的灵魂》被湖南作家网重点置顶推荐，点击率一直名列榜首；散文《巫镜》《苦心》等作品在《中国天涯论坛》文学版转载，也广有影响；其他较有影响的散文作品还有《绝香》《树精》《我的舅舅黄森》《血河》《素心小记》《年轮》《碓语》《苦心》《卧牛山》等。个人散文集《蛊钵》即将公开出版发行。2015 年，历时四年创作完成的长篇散文《怀素大师：一个醉僧的狂草人生》（又名《怀素》）荣获湖南省作协重点扶持作品，由光明日报出版社出版发行。近年来，在致力于瑶族风情题材类散文创作的同时，还努力进行瑶文化研究，并积极参与江华县一些瑶族文化书籍编撰整理，撰写过不少瑶学文化研究论文，如《永州这本书·瑶族风情卷》《论过山榜的契约精神》《灵魂史——瑶族奏铛浅评》等。2014 年，魏佳敏受邀到永州电视台《潇湘讲坛》做了两期关于瑶文化的电视讲座，目前正在与湖南科技学院的瑶文化研究所合作进行瑶文化相关课题的研究，其中关于"瑶族花文化"的研究课题正在研究当中，该课题的结题成果已结集为一部专著，正在联系出版社公开出版。

上述几位作家，陈永祥、贾章雄出生于 20 世纪 60 年代，魏佳敏出生于 70 年代，就作家的创作年龄而言，正是年富力强的创作旺盛期，只要沉下心来，沿着现在的创作路子扎扎实实地走下去，相信在不远的将来定会有名篇佳作问世，"叶蔚林文学"一定会再创辉煌。

叶蔚林的创作成就主要是在小说领域，江华本土作家的文学创作则扩展到了诗歌、散文、报告文学等领域，可以说是全面开花，而且是颇有成效。这是江华本土作家对"叶蔚林文学"的拓展，也是"后叶蔚林文学"的创作特色。有继承也有创造，这才是"后叶蔚林文学"赖以存在的依据并得以发展的前提。期待江华的本土作家沿着这样的创作路子扎扎实实地走下去，创造属于自己的更大辉煌。

二、诗夺"骏马"

黄爱平（1962— ），永州江华人，瑶族，曾担任永州市文联主席，中国作家协会会员。先后在《湖南文学》《女青年》《小溪流》《诗人》等刊物发表新诗数百首。出版诗集《边缘之水》《黄爱平诗选》。代表作为《宁静的上午·苍茫时分》(《湖南文学》1988年8期)、《归途》(选入《湖南新时期十年优秀作品选·诗歌卷》)。2008年11月，全国第九届少数民族文学创作"骏马奖"(2005—2007)评奖结果揭晓，《黄爱平诗选》榜上有名。他是湖南省唯一的获奖者，这也是永州市到目前为止获得的最高文学奖项。本届"骏马奖"评选历时7个月，通过各省、自治区、直辖市的推荐，共有来自全国45个民族的320部作品参加评选。经过专家、评委的初评和终评，《黄爱平诗选》最终胜出，并在诗歌类中排名第一。

这里不妨来看一看《黄爱平诗选》中的部分篇章，以了解他的创作特色。

黄爱平诗歌最突出的特点就是写故土之情，因为他认为自己就是《大地之子》：

> 这空旷的世界只有你一人
> 就像一棵树一只鸟
> 父母哪里去了？村庄哪里去了？一团团雾从天边涌来
> 你睁着一双不眠的眼睛
> 在深夜熠熠发光 [1]

诗人黄爱平也是一个探索者，探索者总是孤独的，因为他比别人走得更远更偏僻，人群熙来攘往的地方自然留不下探索者的足迹，就像当年的屈原，一生的求索换来了一生的孤独，在找不到知音、找不到出路的情况下，只好怀石自沉。屈原是在求索中提前结束了自己的生命，也是在求索中使自己的生命获得了永生。

当然，黄爱平绝不能与屈原相提并论，他远比屈原幸运，因为他的身后，有着"大瑶山"这个坚强的后盾：

> 瑶山命运参差。在思想和深度中

---

[1] 黄爱平.黄爱平诗选[M].北京:作家出版社,2006.以下引文仅注明篇目页码。

我站着,无限世界一颗小小的石子

……　……

一再珍惜的东西也一再浪费

石头和树根,总是在扶起

一个瑶乡诗人倒下的内心

(《大瑶山》,第 19 页)

　　在这里,诗人自觉地把自己化作了瑶山世界的"一颗小小石子",与瑶山同呼吸、共命运;正因为有了这种自觉,诗人的思想才有了依据,诗人的灵魂才有了归宿。诗人的"内心"虽然一次次被孤独和寂寞所拖垮,但又一次次被"石头和树根"所扶起——"石头和树根"作为大瑶山的坚强和深邃,不仅让诗人找到了继续探索的勇气,更找到了继续探索的意义。大瑶山这一方小小的天地,自然不如屈原所要"上下求索"的天地宽广,但它真切、实在,给了诗人一种沉重的压力:

青山一动不动,只有故乡

与故乡在叠加,树与树在叠加

草与草在叠加,在微睡中成熟

连同表盘上的指针

耐心地计算着黄昏和黑暗的荒芜

(《大瑶山》,第 19 页)

　　故乡在诗人心里本就是一份沉重,"叠加的故乡"自然是一份加倍的沉重,在这种加倍沉重的压力下,诗人深感到时间的紧迫性,深感到"荒芜"了太多的"黄昏和黑暗",于是要奋起直追:

猎人般冲出木屋,竹排般冲入峡谷

你会听出其中的会意、自由的狂欢

甚至只是为了获得猛坠虚空的平衡

为了减轻命运的神秘

(《大瑶山》,第 19 页)

"成熟"之后的诗人自然能够明白：他的奋起直追，他的执着探索，未必会给大瑶山带来真正的实惠，也未必能够找到自己想要找到的东西，但他仍然要坚持探索不止，哪怕是蹈入虚空落入深谷被摔得粉身碎骨，也能求得瞬间的平衡和"自由的狂欢"。这倒不是诗人喜欢冒险，更不是"过把瘾就死"的浅薄和堕落，而是他与大瑶山紧密相连的命运之神，将他推上了"潜入土地"到"黑暗"中去"探索"的不归路，这一股"神秘"的力量，就是他那"斩不断，理还乱"的悠悠故土情，这就是诗人在《春天的虫子》一诗中所说的：

　　我的这一点点土地
　　隐藏的根子
　　充满一个孤独者永恒的深情

（《春天的虫子》，第 4 页）

有了这种"永恒的深情"，作为诗人及其诗作也就有了存在的价值，因为诗的本质就在于情，它是为情而生、因情而存、携情而传的；但诗人的探索，绝不仅仅是这种永恒深情的抒发，他还有着更深的追寻：

　　我寻找碎片时，试图黏合历史
　　使酒壶重新在月光下放光
　　…… ……
　　瑶乡的酒壶装着瑶乡的酒
　　装着瑶乡血脉的姿态
　　像一个朴拙敦厚的盘王
　　令人感念。我点燃桐油灯
　　坐好，再把酒，慢慢地
　　倒出来……

（《瑶乡酒壶》，第 17 页）

一把破碎的酒壶，"我"不仅将它"黏合"了起来，还用它装上了瑶山的酒。这酒壶当然不是普通的酒壶,而是瑶乡的历史;酒也不是普通的酒,而是瑶乡的血脉。很显然,诗人要连通瑶乡的历史和现实,因而那"慢慢地倒出来"的不是酒,而是那古老的盘王曾有的"朴拙敦厚"的"血脉"。这"血脉",或许就是诗人在市场经济背景下为当今的人们所找到的一剂救治坑蒙拐骗假冒伪劣的良药——诚如是,诗人的探索也就有了真正的收获。这种收获,也使黄爱平的诗歌创作,带有了"后叶蔚林文学"的特质。

三、小说"桃源"

陈茂智(1978—),永州江华人,瑶族,江华县作协主席,中国作家协会会员。青少年时代生活在大山深处,对大瑶山的生活有很真实的反映。他的作品大多刊发在《民族文学》《湖南文学》《百花园》《都市小说》《佛山文学》《戏剧春秋》等大型纯文学刊物上,共计300余篇。有作品入选《黄冈语文读本·高三语文》教材等多种选本,曾获"首届永州市文艺奖""2001—2003年度全国小小说优秀作品奖"等奖项。出版有中短篇小说集《静静的大瑶河》、长篇小说《归隐者》。长篇小说《金窝窝 银窝窝》被列入湖南省作家协会2015年重点扶持作品,已由九州出版社出版发行。

就小说创作而言,与"叶蔚林文学"本质特征最为接近的代表性作品,应该是陈茂智的《归隐者》,或者说,这部作品称得上是"后叶蔚林文学"的代表作。

陈茂智可以说是一位年轻的"老作家",1987年,10岁不到的陈茂智,就已开始了文学创作。2012年,长篇小说《归隐者》由人民文学出版社出版。2013年11月18日,《文艺报》、湖南省文艺评论家协会、《创作与评论》杂志社、永州市文艺评论家协会联合举办"瑶族作家陈茂智长篇小说《归隐者》研讨会",取得良好反响。2013年《归隐者》还获得了"四个永州"优秀成果展奖。

陈茂智以江华瑶山为背景创作的长篇小说《归隐者》，给人恍若隔世之感：在作者的笔下，这个名叫香草溪的地方，没有公路，没有电网，没有电话，更没有电视、电脑……现代社会最普及、最常见的基本设施，均与这里无缘；这里拥有的是现代社会再也无缘见到的狂欢式祭祀、神奇的针灸、神异的坐化、漂行的木排和半耕半猎的生活方式，一句话，这里似乎仍然停留在"宇宙洪荒"的时代。

作者之所以要将环境写得如此"洪荒"，其目的是要写一部让人"心静的书""劝人向善的书"（《归隐者·后记》）。在作者看来，"人类目前最大的问题，不是急着要寻找一个活命的地方，而是每个人都需要有一个安放灵魂的家园"，"我不知道，香草溪可不可以？""如果可以，地球上还会有几个香草溪？"（《归隐者·后记》）当然，这个家园之所以能够"安放灵魂"，必定有一个适宜的"软环境"和"硬环境"，那么它就不只是一个虚拟的精神家园，而必须是精神与物质结合的温馨家园，于是，陈茂智的笔下就有了山清水秀、民风淳朴的香草溪。

与西方人的思维习惯不同，中国人的理想是回归过去。作者之所以要把香草溪描述得如此封闭落后，就因为只有这种地方才能寄寓作者的生活理想，才可能有作者所希望的理想状态——这就是中国文人的千古桃源梦。1600年前，陶渊明在《桃花源诗并记》中所描述的理想家园，也是一个封闭落后的地方：从时间上说，这里的人们"乃不知有汉，无论魏晋"，与外面世界相比已经迟缓了数百年；从生活方式看是"俎豆犹古法，衣裳无新制""草荣知节和，木衰知风厉。虽无纪历志，四时自岁成"，其"科技"水平与外面的世界自然也相差了一大截；其生活状态则是"黄发垂髫，并怡然自乐"，与外面的世界"淳薄既异源，旋复还幽蔽"，民风的淳朴与浅薄已是截然对立，为了保证桃花源免遭污染，只有让它重新幽蔽起来。也正因为这种幽蔽，才使得陶渊明有了"愿言蹑轻风，高举寻吾契"的追求，因为这里是文人高士的世界，而不是普通人的世界。

如果要再往前追溯，则需要回到四千多年前——中国人念念不忘的太平盛世：正处于原始社会与阶级社会转型时期的尧舜时代，亦即"货恶其弃于地，不必藏于己"的"天下为公"的平均分配时代——这就是影响中国数千年的"大同梦"。

"大同梦"影响了中国数千年，在文人的笔下还在不断地翻新花样，在老庄的笔下是"小国寡民",在陶渊明的笔下是"桃花源",到了陈茂智的笔下则化成了"香草溪"。

作者陈茂智本是瑶族,是大瑶山中的人,对瑶族祖先和大瑶山有着特殊的感情,作者借作品中的人物灵芝的口说:"我很敬佩我们的祖先,把我们带到这山里来,他们是最伟大、最高贵的。那个时候,他们就晓得远离繁华,来到这个桃花源一样的香草溪"①;香草溪之所以好,除山好水好的自然环境之外,最根本的东西就是人心好:"卢阿婆感慨道,活了这把岁数,在香草溪看了几代人,香草溪寨子里就一样好,人心不歹毒"(第215页)。这也就是作者给现代人所要寻找的精神家园。

香草溪的人心好,首先就是对人的真心和热情。作品中的主人公程似锦"被病痛折磨得已失去了活下去的信心和勇气",意欲"寻找一个能让我安静离去的地方"(第2页),他溯江而上来到了香草溪,冷不丁却被一条脱毛老狗咬了。这一咬,不仅改变了程似锦的生命和命运,也见证了香草溪人的纯朴和热忱。

"'出事了!出事了!一个外乡客被狗咬了!'消息通过人们、狗们很快传遍了香草溪一个接一个的寨子"(第5页)。在天下熙熙皆为利来、天下攘攘皆为利往的现代世界,成天只见人来人往、车水马龙,即便如"小悦悦"一样被车撞倒在地急需救助,也没有人关心地伸出援手,更何况只是被狗咬了,在城市里路人见了恐怕连驻足观望一下的兴趣都没有。香草溪却因"一个外乡客被狗咬了"的小事件,将人们从冬天的床上全都惊醒了出来:"男人女人忙乱地系着裤子扣着衣扣"——小说开篇的这一描写,确实让读者大感意外。作者的这一开头,给作品定下了两个基调:其一,这是一个宁静的世界,极少出现惊人的事件;其二,这是一个淳朴的世界,真诚地关切他人的生命。接下来的描写,就是香草溪人对这个素昧平生的外乡人的全力救助,不仅治好了他的病,还拯救了他的灵魂。

程似锦被疯狗咬了,本是重病缠身的他已是奄奄一息,邓百顺将他背回家,很快便狂犬病发作,他自己本不打算再活下去,大叫着"杀了我吧"(第13页),香草溪的人却一门心思要救活他。为了给他治病,邓百顺安排

---

① 陈茂智.归隐者[M].北京:人民文学出版社,2012:207.以下引文仅注明页码。

地狗摸黑出发去溪头李家请卢阿婆回来；卢阿婆听说有人被狗咬了，连夜上山，"捏了把电筒就出门采药，她说现在很多药草都还没长出叶子来，只有用根子和皮子了，寻起来麻烦，锤起来也费劲"（第17页），尽管如此，她不仅上山采了药，还连夜赶回了家，敷药与灌药双管齐下，才救下程似锦的一条命。一个七十多岁的老人，为了给一个外乡人治病，忙活了一个通宵，而且这个外乡人看来与她毫不相干，她完全可以等到第二天才回来给他治病，因为她知道狂犬病"即使发了病，只要不超过一个对时（24小时）敷药，就不会有事的"（第17页），但她还是要连夜赶回，在她看来，"外乡人来了香草溪就是香草溪人，在香草溪被狗咬死，那还不丢了她卢阿婆的脸面"（第17页）。她的想法和做法，看起来是那样的质朴而自然，但却契合了东、西方哲学对人性真谛的认识：中国古人说，四海之内皆兄弟；西方古人说，人生来是平等的；佛教祖师说，普度众生。同时，她的行为还诠释了作为医生的职责和荣誉。

作为医生的职责，她对外面的世界假药盛行更是深恶痛绝，一门心思要为打击假药尽心竭力："卢阿婆说，本来不想再采药卖了，看来还得要去采。别人卖的不是真药，我卖的总是真药；别的地方出的是假药，香草溪出的总不是假药。冲这一点，她还要去采药，让别人看看，真药到底是什么样子的。"（第85页）

与外面世界的"假"形成鲜明对比的是香草溪的"真"："说到造假的事，百顺说，这年头没有不假的东西，城里那些女人连身上的奶啵都是用硅胶做的，这世道怎么得了？还是香草溪人好，吃的都是土里长出来的，身上也是实打实没一样是假的"（第185页）。这种"真"，最为关键的就在于质朴自然："这餐饭尽管简单，简单得有点原始，但大家都吃得特别香。庆富还拿出了一壶酒，他们每人一口，喝得咂嘴咋舌，喝得津津有味。盖草说，这样的日子，才是神仙一样的日子，才是天不管地不收的生活"（第106页）。这是盖草他们漂行在木排上的一餐饭，正因为"简单"而"原始"，所以才更显得真实而自然，"道法自然"——自然而然，这才是道家所追求的最高境界，所以盖草说这是"神仙一样的日子"。

真实自然当然也不是非要回到原始时代，更为重要的是现代人应该树立的一种生活态度："盖草说，明蝉这女人，她是把戏当生活了。她就以为，她这一辈子就是为了唱戏而生的；可她那男人，却把生活当演戏，就这样一路演下去，一路都是不同的角色，都赢得了满堂彩。"（第149页）明蝉"把戏当生活"，这也是一种真实自然。说到底，现代人的一切职业都是为了养家活命，不管是把它当作谋生的手段还是当作生命的一部分，都体现为一种生活方式。因此，"把戏当生活"，也就是回归职业的原始本义，也是"道法自然"。相反，明蝉的丈夫"把生活当演戏"，不仅背离了生活的真实，也背离了职业的本义；而这，又恰好是现代人的通病。

香草溪与外面世界的最大不同，恐怕还是对钱的态度："这年头，除了香草溪的人，怕是难得有不爱钱的人了！"（第145页）当程似锦说由他个人出钱帮香草溪修路，香草溪人居然不答应，因为他们不愿意多麻烦别人："吴副局长一直说要留他们，招待所的房间都叫人安排好了。庆富和百顺商量了，没有答应下来。他们心里有一个原则：麻烦人家的事尽可能少，得别人的好处尽可能少。"（第180页）这其实也是一种真实自然的生活态度：生命是自己的，生活也是自己的，靠自己的努力维持生命、改善生活，这才是真实自然的人生。

作者既然立意要给现代人找到一方精神家园，桃源之梦当然就不能断绝。但作者也意识到了，仅靠自然环境的封闭恐怕是无济于事的，最重要的是要解决人类心灵的问题："卢阿婆叹气道，这个世界有灾难，灾难怎么来的？与浊恶有关。浊是浊气怨气，恶是恶念恶行。天地间浊气怨气重了，人世间做的恶多了，灾难自然就来了。人人行善，无私心无恶念无贪欲，五脏六腑就干净；人人干净，天地也就干净。"（第275页）但按照史蒂芬·霍金的说法，"自私、贪婪"是人类基因中携带的遗传密码，或者说是人类天生就有的"恶念恶行"，那么，又如何才能做到"人人干净"呢？因此，与其说作者是要给现代人寻找一方精神家园，不如说是给现代人提出了一个如何进行精神救赎的问题。或许可以这样说，现成的精神家园恐怕是没有的，它只能存在于人类自我救赎的过程中。

陈茂智创作的出发点是理想化的，但在创作的过程中，却严格遵循了表现生活真实的创作规律。通过生活真实的描写来表现作家的创作理想，这正是"叶蔚林文学"的本质特征所在，陈茂智不管是有意或无意，叶蔚林的影响总是蕴含其中的。

四、叶蔚林论

(一) 人生历程与文学创作的 "第二步"

叶蔚林 (1933—2006),广东惠阳人。1950 年毕业于广东省惠州市第一中学。后参加中国人民解放军,历任团宣传干事、俱乐部主任、湖南省歌舞团创作员、湖南省文化厅创作员及艺术处处长,湖南省作家协会副主席,海南省文联副主席,海南省作家协会主席,国家一级作家。

叶蔚林在江华瑶山的特殊经历和其作品的留存,已成为当代瑶族文化形态和内容的重要组成部分。1978 年之后,叶蔚林所出版的作品有:《过山谣》(散文、小说集,湖南人民出版社 1979 年版)、《蓝蓝的木兰溪》(短篇小说集,广东人民出版社 1980 年版)、《在没有航标的河流上》(中篇小说,百花文艺出版社 1981 年版)、《白狐》(中篇小说,湖南人民出版社 1982 年版)、《五个女子和一根绳子》(中、短篇小说集,作家出版社 1986 年版)、《酒殇》(中篇小说集,湖南文艺出版社 1987 年版)、《初别》(小说集,中原农民出版社 1987 年版)、《割草的小梅》(中短篇小说集,作家出版社 2000 年版)、《中国当代作家选集·叶蔚林卷》(人民文学出版社 2002 年版)。2012 年,江华整理出版了《叶蔚林作品全集》(上下卷,湖南人民出版社 2012 年版),计 950 千字。此外,1978 年以前出版了《海滨散记》(散文、小说集,广东人民出版社 1958 年版)、《边疆潜伏哨》(散文、小说集,上海文艺出版社 1959 年版),还有散文集《湘西游记》(云南人民出版社 2002 年版)。最有影响的是获得全国大奖的两个作品:《蓝蓝的木兰溪》,1979 年获全国优秀短篇小说奖;《在没有航标的河流上》,1980 年获全国优秀中篇小说一等奖。

叶蔚林 1950 年参加中国人民解放军海军,在部队的时候,开始了自己的文学创作之路。一开始,他的创作基本上是以描写他的海军军旅生活为主,创作了《海滨散记》《边疆潜伏哨》《英雄港的主人》《布谷鸟》等系列作品,社会影响力不大。正如他自己对自己的早期作品的评价："现在回过头看，那时写的东西是很毛糙的，不过也洋溢着生活气息。"① 著名评论家雷达把叶蔚林这段时间的创作称之为"布谷鸟时期"，也就是作家自己所说的"第一步"。

1960年，叶蔚林从部队转业到湖南省民间歌舞团担任创作员，在此期间创作了大量的歌词，影响较大的有《挑担茶叶上北京》《洞庭鱼米乡》等。尤其是《挑担茶叶上北京》，在20世纪60年代广为流传，影响很大。

在"文化大革命"期间，叶蔚林的创作被迫中断，下放到永州市江华瑶族自治县。在此期间，虽然他没有进行创作，但是在瑶山里的那段日子，丰富了他的见闻，为他的艺术创作插上了魔幻的翅膀，帮助他跨出了文学创作中的"第二步"。

1976年，在经历了12年的劳作后，叶蔚林从零陵地区文化局调回省会长沙，又继续进行他的文学创作，但是此时他的作品被染上了浓郁的瑶族色彩，充满着瑶族风情。每一篇作品都在向我们展示着他生活了十年的瑶族大山的风土人情、自然风貌。在当时，文坛涌现出了一大批寻根小说家，叶蔚林是其中的一个代表。

他陆续发表了一系列以湖南南部瑶族地区菇母山的风土人情为背景，瑶族文化浓郁，风格独特，语言优美，意境清新，具有浓厚湘南地域色彩的中短篇小说，如1979年创作的短篇小说《蓝蓝的木兰溪》获得全国优秀短篇小说奖，1980年发表在《芙蓉》杂志上的中篇小说《在没有航标的河流上》，获得全国优秀中篇小说一等奖。《在没有航标的河流上》，于1983年被西安电影制片厂搬上银幕，该片1984年获得文化部优秀影片二等奖和美国第四届夏威夷国际电影节东西方中心奖——伊斯曼柯达奖。

也就是在这一时期，在经过二十余年漫长岁月生活的曲折和创作的困窘后，叶蔚林迈出了他文学道路上的"第二步"。这诚如他自己所回忆的："在文学的道路上，我的步伐是多么迟缓啊！第一步和第二步之间，我几乎整整费了二十年！"② 然而，漫长的生活锻炼了他，他也正是从自己的命运

---

① 叶蔚林.给《语文教学通讯》编辑部的信[J].语文教学通讯,1980,(5):25—27.
② 叶蔚林.白狐,第一步和第二步之间[M].长沙:湖南人民出版社,1982.

遭遇中，更深入地思考生活，探究生活的真谛，获取艺术的源泉。

在引起文坛的重视后，他便一发而不可收，相继写出了《白狐》《菇母山风情》《大海知道他》《遍地月光》《九嶷传说》等十余个有分量的中篇和短篇。这些优秀的作品，都是描写永州江华瑶族的生活的，具有非常浓郁的瑶族特色。

纵观叶蔚林迈出"第二步"之后的作品，就题材而言，不难发现其中一条未断的线，即对瑶族文化的书写。在叶蔚林一系列引人注目的"寻根小说"以及他的得奖小说《蓝蓝的木兰溪》《在没有航标的河流上》中可以发现，被叶蔚林概括为"奇丽、神秘、原生、自由"的瑶族文化，浸透在叶蔚林的作品中。瑶族文化使叶蔚林的小说摇曳多姿，得到了广泛的喜爱，同时叶蔚林用他的笔挖掘出深藏在民间的瑶族文化并把它与现代文明相结合，从而使得瑶族文化得到保留和重视，进而扩大了瑶族文化的影响力。

1988年，海南建省，叶蔚林调到海南省，任文联副主席、作家协会主席。在海南，叶蔚林也没有停止创作，出版了《割草的小梅》等中短篇小说，发表了带着山野草香及怀旧韵味的散文——《山路》《天眼》《嘱咐》等被作家本人统称为"山中笔记"的系列作品。

2006年12月，叶蔚林在海口因病逝世，享年71岁。文学界失去了一位大师级人物。

（二）瑶山风情与质朴人生的展现

叶蔚林提道："文艺作品的主题思想给人的印象深刻与否，除了要有高度的概括性、尖锐性之外，形象的独特性也是极其重要的。"① 创作要"具有独特性"，要塑造"人物的独特形象"。因此，他创造出了盘老五这样一个粗鲁、任性，偶尔显得粗鄙，却又内心善良、体贴同伴的独特形象。他用盘老五这个成功的艺术形象回答了社会主义在发展中的坎坷以及如何锻炼了一代新人的问题，同时也回答了十年动乱有没有造就社会主义新人的社会基础的问题。十年动乱，现实是那样残酷，环境是那样恶劣，而以盘

---

① 叶蔚林.叶蔚林作品全集(上卷)[M].长沙:湖南人民出版社,2012:58.

老五为代表的一批瑶家人的美好人性，却没有被泯灭、被消亡。他们把这种美好人性深藏在自己的心灵深处，别看盘老五们说话粗声粗气，举动有点粗野，但这是瑶族人民所共有的热情、真实、质朴的性情。盘老五从解放前 15 岁时就成为放排人，饱尝"天做帐，水做床"的生活艰辛，散排之后，不仅受到死神的威胁，还要借"磨盘债"以赔偿散失的木排。民族解放已近三十年，按理说他应该有一个舒适的晚年，但他照样生活在风口浪尖，常年蚊虫叮咬、风吹雨淋，成不了家的寂寞与孤苦，使他过着一种无比沧桑的穷困生活。

但是，每当风和日丽之时，他会从木排跳入潇水，享受着河水的缠绵、快乐和自由。为了石牯的爱情，他冒险救改改；为了穷兄弟的幸福，他忍痛让出自己的爱情；为了帮助受苦人，他把自己仅有的一点钱掏出来；为了把活的希望留给别人，在浊浪排空，将有排散人亡的危急关头，他还想到改改在等着石牯，"不能有个闪失"……他宁可叫别人跳水脱险，而自己"仍然死命抓住排梢朝左边扳，力图挽救危局"。盘老五说："我老了，孤身一个人，无牵无挂的……"①一个粗犷而固执的人，从心底里吐出这些话，是多么动人肺腑啊！当石牯感动地说出"盘大叔，你总是想着别人，关心别人……"的时候，他意味深长地说："不想点别人的事，心里就空得难受；再说，如果人人互不关心，那还成什么世界？活着是多么乏味呀！"这又是多么纯洁善良、晶莹透彻的心灵！它与本质淳朴、美姿天然的绿色河流相映成趣，展现了一幅和谐优美的风情画。在"抗洪"一节，作者更是把盘老五的形象推向了高大完美。在这一节里，盘老五身上更加鲜明地体现出劳动人民身上那种慷慨豁达，舍己为人的高尚情操和品格；更加透彻地呈现出瑶族人民身上那种相互同情、互助互爱的崇高心灵和美德。盘老五很有独特的个性，很有丰富而复杂的情感，也很有一些弱点和缺点。他不是一个理想化的英雄，而是一个实实在在、有血有肉、真实可信的普通人，惟其如此，盘老五的形象才是那样的生动感人。叶蔚林认为："在实际生活中，农村里面的人物突出的优点往往伴随着突出的弱点。这个人如果舍得干，就有一点粗暴；埋头苦干的话，又三棒子打不出个屁"；在他

---

① 叶蔚林.叶蔚林作品全集（上卷）[M].长沙:湖南人民出版社,2012:58.

看来，一方面，"新人不是没有缺点的完人"，另一方面，"新人总要在某一方面、某一点上站在时代潮流的前沿，在某个具体问题上，或者在某项具体工作中，展示出他的新思想、新作风、新的精神面貌"①。对盘老五形象的创造，可以说是这一理论的实践。

在《五个女子和一根绳子》中，讲述了在某处偏远的农村里，这里女人的社会地位极其低下，不仅不能自主婚嫁，吃饭不能上桌，而且白天被丈夫打骂，晚上由着丈夫骑，如果与别的男人偷情，还会被活埋。于是在未出嫁的女子心中，萌生了一个愿望——"逛花园"。在"花园"里，女子吃得好，穿得好，生孩子不痛苦，不喜欢的男人随时可以换掉，女人的地位远远高于男人。并且"逛花园"必须选在重阳节，因为在当地人的观念中，认为这一天是最接近仙界的日子。于是，几个相好的女子约在一起，集体上吊自杀。五个天真无邪的少女，为了反抗封建的压迫，为了表达对社会的不满，为了捍卫女子的尊严，同时又为了追求美好生活的理想"花园"，果断做出了自己的选择。虽然这些女子最终有没有去到"花园"里没有人能够知道，但是她们一起讴歌了一曲反封建摆脱现实命运的悲壮之歌。在现实的农村，女孩子生下来就受到歧视，被认为是"赔钱货"，因为不能为自家"传宗接代"、劳动力不强等因素，甚至被溺死的行为也并不罕见，这导致五个女子对死亡竟然无比向往。一件悲惨至极的事情，却被美化为游"花园"，被当成高雅高尚的事情，实在是可悲可叹。文中一些封建场景的描述也是还原借鉴了瑶族农村的传统风俗。例如装神弄鬼的十八仙姑，身为一个寡妇，不能进洞房、产房；再嫁时要乘黑轿，要在出嫁的路上留一双旧鞋，以避免死去的丈夫跟着她。桂娟姐姐生产时，家人因惧怕血盆鬼，要大唱驱鬼的歌，以保佑母子平安。而"逛花园"本身就是从一个民间传说演化而来，在五个看不到美好未来的女子眼中，成为最后的一根救命稻草，而这根稻草最后也要了她们的命，何其悲哀，也何其真实。她们的想法和做法，虽然愚昧但也质朴。

在《菇母山风情》中，那个有点浑浑噩噩的李大树，由于贫穷、饥饿以及接二连三的打击，素来纯正的他竟然起了肮脏的心思，打起队里苞谷的

---

① 叶蔚林.答《作家谈创作》的编者问[J].花城,1983.

主意来。马克思说："人的本质并不是单个人所固有的抽象物。在其现实性上，它是一切社会关系的总和。"艺术中性格的美、深度与容量，正来源于人的这种现实性。也就是说，盘老五与李大树的生活习性与复杂性格的形成，是有其复杂的现实缘由的，比如"穷"与"饥饿"。既然要忠于现实，作者就不能回避。叶蔚林通过自己的慧眼看到了阴暗之下的金子的发光，他通过独特的社会关系发觉了人物性格的独特性与丰富性。于是，他饱蘸激情，对这些像火柴般燃烧且贫困一生的芸芸众生发出了无限感慨，又特别着力地描绘了他们如潇水般的坦荡胸怀与纯洁心灵。盘老五与李大树让读者过目难忘，这一印象不是架空的，而是产生于他们艰难拼搏中的生活环境。丑生于斯，美也生于斯。李大树由于饥饿而上山偷苞谷，恰好遇上了阿九公公为烧蜂所引起的火灾。于是，原本纯正纯粹的他与烈火进行了生死的搏斗，最后用自己的生命换来了青青的森林。盘老五由于贫困与环境所致，他变得不那么"文明"，但是山里人忠厚善良的本性，让他在狂风肆虐、暴雨如注的时候，毅然担当起掌桡的责任。明明知道随时都有被石头撞死的危险，但他坚决不让年轻的石牯与赵良掌桡。盘老五和李大树就是这样的人，没有好看的外表和华丽的言辞，然而他们内心有光明圣洁的火焰。为了抗击大自然的肆虐，为了他人的幸福，可以忍辱负重，舍生忘死。这些形象的核心是人们的道德、伦理和创造力所能达到的最高境界——牺牲精神。从他们身上，我们可以看到古老瑶族所固有的善良、纯朴、诚挚和无私的品德。文学应该有"美"与"刺"的作用。可贵的是，叶蔚林在刺讽丑陋的生活时，并没有陶醉在阴暗之中，他善于从暂时阴暗的迷雾里洞见光明的火把，善于从往日痛苦的伤痕中看到健康的肌肤。历史沿袭的暗处，我们往往能够窥见传统的美德。

与返璞归真相联系的，是表现瑶山的人性人情之美。叶蔚林是一个具有浓厚人文情怀和人道主义倾向的作家。他在《思想境界及其他》中说："我倾全力去讴歌山区人民的美好心灵，讴歌大自然的美，我获得了诗意。"[1] 叶蔚林的人文关怀和人道主义的思考主要体现在笔下一系列人物的行为方式中。他笔下的瑶族山区人物全是好人，看似粗鄙，荒诞不经，为所欲为，

---

[1] 彭华生.新时期作家谈创作[M].北京:人民文学出版社,1983:490.

自然率性，却都具有一颗金子般的心，与生俱来有一种成人之美和守约信义的品格。你来了他们欢迎你，你走了他们还长久记住你。在他们看来人是生而平等的，没有好坏之分。这就是他们判断人的价值尺度，简单而又可贵，是钟灵毓秀的瑶族山区赋予他们的文化内涵和价值判断。盘老五是个十分丰满而又独特的人物形象，叶蔚林在他身上寄托了自己对爱与美的思考，既着力表现他几近于自然状态的人性和原始的生命力量，又努力去描写一个瑶族人民所具有的高贵品质和非凡意志力。盘老五和他的放排工几乎不受道德礼仪规范的约束，他们遵循自然的法则，本着内心的感受快乐地活着。热了，就脱去汗衫，脱掉短裤，赤条条地立在排边，面对河岸，故意引起岸上妇女们的注意，然后在妇女们的骂声和放牛孩子的追逐中跳进河中快意地纳凉。渴了就喝酒，兴致来了就斗酒，大碗大碗地喝，醉了就嘿嘿直笑，边哭边骂人，疯疯癫癫朝水里跳。盘老五和他的放排工在寂寞单调的排上酗酒、斗殴、耍恶作剧，但这并不影响他们人性美的一面。也正是这些普通的劳动群众最懂得人的价值，敢于维护人的尊严。当原来的老区长徐鸣鹤，因为带病踩打谷机，"一头栽在打谷机上，血从嘴巴里涌出来"①，生命处于垂危状态时，是盘老五、石牯、赵良他们一起把老徐送到前不着村后不着店，相对安全，以打鱼为生的魏老头那里保护起来。石牯的恋人改改出现在河边的荒滩上，盘老五比谁都兴奋，完全忘掉了同石牯的冲突，也不怕惹不起抢夺改改的男人。他主动将排靠岸，把改改接到排上，一手拉着改改，一手拉着石牯，将他们送进蓬里，还正气凛然地说改改的出嫁"那是强迫的，不作数！""男有情，女有义，相见不容易，咱们要成全他们！"在木排遭遇险情，随时都有可能排毁人亡，放排人面临生与死的考验时，盘老五不顾自己年事已高，首先考虑到的是赵良有七个小孩需要他照顾，而石牯有改改在等着，自己则是孤身一人，无牵无挂，从而固执地掌排，把生的机会留给同伴，从容地面对死神的挑战，用生命诠释着什么是人情美、人性美。

瑶族是个山地民族，秉承的是山地文化，其核心是率真、质朴、单纯，尊重生命，是一种生命文化，这种文化模式的价值理念在叶蔚林的笔下得

---

① 叶蔚林.叶蔚林作品全集（上卷）[M].长沙:湖南人民出版社,2012:26.

到了充分体现。《白狐》里的钟菌儿是位让人眼前一亮的人物,她不仅心如甘泉,更重要的是对生活充满了热情、激情与想象,其身上蕴含着超强的生命力。她进城看到赵来宾被红卫兵悬空吊起,想都没想,就尖声叫道:"把他放下来。"她用自己精准的枪法,击断木杆上的粗绳子,救下赵来宾。当被追她的人逼得没办法进行抵抗还击时,她本来可以轻易地打死追她的人,但在要扣动扳机的瞬间,她忽然想起了那是活人,活人是不能随便打死的。于是她将枪口一抬,子弹飞出,那人的帽子就像是被一阵急风"刮掉"了。只有至善至美之人,才会将欲置自己于死地的人轻轻松松地放生。打白狐一个"对眼穿"是钟菌儿的神圣使命,是她的全部生存意义之所在,是钟家两代人许下的比山还重的愿,钟家两代人为此付出太多了。钟河山,一个冷峻坚韧的猎人,他的英雄肝胆付水流,因没能实现打白狐的诺言而抱憾半生,他把践诺的希望托付给了女儿。菌儿为了实现父亲的"白狐梦",经历了近乎野蛮的"淬火",立下血誓,抛弃了爱情,独自一人过上了原始人的生活。当打白狐一个"对眼穿"的机会好不容易来临,正准备引机待发时,她突然发现:今天来喝水的是一只母狐。刹那间菌儿心里一动,眼睛离开了准星,手离开了枪把。因为那是母狐,它窝里有崽。钟菌儿没接受过什么教育,她不打母狐完全是一个瑶族人善待生物、善待自然的无意识体现。这种无意识或者是潜意识中善待一切的人文关怀,渗透在每一个人物当中,像一根无形的主线或隐或显地贯穿在叶蔚林的作品中。

《菇母山风情》中的赵老全,是木兰溪的当家人。在外面开会住招待所时看到自来水从水龙头流出,就用本来想为女儿买银链子的钱,自费为乡亲们每家买了一个水龙头,为的是让乡亲们再也不用背起竹筒到溪边打水了。在阶级斗争成为一切工作的中心时,为了全村人的口粮,他冒着生命危险偷偷地抓生产。在他眼中,不管是有缺点的李大树,活钱较多的九九阿公,还是走路胸部挺起以奶子示人的汉族女教师尹隽,他们都是好人,甚至整个木兰溪没有一个坏人,都不应该斗,结果却是自己犯了包庇罪,成了被批斗的对象。他的女儿小梨香,九岁那年挑一篮鸡蛋、一篮棕片到圩上卖,她正要用卖鸡蛋和棕片的钱为自己买个铜镯子的时候,看到九九阿公因钱被偷,酒瘾发作,头上冒虚汗,脸色发白,双手发抖,就把自己的钱给了阿公买酒喝。没有人教九岁的小梨香这样做,她是自然而然的,她的善举完全是一个瑶族人善待他人的潜意识自发显现。

叶蔚林笔下的瑶族人物，放排、"赶羊"，无论是流放原木的男人，刀耕火种的女人，还是强悍勇敢的猎人，基本上没有接受过正统的学校教育，是一群没被现代文明"异化"的原居民，他们的人性之美是通过遗传逐渐潜入人的心中的，这种无意识起源于人性中某种比童年经验更为深邃的东西，是先天存在的，包含了从祖先遗传下来的生命和行为模式。叶蔚林是带着身心俱疲之躯被下放到瑶族山区接受改造的，"当时我被剥夺了工作的权利，完全是个普通的劳动者。我心情抑郁、愤懑、不平，但又渴望着自由与光明"①。"入苍则苍，入黄则黄"，他耳濡目染菇母山区人民的勤劳善良，他从内心到外表被瑶族人民健康原生态的人性融化了。

（三）文化寻根与文化命脉的接续

无疑，叶蔚林的创作也是文化寻根。他下放的江华大瑶山，属于南岭山脉，古地名称之为"苍梧"。其中的九嶷山，正是舜帝陵墓所在，这里流传着很多舜帝南巡和娥皇、女英寻夫的故事，叶蔚林以此为题材创作的作品，不仅要寻找瑶族文化之根，还要接续中华民族共同的文化命脉，中篇小说《九嶷传说》就是这样一部文化寻根的力作。该作以寻找红军女英雄的传说为明线，以娥皇、女英的传说为暗线，双线配合，不仅深刻剖析了"十年文革"浩劫所带来的深重灾难和严峻问题，更重要的是要接续中国人赖以生存的那一缕文化命脉。

1. "英雄传说"的破灭

关于红军女英雄的传说，作者是"旧话重提"，原来是写在《在没航标的河流上》这篇中篇小说里的，说的是红军长征经过九嶷山，为了突围求生，不得不把一批伤病员留下来隐藏在山洞里，并留下一对双胞胎女卫生员照顾他们。敌人搜山接近山洞时，两姐妹恰好出外寻找食物和药物回来，为了救伤病员，她们开枪引开了敌人，自己则被追杀。姐姐背着受伤的妹妹逃向另一个山头，敌人放火烧山，火光中两只小鸟冲天而起……从此，九嶷山区便多了一种很特别的"姐妹鸟"，它们总是成双成对飞翔，永不分

---

① 彭华生.新时期作家谈创作[M].北京:人民文学出版社,1983:139.

离。这个传说很美丽，化悲剧为喜剧，为的是"化悲痛为力量"，很显然是革命浪漫主义精神的体现。但作者之所以要在《九嶷传说》中对这个传说进行重新改写，其原因是收到一封读者来信，信中指出："九嶷山根本就没有什么姐妹鸟，那两位女红军并没有死在大火之中……她俩当中一个活下来了，隐姓埋名，历尽了痛苦和屈辱，最后却是死于非命。"[①] 作者把这样一封"读者来信"作为"引言"放在小说的开头，当然是为了"旧话重提"的行文方便，更重要的恐怕是为了让传说回到现实，让那一段历史真实地再现在读者面前。

《九嶷传说》就情节线索的安排来说，实际上是将古代舜帝与娥皇、女英的传说和现代两位红军女英雄的传说交织在一起，作者的这种安排，其目的自然是为了说明两种传统的中断：红军优良传统的中断和中国传统文化优良传统的中断。正因为优良传统中断了，所以才需要"接续"，正因为文化根脉失去了，所以才需要"寻根"。

我们先来看一看红军的优良传统是如何中断的，这个中断过程其实也就是作品中的"我"寻觅红军女英雄传说的破灭过程。

在"我"寻觅红军女英雄的过程中，作者似乎是刻意营造了一个相反相成的环境：大众化的正常生活中似乎一切都是不正常的，非大众化的正常生活之外反而是正常的；或者说，体制内的都是非正常的，体制外的都是正常的。

红军革命，目的就是要砸碎旧世界，建设一个新世界，在目的尚未达到，革命尚未成功之前，两位脱离红军队伍的女战士，游离于体制内的大众生活之外，这应该是正常的。因此，她们能够交往，能够得到帮助的人，一般也是体制外的。例如，妹妹的伤口能够得到救治，是因为偶然遇到了远离人群"独自在深山里伐木烧炭，日子过得劳累而寂寞"（第327页）的看林人。看林人不仅治好了妹妹的伤，还让她们的名字流传下来了："姐姐叫娥皇，妹妹叫女英"，"除了她们还会有谁呢？姐妹俩来九嶷山找舜帝爷，满山乱跑找不到，找到我头上来了"（第328页）。在看林人这个

---

① 叶蔚林.叶蔚林作品全集(上卷)[M].湖南人民出版社,2012:320.以下引文仅注明页码。

封闭的世界里，除了九嶷山传说中的舜帝和娥皇、女英，就再也没有听说过其他的有名人物，他游离于大众生活之外，对大众化的朝代和历史一无所知，那么在他的世界里，这些朝代和历史也就可以不存在，因而他一句话可以跨越数千年。这究竟是他的"无知"抑或是"先知"？

帮助过娥皇的还有外乡人长工花头以及同样是外乡人的草药郎中，但体制外的力量毕竟很有限，远不是体制内力量的对手。娥皇、女英最终在"历尽了痛苦和屈辱"之后，"死于非命"。

女英是如何"死于非命"的，其过程作品中没有交代，放排的矮老头曾见过她的尸体漂浮在潇水河上，他"动手将女尸搬到排上，这是一具完整的女尸，既无伤痕，也不肿胀腐败，肌肤似乎还有弹性"（第338页）。这说明她并不是淹死的，而是死了之后被抛尸河中。那么死之前遭受了怎样的"痛苦和屈辱"？联想到娥皇是以"婊子"的身份被大栅塘村"乡长老爷一副'满贯'赢来的"（第330页）实情，她死前的"痛苦和屈辱"也就可想而知了。

娥皇比女英活得更长久一些，经历的"痛苦和屈辱"也就更多一些。她先是经历了旧体制的"痛苦和屈辱"。她被乡长老爷带到大栅塘村以后，全村人都排斥她，所有不祥之事都怪罪到她头上；她同长工花头一起想要逃离这个是非之地，却"被乡长派人绑回来了，长工花头被打断四根肋骨，两只脚板被利刀剖开，就像剖开两条鱼。乡长老爷恼羞成怒，忍无可忍，决定将娥皇沉潭处置。人剥得一丝不挂，绑到一块门板上，四角坠上旧磨盘，然后抛进大荆河"，但因"四扇磨盘同时脱落其三"，所以她又"奇迹般活下来了"（第331页）。旧体制被打碎之后新体制建立，她本可以苦尽甘来了。然而，也仅仅是刚解放时娥皇"兴高采烈"了几天，"土改时斗她被斗得最惨，当时贫农团积极分子黑妹打她最下得手，一根碗口粗的竹杠打得开花成了刷把""土改后，娥皇就宣布改嫁花头，搬进花头的小屋去住了"（第342页），但长工出身的花头并没有成为她的保护伞，她仍然是"痛苦和屈辱"不断，一直到"扫'牛鬼蛇神'扫掉——被吊死在大栅塘村里头那棵大杨梅树上"（第328页）。旧体制的乡长老爷要将她沉潭，是她确实要与长工花头私奔；新体制的黑妹支书要将她吊死，却仅仅是因为"母女俩商量杀鸭子"（第346页）而被黑妹支书的儿子——癫子谎报军情说要"杀人"，癫子之所以要谎报军情报复母女俩，又是因为偷看女儿浅草洗澡而没有看见。一场如此血腥的杀戮——母亲被吊死、女儿被活埋，其起因是如此荒唐、如此下作，对死者而言，哪里还有半点"英勇壮烈"可言，哪里还有丁点"英雄色彩"可寻?!

尤为可怕的是，娥皇的惨死对大栅塘村的村民似乎并没有产生丝毫影响。当"我"初到大栅塘村调查红军女英雄的传说时，"尽管我有意一遍遍向村里人说起关于两位女红军，关于'姐妹鸟'的传说，但无论年老的或年轻的，全都反应冷淡，神情漠然，搞不清他们到底是听说过还是没听说过。他们之所以还有耐心听，仅仅是为了等候我分发香烟"（第330页）。或许，在村民们看来，两条生命还不如一支香烟来得有价值，红军女英雄对他们来说又有什么意义？因此，英雄传说在大栅塘村这里彻底破灭了。

2. "爱情传说"的蜕变

与英雄传说的破灭相联系的，是爱情传说的蜕变。两位女红军既然被九嶷山人认定为娥皇、女英，数千年前的娥皇、女英是为爱情而来九嶷山的，那么在当代的娥皇、女英身上，也应该寄寓着爱情传说的故事。

诚然，当代的娥皇、女英来到九嶷山，确实也曾有过一段短暂的爱情。比如女英与看林人就曾有过一夜情，虽然在女英一方也包含有感恩的成分，但在看林人一方，则是真真切切的爱情，当女英决意要离开时，"他绝望地哭出声来，顿足捶胸，拿脑壳去撞树干"（第327页），当看到娥皇再次在大栅塘村出现时，他急切地跑上去叫："女英女英，你叫我想得好苦啊!"当得知女英死去之后，他没有移情别恋，而是孤独地度过了自己的余生，应该说，他在坚守着那一份忠贞的爱情。但对女英来说，这一份爱情实在是过于短暂，短暂得可以忽略不计。

姐姐娥皇的那一段爱情更长一点，而且还有了爱情的结晶：女儿浅草。但娥皇的爱情却是畸形的，从婚姻关系说，她是乡长老爷"一胡满贯"赢回来的妾，婚姻本就很畸形，爱情更是无从谈起；她与长工花头私奔，应该是有爱情的，但"她和长工花头相好，目的就是为了让这无牵无挂的外乡人与她同行"（第331页），这就说明他们的私奔也有非爱情因素；同时，她与外乡来的草药郎中似乎也有着一份说不清道不明的感情，以至于草药郎中的弟弟也弄不清，"浅草究竟是不是我哥哥和娥皇生的女儿，如果是，浅草就该是我的亲侄女"（第343页）。在草药郎中的弟弟看来，他们三人之间，是有着共同的爱情的："她依然来看望我们，有时花头也一块来。他们三人之间好像有一种默契，不说话心里也相通似的……后来我哥哥和花头一起压死在塌方下面，挖出来的时候，两人紧紧抱成一团"（第343页）。俗话说"患难见真情"，娥皇、花头和草药郎中三个外乡人相逢于患难之时，他们之间产生了真实的友情是可以理解的，但如果是"一女侍二夫"的爱情，那就是畸形的了，甚或可以说是爱情的蜕变。

3. "文化命脉"的接续

在大栅塘村这样的地方，为什么会由着黑妹这样的恶棍胡作非为？作者的批判矛头，从浅层次看是指向政治的——是"文革"的政治失序，给黑妹"以革命名义"的胡作非为提供了现实基础；但从更深层次看，作者所要批判的则是文化的中断与畸变，并进而引发大栅塘人的生物学退化和蜕变。

本来，"大栅塘正坐落在舜源峰脚下，夹在娥皇、女英二峰的怀抱里，正处于九嶷山神话世界的中心点"（第330页），生活在这种环境中的人，受舜帝精神和娥皇、女英爱情故事的感染，应该是热情大方、富有活力和想象力并富有同情心才对，然而，"实际上大栅塘却是一个缺乏热情，丧失了好奇心和想象力的村庄"。造成这种现状的原因是什么？关键就在于大栅塘人把自己封闭起来了。

"大栅塘是个超大的村庄，二百四十几户人家，上千口人。当年建村的时候必定被四周的某种危险和阴谋所压迫，为了互相依托确保安全，于是所有的房屋高度集中，好像五指收拢握成拳头。狭窄的村巷只容一人通过……以过分的密集、紧缩创造安全感的同时，不可避免也派生封闭、固守和敏锐的排他性"（第329页）。也正因为这种"敏锐的排他性"，所以他们对外来的一切都进行抵制，当"几十年间流落到大栅塘的唯一外乡女人""娥皇来到大栅塘的第一刻起，全村便对她产生了莫名的关注、恐惧和憎恨。人们断定这妖冶的女人必定会给村子招来无穷的灾祸。仅仅由于碍着乡长老爷的面子，才隐忍不发"（第330—331页）。因此，娥皇之死绝不仅仅是黑妹一人肉欲狂欢的结果，更是大栅塘人集体无意识中排他心态的必然显现；这种显现，因为"隐忍不发"的时间越长，一旦爆发出来就会越激烈。"文革"的政治失序为这种爆发提供了机会，所以娥皇的死才那样残酷而惨烈。这种排他心态的揭示，无疑是文化层面的原因。

大栅塘的封闭、固守，还带来了生物性蜕变："大栅塘历来提倡本村男女嫁娶,迫不得已嫁娶外村男女,也力求沾亲带故……近亲繁殖的结果,使大栅塘人种明显退化。几乎没有一个男女算得上周正魁梧,鸡胸、兔唇、多指者屡见不鲜""可悲的是大栅塘人不懂得自惭形秽,反而侧目外乡男女的高大健壮、风姿绰约。我在村里多住几天和村里人相熟之后,他们就不无揶揄地对我说:'叶同志,你是哪么长起的,蠢大的一坯!'"(第329—330页)作品中的"我"自然有叶蔚林自己的影子,作者将自己化身其中,并直接出面发议论,这一是为了强化作品的真实性,给读者以身临其境之感;二是为了深化作品的主题,引发读者深入地思考:似这种环境封闭、文化中断、人性泯灭、人种退化的地方,一切外来事物均被扼杀,一切美好的事物均无法生存,他们是否还能自救?作者的这种描述,确实给人以绝望之感。

当然,让人绝望绝不是作者的本意,作者的目的还是要让人从绝望处警醒,从无望中产生希望。这种希望,首先是大栅塘村周边的清新空气,例如"南边二十里外有个牛轭岭,很大的一个瑶家山寨……那里的景致极好,那里妇女的歌唱迷人"(第332页)。尤为重要的是,妇女中歌唱得最好的七姑,还是娥皇教给她的技巧:"她说声音要从胸口深深涌出来,不要从嘴皮上浅浅吐出来,我到底悟到一些,所以后来就比姐妹们唱得好些";娥皇不仅教了她唱歌的技巧,还教了她一首红军歌曲:"一送那个红军,哎呀吱下了山,秋风那个细雨,哎呀吱缠绵绵……"(第336页)这说明,红军的精神已经在这里生根,而且与瑶族传统文化、生命文化的接续形式"坐歌堂"很好地结合了起来:"山中泉水山外流,土里竹笋连竹兜;出门不忘娘教女,点点滴滴记心头。"(第335页)在这里,泉水让山里与山外相连,竹根让竹笋与竹兜相连,"教"让娘与女相连,而那记在心头的,无疑是"点点滴滴"的文化。因此,作者之所以要从"住得闷气"的大栅塘村"荡开一笔",用一个专章来写牛轭岭的坐歌堂,其目的无非是要建一个参照平台,揭示开放心态、人性善良、文化传统等因素相互连接、相互依赖的重要性。

那么,作者的这种对比,是不是为了说明大栅塘已经无可救药?当然也不是。虽说作者的批判重点不是"文革",但"文革"无疑起了推波助澜的作用,所以政治秩序一旦恢复正常,畸变的人性也在慢慢回归:"有一天夜里我不觉踱步到村中那棵杨梅树下……我看见杨梅树下有一团橘黄色的火光，原来是一位老妇人在为亡灵焚烧纸钱"，"我的心在感到悲凉的同时也伴生一掬安慰"（第346页）。这"一掬安慰"，或许就是作者的希望所在，那"一团橘黄色的火光"，或许会成为照亮大栅塘夜空的火炬，因为它表现了对亡灵的尊重——其实质是对生命的尊重；有了这种对生命的尊重，才能从根子上救赎大栅塘。

"我凝望舜庙前那棵千年古杉——'天灯树'，果然看见树顶有绿色的幽光隐约游动。我知道这是磷光，由动物的骨质所形成的。于是我领悟到美丽的神话全是生命的消殒后升华的结晶"（第346页）。这棵"天灯树"之所以数千年传承不灭，是因为有舜帝、娥皇、女英等先辈用生命幻化出来的"磷光"养护，这也是中国文化那一缕连绵不绝的命脉所系，也是作家叶蔚林所力图要接续的。

或许也可以说，正是那一缕"生命的消殒后升华的结晶"——"磷光"的养护，中国文化的根脉才能够延续至今，潇湘文脉才能发展至今。因此，潇湘文脉不仅以舜帝的《南风歌》开篇，在其后数千年的发展过程中，舜帝精神所焕发出来的"磷光"，一直或明或暗地在引导着人们前行，而且还将继续引导下去，乃至于无穷……

后　记

　　本人的职业是从事文艺学的教学和研究，关注和研究文学现象是职业的要求使然，也是本人的兴趣所在。虽说所关注的文学现象不限于永州，但大半辈子的主要精力都放在永州地方文化和文学上。因此，本书也可以说是对本人职业生涯中文学研究的一个总结。

　　本书所谓"潇湘"，特指永州，潇水全程流淌于永州境内，在永州城北与湘水汇合，是为"潇湘"，这就是湖南"三湘"的第一"湘"。关于"三湘"之名的由来，明末清初的大学者钱邦芑曾解释说："自全州而下，汇楚南诸水，至永州府城北湘口，与潇水合流，故云'潇湘'。迤历祁阳，合桂阳诸水。过回雁峰下，至衡州城北石鼓嘴，与蒸水合，是为'蒸湘'矣。其出武陵，会长沙诸水，经湘阴入洞庭者，又曰'沅湘'，此所谓'三湘'也。今人乃以湘乡为上湘，湘潭为中湘，湘阴为下湘，是'三湘'之名，从邑而不从水，失其旨矣"（钱邦芑《潇湘考》，康熙九年《永州府志》）。关于"三湘"之名的解说，至今流传下来的不下十余种，但最流行、最权威的还是钱邦芑的说法。因此，"潇湘"的原初本义仅指湘江上游地区，主要是永州境内，后来含义泛化，也可指代湖南。

　　从原初本义出发，所谓"潇湘文脉源与流"，主要是对与永州相关的文学现象做一个粗略的梳理，其"源"肇始于舜帝南巡时演奏的《南风歌》，其"流"延续至2019年，时间跨度四千多年。但所依据的材料主要是文字材料，考古资料未纳入进来，因而相对于时间之流的历史进程来说，具有跳跃性，连续性不足。毕竟，本书不是写"永州文学史"，能够给永州的文学梳理出一个大致的轮廓，就算"大功告成"，不敢有更多的奢望。在材料的处理上，本着"厚今薄古"的原则，越接近今天越详细，以期能为后来的读者多保存一点资料。

本书既然是梳理"文脉"的源流，原不应该仅限于文学现象。在原来的计划当中，本是将文化、文学和艺术全都纳入进来的，但在书稿整理的过程中，发现其结构过于庞大，以这样一部小书难以囊括，加以本人的水平所限，对文学的评介可以得心应手，对文化和艺术的评介则显得捉襟见肘，故而不得不放弃原计划。好在对"文脉"的理解也可以是狭义的，与中国古代文、史、哲的分类相对应，仅指"文学的脉动"。

本书各章，大都是本人以前发表过的论文的整理，第一章《无限潇湘》借鉴了陈泳超先生的《潇湘入诗考》（《中国文化》2006年2期）一文，第六章《理学鼻祖》借鉴了陈弘先生主编的《潇湘文化概论》第六章《濂溪风范》（张京华执笔，现代教育出版社2016年版）。在此一并表示感谢！

尤其要表示感谢的是张泽槐先生所作的序。泽槐先生几十年来一直潜心于永州地方文化的研究和推介，不仅是一位"永州通"，还是永州文化的"活字典"，大凡有关永州的任何问题，只要请教他，不但能告诉你"是什么"，还能给你解释"为什么"。本人对永州历史文化和文学的关注，毕竟是半路出家，所以掌握得很不全面，更难说深入。这样一部涉及永州数千年文学现象的书，不经泽槐先生的法眼一过，心里还真是没底。能得到泽槐先生的肯定，心里稍安，但仍不免忐忑。毕竟，永州数千年的作家作品太多，本书所评述的是否能真正代表"潇湘文脉"？可能就会有不同看法。好在，本书只是个人观点，聊作抛砖引玉，以期能就教于方家，亦期望能得到读者朋友的批评指正！

作者　谨识

2020年2月22日